装备智能保障系统工程与决策

王坚浩 唐希浪 张 亮 崔利杰 著

电子工业出版社

Publishing House of Electronics Industry

北京·BEIJING

内 容 简 介

本书从装备智能保障系统工程与决策的基本概念出发，力求在方法论上结合目前国内外最新的研究成果，突破装备智能保障系统工程与决策理论、方法与技术，实现装备智能保障系统的综合最优化。本书包括：绪论，装备保障指挥控制组织结构智能优化、装备保障任务智能调度、装备保障资源智能调度、基于经验退化模型的装备智能故障预测、基于置信规则推理与知识训练的装备健康状态评估、装备大修质量综合量化决策、装备保障资源供应商选优决策等理论、方法和应用。

本书可作为军事装备学、控制科学与工程、管理科学与工程等学科领域的硕士和博士研究生的教材或参考书，也可供装备管理、装备智能保障系统工程、装备智能保障决策等领域的科研工作者学习和参考。

未经许可，不得以任何方式复制或抄袭本书之部分或全部内容。

版权所有，侵权必究。

图书在版编目（CIP）数据

装备智能保障系统工程与决策 / 王坚浩等著. —北京：电子工业出版社，2021.7
ISBN 978-7-121-41347-6

Ⅰ．①装⋯ Ⅱ．①王⋯ Ⅲ．①装备保障-系统工程 Ⅳ．①E145.6

中国版本图书馆 CIP 数据核字（2021）第 117525 号

责任编辑：张正梅　　　特约编辑：张思博
印　　刷：涿州市京南印刷厂
装　　订：涿州市京南印刷厂
出版发行：电子工业出版社
　　　　　北京市海淀区万寿路 173 信箱　邮编：100036
开　　本：787×1092　1/16　印张：11.75　字数：224 千字
版　　次：2021 年 7 月第 1 版
印　　次：2024 年 6 月第 2 次印刷
定　　价：98.00 元

凡所购买电子工业出版社图书有缺损问题，请向购买书店调换。若书店售缺，请与本社发行部联系，联系及邮购电话：（010）88254888，88258888。

质量投诉请发邮件至 zlts@phei.com.cn，盗版侵权举报请发邮件至 dbqq@phei.com.cn。

本书咨询联系方式：（010）88254757。

前　言

· · · · · · · ·

随着人工智能和军事智能技术的发展，未来战争形态必然朝着敏捷作战、体系对抗等概念发展，而"作战牵引保障、保障服务作战"的要求决定了装备保障必须适应敏捷精确、全域联动、智能高效等保障需求。

本书以装备智能保障系统工程与决策的基本概念为切入点，对装备保障指挥控制组织结构优化、装备保障任务调度、装备保障资源调度、装备故障预测、装备健康状态评估、装备大修质量综合量化决策、装备保障资源供应商选优决策等理论、方法和应用问题进行全面、系统的探讨和论述，力求在方法论上结合目前该领域国内外最新的研究成果，突破装备智能保障系统工程与决策理论、方法和技术，实现装备智能保障系统的综合最优化，达到最优设计、最优控制和最优管理的目标。

全书共 8 章。

第 1 章主要论述装备与装备保障、系统与系统工程的概念，装备智能保障提出的背景，装备智能保障系统工程与决策的概念及研究的主要内容。

第 2 章针对装备保障指挥控制组织结构优化问题，建立了以组织结构总工作负载均方根最小化为目标的优化数学模型，提出了一种用于求解组织结构优化模型的改进多种群遗传算法。

第 3 章针对装备保障任务智能调度优化问题，建立了以时效优先为目标的任务调度数学模型，设计了以动态列表规划算法为主的求解框架，提出了基于自适应搜索策略和变异操作的二元离散型混沌蝙蝠算法的任务调度方法。

第 4 章针对装备保障资源智能调度优化问题，建立了以时效优先为目标、考虑保障资源能力更新机制的优化数学模型，提出了基于动态列表规划和混沌入侵杂草蝙蝠算法的资源调度方法及基于分布式入侵杂草蝙蝠双子群算法的混合资源调度方法。

第 5 章分别研究了基于线性模型和卡尔曼滤波的故障预测技术及基于布朗

运动模型和粒子滤波的故障预测技术，解决了装备健康管理中获取关键零部件剩余寿命知识的问题。

第 6 章研究了机载导弹健康管理中的规则推理与知识训练问题，提出了一种基于置信规则推理与知识训练的装备健康状态评估方法。

第 7 章从大修质量过程评价和修后评价两个维度，建立了大修质量综合评价指标体系层次模型，从主客观两个维度综合确定组合权重，进而结合同时考虑最大化"群体效益"和最小化"个体损失"的 VIKOR，提出了装备大修质量综合量化决策的组合赋权 VIKOR。

第 8 章针对装备征用动员背景下保障资源需求不确定性大、响应时效性和质量要求高等特点，分别提出了装备保障资源供应商选优决策的两种实现途径：快速选优决策和综合选优决策，并分别构建了两种选优决策模式下的选优评价指标体系。本章还针对装备保障资源供应商快速选优决策问题，提出了一种基于直觉模糊熵和 VIKOR 框架的群决策方法；针对装备保障资源供应商综合选优决策问题，提出了一种基于组合赋权和改进 TOPSIS 法的选优决策方法。

全书由王坚浩、唐希浪统稿，第 1 章由王坚浩、崔利杰著，第 2～4 章由王坚浩著，第 5、6 章由唐希浪著，第 7 章由王坚浩、王文杰、张亮著，第 8 章由张亮、王钰琪、王坚浩著。此外，空军工程大学装备管理与无人机工程学院相关专家为本书的撰写提供了无私的帮助。

本书在写作过程中参阅了大量的参考文献，借鉴引用了部分研究成果，特此致以真挚的谢意。本书可作为军事装备学、控制科学与工程、管理科学与工程等学科领域的硕士和博士研究生的教材或参考书，也可供装备管理、装备智能保障系统工程、装备智能保障决策等领域的科研工作者学习和参考。

由于著者水平所限，书中错误和不完善之处在所难免，恳请读者批评指正。

著　者

2021 年 1 月

目　录

第 1 章

绪论

· · · · · · · ·

1.1　相关基本概念

1.1.1　装备与装备保障

1. 装备

对于"装备"这一概念，许多学术专著、专家学者都给出了较为明确的界定。

《辞海》对"装备"的释义是：军队用于作战和作战保障的各种器械、器材等军事装备的统称。

《军事装备学导论》对"装备"这一概念的界定是：军事装备的简称，用以实施和保障军事行动的制式武器、武器系统和其他制式军事技术装备与器材的统称，主要指军队或武装力量编制内的武器、弹药、车辆、电子和机械装置、器材等。

《军事装备学》对"装备"这一概念的界定是：军事装备的简称，用以实施和保障军事行动的武器、武器系统和其他军事技术器材的统称，主要指武装力量编制内的武器、弹药、车辆、机械、器材、装具等。

《装备保障指挥理论与方法》对"装备"这一概念的界定是：武器装备的简称，装备等同于武器装备，为军事专用术语。

综上所述，所谓装备，是指用以实施和保障作战行动的武器、武器系统和军事技术器材的总称，主要指武器力量编制内的武器、弹药、车辆、器材、装置等。可见，"装备"这一概念不仅包括实施作战行动的主战装备，还包括保障作战行动的保障装备、设备、器材、弹药等。

2. 装备保障

为了更好地理解"装备保障"的概念，首先介绍两个最基本的概念：保障和保障性。

保障是指军队为遂行各种任务而采取的各项保证措施与进行的相应活动的统称。对于武器装备，保障是指为使装备完成规定的作战任务而实施的技术和管理活动。

GJB 451A—2005《可靠性维修性保障性术语》对"保障性"这一概念的定义是：系统的设计特性和计划的保障资源满足平时战备完好性及战时利用率要求的能力。

《军事装备保障学》对"装备保障"这一概念的界定是：军事装备保障的简称，是为满足部队遂行各项任务需要，对装备采取的一系列保证性措施及进行的相应活动的统称。

《装备综合保障工程》对"装备保障"这一概念的界定是：为使装备处于战备完好状态并能持续完成作战任务所需的保障工作，主要包括使用保障与维修保障两大类。

综上所述，所谓装备保障，是指为部队提供装备并保持其完好状态所采取的各种保证性措施及进行的相应活动的统称。

1.1.2　系统与系统工程

1. 系统的定义

系统作为系统理论、系统工程和整个系统科学的基本研究对象，需要正确理解和深刻认识。我国著名科学家钱学森把极其复杂的研究对象称为系统，认为与工程技术各个专业一样，系统工程也是一个总类名称，因体系性质不同，还可以再分为门类，如工程体系的系统工程称为工程系统工程，生产企业或企业体系的系统工程称为经济系统工程等。

系统论的创始人奥地利学者贝朗菲指出，"系统"的定义可以确定为"处于一起的相互关系中，并与环境发生关系的各组成部分的总体"。

从系统工程学科的角度，系统是由两个以上有机联系、相互作用的要素所组成的，具有特定功能、结构和环境的整体。

在军事装备领域，系统是指由装备、设备、设施、软件和人员组成的能够执行某项任务的有机综合体。

2. 系统的特性

系统主要有以下 5 个方面的特性。

（1）整体性。系统最基本、最核心的特性就是整体性。一个大系统是由多个具有不同功能的分系统组成的，这些分系统共同作用产生满足任务需求的能力，保证系统目标的实现。对于一个武器装备系统来说，不仅包括主装备及其各个单元（硬件、软件），而且包括保障主装备投入正常使用所必需的保障分系统（保障设备、设施、人员、培训、备件、计算机资源、资料等），以及保证系统成功研制所必需的管理、试验和评价等。

（2）相关性。系统内各分系统之间是相互联系、相互依赖、相互制约的。这种联系、依赖和制约的关系是通过系统的这个整体而建立起来的。每个分系统都有各自的目标，但这些目标都要服从于系统的总目标。分系统目标最优，并不意味着系统的总目标最优。因此，必须根据系统的联系、依赖和制约关系进行全面权衡，只有这样，才能使系统较理想地达到目标。

（3）目的性。任务系统是为了完成某种任务或实现某种目的而发挥其特定功能的。要达到系统的预定目标，就必须赋予系统规定的功能，在系统的整个寿命周期内，达到最优规划、最优设计和最优控制。

（4）层次性。系统的层次性主要表现在系统的层次关系上。每个系统都有其由高级到低级、由复杂到简单的各种单元组成的层次关系。就武器装备系统而言，每个系统之下都有分系统，分系统之下有设备、部件、组件等单元。最高层次的系统，在功能和结构上都处于支配地位，其下各分系统则处于从属地位。而组成分系统的设备则处于更低一层的从属地位，以此类推。系统的层次性使系统的各个组成部分协调工作，发挥整个系统的效能。

（5）环境适应性。任何一个系统都存在于一定的环境中，并与环境之间产生物质、能量和信息的交流。环境的变化必然会引起系统功能及结构的变化。系统必须首先适应环境的变化，并在此基础上使环境得到持续改善。因此，环境对系统功能的实现起着十分重要的作用。

3. 系统工程

用定量和定性相结合的系统思想和方法处理大型复杂系统的问题。无论是系统的设计或组织建立，还是系统的经营管理，都可以统一看成一类工程实践，统称为系统工程。

我国著名科学家钱学森在《组织管理的技术——系统工程》一文中指出：系统工程是组织管理系统的规划、研究、设计、制造、试验和使用的科学方法，是一种对所有系统具有普遍意义的科学方法。

美国著名学者切斯纳指出：系统工程认为，虽然每个系统都是由许多不同的特殊功能所组成的，但是这些特殊功能之间又存在相互关系。每个系统都是一个完整的整体，都要求有一个或若干个目标。系统工程则是按照各个目标进行权衡，全面求得最优解（或满意解）的方法，并使各组成部分都能够最大限度地互相适应。

日本工业标准对"系统工程"这一概念的界定是：系统工程是为了更好地达到系统目标，而对系统的构成要素、组织结构、信息流动和控制机制等进行分析与涉及的技术。

综上所述，系统工程是一门正在发展的新学科，其应用范围特别广泛，涉及许多领域和学科，"系统工程"这一概念至今没有形成统一的公理化的定义和解释。通过上述定义和描述可以得出：系统工程是从总体出发，合理开发、运行和革新一个大规模复杂系统所需思想、理论、方法论、方法与技术的总称，属于一门综合性的工程技术。系统工程是按照问题导向的原则，根据总体协调的需要，把自然科学、社会科学、数学、管理学、工程技术等领域的相关思想、理论、方法等有机地结合起来，应用定量分析和定性分析相结合的基本方法，采用现代信息技术等技术手段，对系统的功能配置、构成要素、组织结构、环境影响、信息交换、反馈控制、行为特点等进行系统分析，最终实现系统整体的综合最优化，达到最优设计、最优控制和最优管理的目标。装备系统工程是以武器装备系统作为研究对象，从系统的整体目标出发，研究系统的论证、设计、试验、生产、使用、保障和退役处理，以实现系统优化的科学方法。

1.1.3 装备综合保障工程与装备保障性系统工程

1. 装备综合保障工程

武器装备在投入使用后能否尽快形成保障能力，本质上取决于装备系统的保障特性，既要求主装备本身具有便于保障的设计特性，又要求保障系统具有对主装备实施保障及时有效的特性，上述特性称为装备系统的保障性，简称保障性。因此，概括地说，所谓保障性，是指系统的设计特性和计划的保障资源满足平时战备完好性及战时利用率要求的能力。

装备系统的保障性是通过开展装备综合保障工程来落实的。装备综合保障工程是在装备研制全过程中为满足战备和任务要求，综合规划装备所需的保障问题，在装备部署使用的同时，以可承受的寿命周期费用，提供与装备相匹配的保障资源和建立有效的保障系统所进行的一系列技术与管理活动，有时也简称为综合保障功能或综合保障。

开展装备综合保障工程要达到两个目的：一是通过考虑保障问题对装备设计施加影响，使装备设计得便于保障；二是通过同步规划和获取保障资源，建立保障系统，对装备实施经济有效的保障，使所部署的装备能够得到保障。为了实现上述目的，装备综合保障工程主要完成如下任务。

（1）提出科学合理的装备保障性要求。

（2）有效地将保障考虑纳入装备系统设计。

（3）规划并获取所需的保障资源。

（4）在使用阶段，以最低的费用对装备实施保障。

2. 装备保障性系统工程

解决装备保障性问题，会涉及方方面面的问题，既涉及主装备的设计问题，又涉及保障系统的建设问题，是一个复杂的系统工程，必须按照系统的组成原理和系统工程的技术方法，把研究对象看作一个系统，实现这个系统保障性目标的工程技术活动称为装备保障性系统工程。因此，概括地说，所谓装备保障性系统工程，是指在装备寿命周期内，以可承受的费用，实现装备研制规定的保障性目标所进行的一系列技术和管理活动。装备保障性系统工程之所以构成系统工程，是由于它具有系统工程的以下特点。

（1）整体性。保障性所阐述的能力是一个有组织的整体，即执行任务的能力，也就是满足保障性目标。此目标要全面考虑作战任务需求，将任务需求转化为与研制、生产、训练、部署和使用相适应的要求，形成互相统筹协调的整体。其组成要素，即各类专业工程，都是为这一整体服务的。

（2）相互性。为了达到保障性目标所涉及的诸问题，如设计特性、保障资源及相应的费用等问题是相互依存、相互制约的，需要相互权衡分析、互相衔接才能解决。

（3）层次性。实现保障性的各项活动，包括各专业工程，贯穿装备的整个寿命周期，在各个阶段分别有其不同层次的要求与目的，层次上下相关，并且与装备研制进程同步协调进行，以便达到规定的目标。

（4）边界条件。边界条件是系统分析的重要因素。对装备保障系统工程进行分析研究时有一定的边界条件，就是所处的外部环境，包括使用环境特定的物理环境（地理、气候等）、作战条件（包括兵力的部署与编制）、其他保障条件。因此，装备保障系统工程要在典型的作战条件下进行分析研究。保障性分析的边界条件是系统工程的重要组成部分，装备保障系统工程的最终目标是要实现保障性目标。

在装备型号论证中，必须从任务需求出发，提出执行任务的能力要求，并制定保障性目标，将保障性目标通过分解、分配、预计、转换、综合、权衡等系统分析工作，形成保障性技术规范；在装备研制期间，通过装备保障性设计特性分析、保障资源需求规划、建立与装备设计相匹配的保障系统等工作，来落实保障性技术规范；在装备使用与维修中，通过采取各项保障措施，充分发挥保持和恢复装备执行任务的能力，最终实现保障性目标。因此，满足作战任务需求和保障性目标是装备保障性系统工程的出发点，也是装备保障性系统工程的最终目标。装备保障性系统工程贯穿于装备的整个寿命周期，主要工作内容如下。

（1）从任务需求确定保障性目标和要求，为装备设计和保障系统设计提供依据和约束。

（2）进行装备保障性设计，从设计上保证装备执行任务的能力，减少对保障资源的依赖。

（3）进行保障系统设计，制订保障方案。统筹考虑成套保障资源，保证在满足作战使用要求和适应装备设计的同时，使提供装备保障所需的资源最少。

（4）进行保障性试验与评价，验证保障性的实现情况，评价保障系统。

（5）进行装备系统部署和运行保障系统，形成保障能力，并评估、监控和改进保障能力。

（6）实施保障性系统工程管理，确保各项工作形成最佳组合且有序进行。

1.2 装备智能保障系统工程与决策

1.2.1 装备智能保障的提出

与一切事物的发展一样，装备保障的发展是有其动因的。装备保障样式、保障思想,与科学技术的发展、战争形态的变化、作战样式的变化密切相关。回顾世界军事革命史,伴随着战争形态按照"冷兵器→热兵器→机械化→信息化"的顺序发展,每次新军事变革都离不开重大或颠覆性科学技术的发展或出现。从中可以看出,科学技术的发展改变了战争形态,决定了作战样式,战争形态的变化和作战样式的变化对装备保障提出新的要求,进而影响保障样式、保障思想的发展变化。

随着深度学习、群体智能和知识推理等新一代人工智能技术的快速发展,及其在计算机视觉、语音识别、人机交互等方面的成功应用,人工智能在军事领域的应用也愈加广泛,催生了"军事智能"这一概念。军事智能是当前世界各军事强国争夺未来战争主动权的战略高地,是可以"改变游戏规则"的颠覆性技术。美国率先将人工智能应用到军事领域,并发布了以智能化为主要特征的第三次"抵消战略",力图形成压倒性的技术优势以继续保持其军事上的全球领先地位。随着人工智能和军事智能技术的发展,未来战争形态的走势必然朝着敏捷作战、体系对抗等智能化发展,而"作战牵引保障、保障服务作战"这一要求决定了装备保障必须满足需求预测快速响应、指控组织智能优化、保障资源自动调度、保障决策智能生成等智能保障需求。与此同时,为适应未来智能作战和未来智能装备的保障要求,对装备智能保障提出了以下新的要求。

(1)决策要求——保障工作自主化、智能化。依托大量的战场态势感知信息、装备感知信息,保障指挥、保障力量编成等保障工作需要实现自主化、智能化,以适应瞬息万变的战争态势。依托感知信息,自主规划并独立完成最优化保障方案制订,支持体系各项保障工作自动化开展。同时,随着决策内容的增加,通过自学习和自优化能力,不断提升装备保障工作的智能决策水平。

(2)执行要求——保障工作自动化、无人化。无人系统将成为未来智能化战争的主力军,战时抢修、物资投送等典型的保障活动将逐渐摆脱对人的依赖,以智能决策信息驱动各类无人机、智能机器人等智能装备,以实现保障工作的自动化与无人化执行。

1.2.2 装备智能保障系统

装备智能保障是未来智能化作战体系的重要组成部分,是全域作战条件下基于信息感知和网络空间的全新保障模式。装备智能保障系统将呈现"全球信息云+装备监控中心+分布式智能系统"的组成架构,如图 1-1 所示。

装备监控中心

干预命令　　　　监控信息
　　　　　　　　决策信息

远程
遥控
操作

全球信息云

自主学习
分析挖掘
类脑决策

调度调配　　感知信息　资源信息
命令　　　　决策信息
　　　　　　运行信息

智能无人系统　运输　战备物资

投送　　　　　　　故障维修

战场　　作战装备　　自主修复
　　　　　　　　　　自主维修

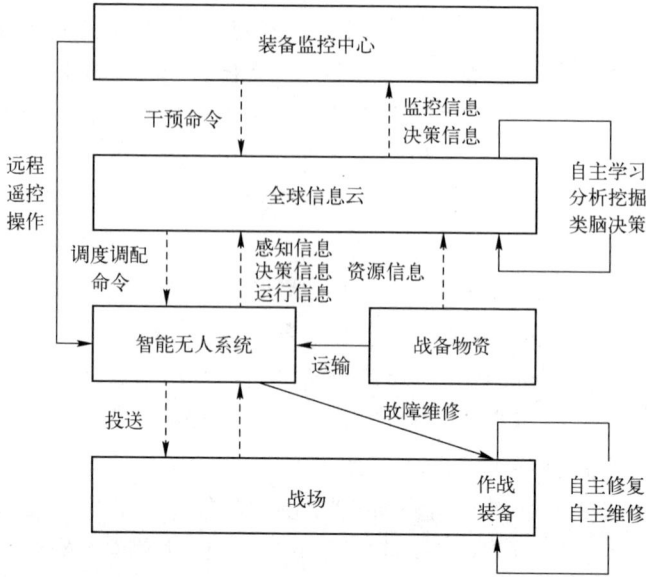

图 1-1　装备智能保障系统的组成架构

通过装备智能保障系统的组成架构可知，所构建的装备智能保障系统由全球信息云、装备监控中心和智能无人系统三部分构成，依托三者之间的相互配合来实现未来装备保障活动的有效执行，基于此形成了装备智能保障系统的总体框架，如图 1-2 所示。

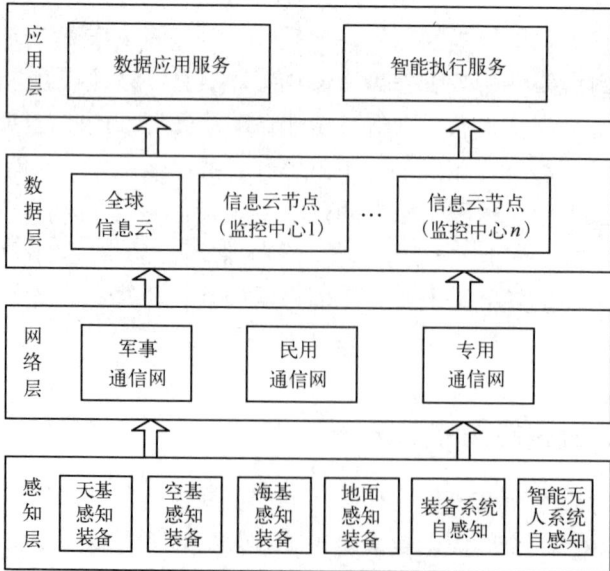

应用层　数据应用服务　智能执行服务

数据层　全球信息云　信息云节点（监控中心1）　…　信息云节点（监控中心n）

网络层　军事通信网　民用通信网　专用通信网

感知层　天基感知装备　空基感知装备　海基感知装备　地面感知装备　装备系统自感知　智能无人系统自感知

图 1-2　装备智能保障系统的总体框架

（1）感知层。感知层除了要求装备系统和智能无人系统具备自感知的能力外，还需要借助各类感知装备。

（2）网络层。网络层广泛借助基础通信网络，或建立适应于智能保障模式的智慧保障专用网络，构建通信空间，以满足全域大容量、高速率信息交互的需求。

（3）数据层。数据层采用"云+端"的方式进行构建与设施部署，建立全球信息云，作为全球、全域信息的存储、管理与决策中心，同时在各分布式装备监控基地建立信息云节点。一方面实现全球作战装备、保障装备和战场态势信息的备份存储与冗余管理；另一方面通过信息云节点的高性能计算设备为信息云提供分布式智能分析、类脑决策服务。

（4）应用层。应用层通过对数据层的基础数据和决策数据的深度应用，为装备智能保障提供应用服务，主要包括数据应用服务和智能执行服务。

数据应用服务包括多源信息融合、数据挖掘分析、类脑智能决策、保障调配指挥等，具备信息综合、评估、判断等自主决策能力，依托人工智能、类脑智能等基础技术和多源信息感知融合、智能预测管理、保障资源类脑调度、资源需求动态预测评估等关键技术，实现资源调配与力量部署、保障预测与规划、任务决策与执行分析、无人系统调配控制等功能。

智能执行服务主要通过智能无人系统完成自动化且无人干预的装备运输、转运转载、资源部署应用、装备维修等保障任务。

1.2.3 装备智能保障系统工程

装备智能保障系统工程是指充分运用系统工程的理论和方法，精细而准确地重组指控组织、规划保障任务、调度保障资源，快速响应保障需求、全程共享保障信息，在准确的时间、准确的地点，为作战装备提供准确数量和高效快速的保障，最大限度地提供装备保障的效费比。

装备智能保障系统工程的科学内涵可以从多方面加以理解，从字面上看，装备智能保障系统工程是装备智能保障、系统工程两个学科及装备、智能、保障、系统、工程 5 个主题词的组合，因此既有智能科学特性，又有系统科学属性，还有装备保障工程技术特点。基于这一点进行引申，装备智能保障系统工程是装备智能保障系统工程化、装备保障系统工程智能化和装备保障工程系统智能化的多重组合。

1.2.4 装备智能保障决策

决策自古有之，且作为人类的一项基本活动广泛存在于政治、经济、军事、技术和日常生活等各个方面。《中国大百科全书·自动控制与系统工程卷》中关于"决策"的定义是：为最优地达到目标，对若干个备选行动方案进行的选择。

装备保障决策是指确定装备保障目标，并对实现装备保障目标的方法、步骤、措施等进行选择并做出决定的过程。

随着科学技术的飞速发展，为打赢具有智能化特征的信息化战争及满足智能化战争的要求，越来越多的装备保障决策问题具有大规模、多目标、多约束等特点，传统的依赖决策者阅历、知识和偏好的经验型决策已经不能满足装备智能保障"适时、适地、适量"的需求，必须研究如何对规模庞大、结构复杂、目标多元的装备保障决策问题进行科学定量决策。此外，人工智能推动装备保障决策向着全面、精准、自动、高效、智能方向发展，进而实现装备保障决策由"粗略"向"精细"转变。因此，装备智能保障决策应运而生，同时这也是装备保障决策的必然发展趋势。

装备智能保障决策是利用运筹学理论、最优化理论、智能系统工程、管理科学、决策理论和控制理论，解决装备保障活动中的决策问题，在限定的环境和资源条件下，综合运用不同的优化和决策方法，给出满足决策准则的最优装备保障方案。

一般来说，装备智能保障决策的基本过程包括问题分析、数学建模、问题求解和决策 4 个步骤。装备智能保障决策过程与一般决策过程的对应关系如图 1-3 所示。

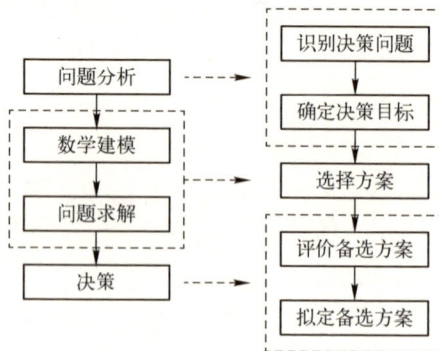

图 1-3　装备智能保障决策过程与一般决策过程的对应关系

（1）问题分析。问题分析主要对决策问题的目标、约束条件、风险及决策问题本身的特性等进行分析。

（2）数学建模。在问题分析的基础上，将决策问题转换为优化问题，构建该问题的数学模型。

（3）问题求解。针对给定的数学模型和输入参数，选用特定或通用智能优化算法求解，形成备选方案。

（4）决策。根据求解得到数量不等的可行方案，可结合偏好信息等对可行方案进行进一步评价优选，拟定备选方案，给出满意的决策。

1.3 装备智能保障系统工程与决策主要研究内容

本书从装备智能保障系统工程与决策的基本概念出发，对装备保障指挥控制组织结构智能优化、任务智能调度、资源智能调度、故障预测、健康状态评估及大修质量综合量化决策、资源供应商选优决策的理论和方法等问题进行了全面、系统的探讨和论述，力求在方法论上结合目前该领域国内外最新的研究成果，突破装备智能保障系统工程与决策理论、方法和技术，实现装备智能保障系统整体的综合最优化，达到最优设计、最优控制和最优管理的目标。

本书逻辑架构和章节安排如图 1-4 所示。

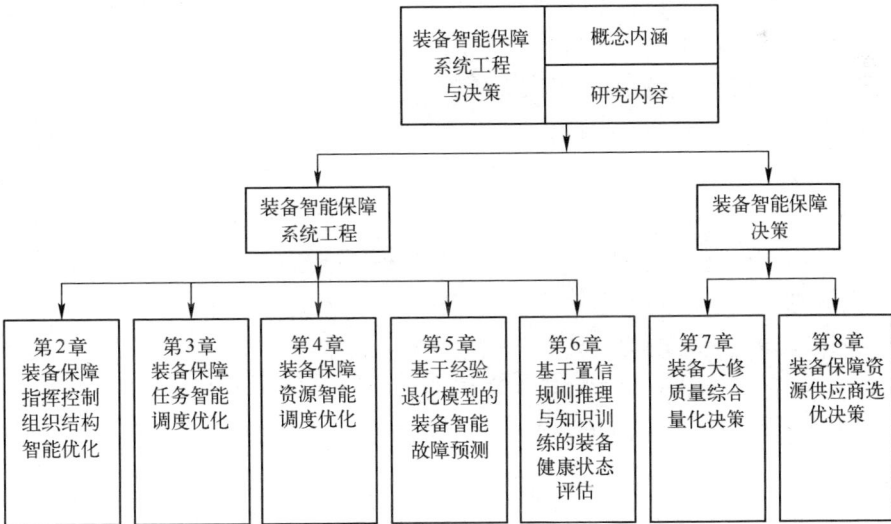

图 1-4 本书逻辑架构和章节安排

全书共8章，各章具体内容如下。

第1章：绪论。本章主要论述装备与装备保障、系统与系统工程的概念，装备智能保障提出的背景，装备智能保障系统工程与决策的概念及研究的主要内容。

第2章：装备保障指挥控制组织结构智能优化。本章针对装备保障指挥控制组织结构优化问题，建立了以组织结构总工作负载均方根最小化为目标的优化数学模型，提出了一种用于求解组织结构优化模型的改进多种群遗传算法。

第3章：装备保障任务智能调度优化。本章针对装备保障任务智能调度优化问题，建立了以时效优先为目标的任务调度数学模型，设计了以动态列表规划算法为主的求解框架，提出了基于自适应搜索策略和变异操作的二元离散型混沌蝙蝠算法的任务调度方法。

第4章：装备保障资源智能调度优化。本章针对装备保障资源智能调度优化问题，建立了以时效优先为目标、考虑保障资源能力更新机制的优化数学模型，提出了基于动态列表规划和混沌入侵杂草蝙蝠算法的资源调度方法及基于分布式入侵杂草蝙蝠双子群算法的混合资源调度方法。

第5章：基于经验退化模型的装备智能故障预测。本章分别研究了基于线性模型和卡尔曼滤波的故障预测技术及基于布朗运动模型和粒子滤波的故障预测技术，解决了装备健康管理中获取关键零部件剩余寿命知识的问题。

第6章：基于置信规则推理与知识训练的装备健康状态评估。本章研究了机载导弹健康管理中的规则推理与知识训练问题，提出了一种基于置信规则推理与知识训练的装备健康状态评估方法。

第7章：装备大修质量综合量化决策。本章从大修质量过程评价和修后评价两个维度，建立了大修质量综合评价指标体系层次模型，从主客观两个维度综合确定组合权重，进而结合同时考虑最大化"群体效益"和最小化"个体损失"的VIKOR，提出了装备大修质量综合量化决策的组合赋权VIKOR。

第8章：装备保障资源供应商选优决策。针对装备征用动员背景下保障资源需求不确定性大、响应时效性和质量要求高等特点，分别提出了装备保障资源供应商选优决策的两种实现途径：快速选优决策和综合选优决策，并分别构建了两种选优决策模式下的选优评价指标体系。本章还针对装备保障资源供应商快速选优决策问题，提出了一种基于直觉模糊熵和VIKOR框架的群决策方法；针对装备保障资源供应商综合选优决策问题，提出了一种基于组合赋权和改进TOPSIS法的选优决策方法。

第 2 章

装备保障指挥控制组织结构智能优化

· · · · · · · · ·

装备保障组织结构主要包括装备保障体制的组织结构和具体装备保障行动所构成的组织结构，其中装备保障体制优化分析属于宏观决策问题，从宏观层面为装备保障的达成提供制度保证，这种优化设计与作战指挥体制紧密相关，而装备保障的最终实现还必须落实在具体的保障行动中，因此，装备保障的关键问题是装备保障的指挥控制组织结构问题。

信息化条件下的装备保障，处于复杂的电磁环境下，面对多种随机突发情况。例如，在作战进程中，装备保障活动的通信终端、指挥节点毁伤及环境道路损坏等情况随时可能出现，指挥控制机构与保障部（分）队之间可能出现失联状态。如果战术层面的装备保障指挥控制能力薄弱，不能有效维持指挥控制关系，装备保障任务就很难按计划实施。因此，装备保障指挥控制组织结构应根据战场情况对装备保障资源进行有效配置，组织关系应依据战场情势动态调整，使装备保障指挥控制组织结构在复杂恶劣的环境下高效、可靠地运转。要实现这一目标，就必须对装备保障指挥控制组织结构的优化问题进行深入研究。

2.1 装备保障指挥控制组织结构描述

装备保障指挥控制组织结构是指为完成装备保障任务，由指挥控制系统中的决策者对相关保障活动的参与者及保障资源平台进行指挥、控制、调度和运用，而形成的整体有序行为和与之协调的结构关系。其中，有序行为是指指挥控制组织在执行装备保障任务时具有先后时序关系，而结构是指指挥控制组织实体之间形成的指控、协作和配属等关系。

根据装备保障指挥控制组织结构的定义，可将装备保障指挥控制系统的组成要素分为实体要素、任务要素、关系要素和环境要素 4 个部分。其中，实体要素包括决策者和资源平台两类；任务要素是指装备保障指挥控制系统依据作战任务所领受的各种装备保障任务集合；环境要素是指装备保障指挥控制系统所处的外部战场环境。装备保障指挥控制组织结构的决策者、资源平台及这两类实体之间的关系构成了装备保障指挥控制系统的内部环境，而任务要素和环境要素则构成了装备保障指挥控制系统所处的外部环境。

决策者（Decision-Makers）：是负责组织结构中指控、决策、协调等工作的一类对象，如装备保障活动的各级指挥员和指挥机构人员。一个装备保障指挥控制组织结构中至少有一个决策者。装备保障决策者通过指挥机构，借助指挥信息系统，统筹运用本级所掌握的资源平台，执行装备保障任务。记装备保障指挥控制组织结构中的决策者集合为 $\mathrm{DM} = \{\mathrm{DM}_m | m = 1, 2, \cdots, M\}$。其中，$M$ 为决策者的数量。

资源平台（Platform）：是装备保障资源要素的集合体。任何装备保障资源均具备一定的装备保障功能，担负一定的装备保障职能，装备保障资源平台所具有的能力根据其所搭载的装备保障资源类型的不同而不同。记装备保障指挥控制组织结构中的资源平台集合为 $P = \{P_j | j = 1, 2, \cdots, K\}$。其中，$P_j = \{V_{j\max}, A(P_j)\}$；$K$ 为资源平台的数量；$V_{j\max}$ 表示平台 P_j 的最大机动速度；$A(P_j) = \{a_{jl} | l = 1, 2, \cdots, L\}$，表示平台 P_j 所具备的资源类型和数量；L 表示类型总数；a_{jl} 表示平台 P_j 所具备的第 l 类资源类型的数量。

任务（Task）：是装备保障所需要执行的任务序列。每项任务都需要由一个决策者或多个决策者控制一定的资源平台来处理。记装备保障指挥控制组织结构需要执行的任务集合为 $T = \{T_i | i = 1, 2, \cdots, N\}$。其中，$N$ 为装备保障任务的数量；$T_i = \{E_{q_i}, \mathrm{Loc}_i, \mathrm{Start}_i, \mathrm{End}_i, R_i, \mathrm{Pri}_i\}$；$E_{q_i}$ 表示任务 T_i 的类型，一般设为枚举型变量，可以根据不同的任务类型进行设定；Loc_i 表示任务 T_i 的部署位置；Start_i 表示任务 T_i 的开始时间；End_i 表示任务 T_i 的结束时间；$R_i = \{r_{il} | l = 1, 2, \cdots, L\}$ 表示任务 T_i 的资源消耗类型和数量；r_{il} 表示任务 T_i 所需的第 l 类资源类型的数量；Pri_i 表示任务平台 T_i 的优先级。

执行装备保障任务时，装备保障指挥控制运作对外表现为 4 种关系，一是决策者之间的纵向指挥领导或横向协调关系，二是决策者对资源平台的调度和使用关系，三是决策者对保障任务的管理和分配关系，四是资源平台根据保障任务形成的配置关系。基于这种理解，指挥控制中的功能可用组织结构实体之间的关系表示，即实体要素之间的关系表示为

$$R = \{R_{\text{DM-DM}}, R_{\text{DM}-P}, R_{\text{DM}-T}, R_{T-P}\}$$

式中：$R_{\text{DM-DM}}$ 为决策者之间的纵向指挥领导或横向协调关系；$R_{\text{DM}-P}$ 为决策者对资源平台的调度和使用关系；$R_{\text{DM}-T}$ 为决策者对保障任务的管理和分配关系；R_{T-P} 为资源平台根据保障任务形成的配置关系。

（1）决策者之间的纵向指挥或横向协调关系，即

$$R_{\text{DM-DM}}(m,n) = \begin{cases} 1, & \text{决策者DM}_m \text{与DM}_n \text{存在指挥或协调的关系} \\ 0, & \text{其他} \end{cases} \tag{2.1}$$

（2）决策者对资源平台的调度和使用关系，即

$$R_{\text{DM}-P}(m,j) = \begin{cases} 1, & \text{资源平台}P_j\text{分配给决策者DM}_m\text{调度} \\ 0, & \text{其他} \end{cases} \tag{2.2}$$

（3）决策者对保障任务的管理和分配关系，即

$$R_{\text{DM}-T}(m,i) = \begin{cases} 1, & \text{任务}T_i\text{分配给决策者DM}_m \\ 0, & \text{其他} \end{cases} \tag{2.3}$$

（4）资源平台根据保障任务形成的配置关系，即

$$R_{T-P}(i,j) = \begin{cases} 1, & \text{资源平台}P_j\text{分配给任务}T_i\text{使用} \\ 0, & \text{其他} \end{cases} \tag{2.4}$$

2.2 装备保障指挥控制组织结构优化数学模型

2.2.1 目标函数

对装备保障指挥控制组织结构中的决策者而言，在其决策水平一定的情况下，决策者单位时间内承担的工作负载的大小将对其决策质量和效率产生直接影响。因此，在高强度的战场环境下，装备保障指挥控制组织结构优化的目标是使决策者的工作负载最小。对于决策者而言，其工作负载主要来源于以下两

个方面。

（1）因决策者与其他决策者之间所发生的指挥、协调关系而产生的负载，称为决策者内部工作负载。

（2）因决策者根据保障任务对所掌握的资源平台进行调度、分配而产生的负载，称为决策者外部工作负载。

因此，对于决策者 DM_m 而言，其总工作负载为该决策者内部工作负载和外部工作负载的加权和，即

$$\mathrm{LW}(m) = W^I \cdot I(m) + W^E \cdot E(m) \tag{2.5}$$

式中：W^I 和 W^E 分别为内部工作负载 $I(m)$ 和外部工作负载 $E(m)$ 的权值，表示对应的工作负载对总工作负载 $\mathrm{LW}(m)$ 的影响。

通常情况下，将决策者 DM_m 控制的资源平台数量作为内部工作负载 $I(m)$ 的测度，将决策者 DM_m 与其他决策者的直接协作处理的任务数量作为外部工作负载 $E(m)$ 的测度，即

$$I(m) = \sum_{j=1}^{K} R_{\mathrm{DM}-P}(j,m) \tag{2.6}$$

$$E(m) = \sum_{\substack{n=1 \\ n \neq m}}^{M} D(m,n), D(m,n) = \sum_{i=1}^{N} R_{\mathrm{DM}-T}(m,i)R_{\mathrm{DM}-T}(n,i)$$

$$\tag{2.7}$$

$$= \sum_{i=1}^{N} \min(R_{\mathrm{DM}-T}(m,i), R_{\mathrm{DM}-T}(n,i))$$

在装备保障指挥控制组织结构总工作负载保持不变的情况下，当总工作负载平均分布在每个决策者上时，指挥控制组织结构的性能是最佳的。因此，装备保障指挥控制组织结构优化问题的目标可以从以下两个方面考虑。

（1）装备保障指挥控制组织结构总工作负载最小，即 M 个决策者的平均工作负载最小，这一目标可以用 M 个决策者工作负载的均值来表示，即

$$\mu = \frac{1}{M} \cdot \sum_{m=1}^{M} \mathrm{LW}(m) \tag{2.8}$$

（2）决策者之间工作负载的差异度最小，即所有决策者的工作负载尽可能均衡。这一目标可以用 M 个决策者工作负载的方差来表示，即

$$\sigma^2 = \frac{1}{M} \cdot \sum_{m=1}^{M} (\mathrm{LW}(m) - \mu)^2 \tag{2.9}$$

综合上述两个目标，可以用 M 个决策者工作负载的均方根作为装备保障指

挥控制组织结构优化目标，这是因为

$$
\begin{aligned}
L_{\mathrm{RMS}} &= \sqrt{\frac{1}{M}\sum_{m=1}^{M}\mathrm{LW}^{2}(m)} \\
&= \sqrt{\mu^{2}+\frac{1}{M}\sum_{m=1}^{M}\mathrm{LW}^{2}(m)-2\frac{\mu}{M}\sum_{m=1}^{M}\mathrm{LW}(m)+\frac{1}{M}\sum_{m=1}^{M}\mu^{2}} \\
&= \sqrt{\mu^{2}+\frac{1}{M}\sum_{m=1}^{M}(\mathrm{LW}(m)-\mu)^{2}} \\
&= \sqrt{\mu^{2}+\sigma^{2}}
\end{aligned} \tag{2.10}
$$

装备保障指挥控制组织结构优化考虑以 M 个决策者工作负载的均方根最小化为目标，因此，装备保障指挥控制组织结构优化模型的目标函数为

$$
\min L_{\mathrm{RMS}}=\sqrt{\frac{1}{M}\sum_{m=1}^{M}\mathrm{LW}^{2}(m)} \tag{2.11}
$$

2.2.2　约束分析

装备保障指挥控制组织结构优化问题的约束条件包括决策者-任务分配约束、决策者-资源平台分配约束和任务-资源平台资源需求约束 3 类。

1. 决策者-任务分配约束

每项任务至少由一个决策者负责，即

$$
\sum_{m=1}^{M}R_{\mathrm{DM}-T}(m,i)\geqslant 1, \quad i=1,2,\cdots,N \tag{2.12}
$$

2. 决策者-资源平台分配约束

每个资源平台只能分配给一个决策者负责，即

$$
\sum_{m=1}^{M}R_{\mathrm{DM}-P}(m,j)=1, \quad j=1,2,\cdots,K \tag{2.13}
$$

3. 任务-资源平台资源需求约束

任务对于同一类资源的需求总量不能大于所分配的资源平台所具备该类资源的总和，即

$$\sum_{m=1}^{M} R_{\mathrm{DM}-T}(m,i) \sum_{j=1}^{K} R_{\mathrm{DM}-P}(m,j) a_{jl} \geqslant r_{il}, \ i=1,2,\cdots,N; \ l=1,2,\cdots,L \quad (2.14)$$

2.2.3 数学模型

以装备保障指挥控制组织结构总工作负载均方根 L_{RMS} 最小化为目标，综合考虑组织结构优化设计过程中的约束条件，装备保障指挥控制组织结构优化问题的数学模型为

$$\min L_{\mathrm{RMS}} = \sqrt{\frac{1}{M} \sum_{m=1}^{M} \mathrm{LW}^2(m)}$$

$$\mathrm{s.t.} \begin{cases} \sum_{m=1}^{M} R_{\mathrm{DM}-T}(m,i) \geqslant 1, \ i=1,2,\cdots,N \\ \sum_{m=1}^{M} R_{\mathrm{DM}-P}(m,j) = 1, \ j=1,2,\cdots,K \\ \sum_{m=1}^{M} R_{\mathrm{DM}-T}(m,i) \sum_{j=1}^{K} R_{\mathrm{DM}-P}(m,j) a_{jl} \geqslant r_{il} \\ i=1,2,\cdots,N; \ l=1,2,\cdots,L \end{cases} \quad (2.15)$$

2.3 多种群遗传算法求解

从问题本质上看，装备保障指挥控制组织结构优化问题属于组合优化问题，包括多个约束条件，是数学中一种经典的 NP 难问题。尤其是当任务规模较大、资源平台数量较多时，该问题的组合解数量急剧增大，将会出现组合爆炸，模型求解相当困难。以往采用经典算法进行求解，如隐枚举法、分支定界法、匈牙利法等。经典算法的求解思路简单，易于求解实现，但对于具有较高维的组织结构优化问题，往往只能获得局部最优解。目前，主要采用遗传算法、蚁群算法等启发式智能优化算法对组织结构优化问题进行求解，但均存在不同程度的早熟收敛问题。多种群遗传算法（Multi-Population Genetic Algorithm，MPGA）是在标准遗传算法（Standard Genetic Algorithm，SGA）的基础上，采用多种群并行进化的思想，不同种群赋予不同的交叉概率和变异概率，兼顾算法的全局搜索和局部搜索能力，进化过程中通过移民操作进行各种群之间的信息交换，

利用移民算子将源种群中的最优个体定期迁移到目标种群，并同目标种群中的最劣个体比较后淘汰较差个体，同时利用人工选择算子选出各种群的最优个体放入精华种群，并从中选取全局最优个体作为算法的最优解，同时精华种群作为判断算法终止的条件，采用最优个体最少保持代数作为终止判据。多种群遗传算法结构如图 2-1 所示。

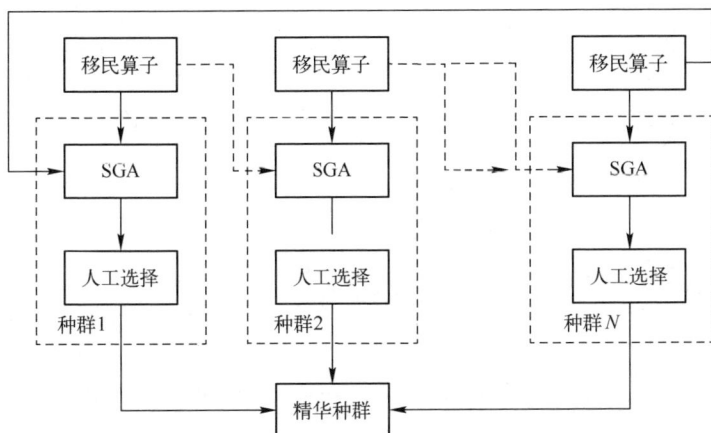

图 2-1　多种群遗传算法结构

在此基础上，针对装备保障指挥控制组织结构优化问题提出了一种改进多种群遗传算法，下面具体介绍染色体编码、适应度函数设计与约束处理、遗传算子设计，并给出多种群遗传算法的详细流程图。

2.3.1　染色体编码

由于遗传算法不能直接处理问题空间的参数，因此必须通过编码将问题可行解表示成遗传空间的染色体。每个染色体表示装备保障指挥控制组织结构优化问题的一个解，根据解矩阵 R_{DM-P} 和 R_{DM-T} 直接构建染色体，即直接将矩阵 R_{DM-P} 和 R_{DM-T} 中二进制决策变量编码成独立的染色体，其基因型即表现型，此时解的维数分别为 $D_{DM-P} = M \times K$ 和 $D_{DM-T} = M \times N$。因此，在二进制空间将有 $2^{M \times K}$ 和 $2^{M \times N}$ 种不同的染色体，染色体编码的冗余度较高，最优解空间较大。此外，由于决策变量逻辑约束，其中大多数染色体是不可行的。针对这种情况，采用整数排列编码方法，染色体表示一种决策者-资源平台和决策者-任务分配方案，由决策者-资源平台分配矩阵和决策者-任务分配矩阵构成。

以决策者数量 $M = 5$、资源平台数量 $K = 18$、任务数量 $N = 21$ 为例，决策者-资源平台分配种群和决策者-任务分配种群中的染色体编码如图 2-2 和图 2-3 所示。

2	3	5	2	5	4	5	4	5	3	5	4	3	1	2	1	3	5

图 2-2　决策者-资源平台分配种群中的染色体编码

5	5	5	4	1	1	3	3	1	4	4	5	5	1	1	2	4	5	1	5	5

图 2-3　决策者-任务分配种群中的染色体编码

图 2-2 和图 2-3 对应的染色体解码意义为：将资源平台 P_{14}、P_{16} 和任务 T_5、T_6、T_9、T_{14}、T_{15}、T_{19} 分配给决策者 DM_1，将资源平台 P_1、P_4、P_{15} 和任务 T_{16} 分配给决策者 DM_2，将资源平台 P_2、P_{10}、P_{13}、P_{17} 和任务 T_7、T_8 分配给决策者 DM_3，将资源平台 P_6、P_8、P_{12} 和任务 T_4、T_{10}、T_{11}、T_{17} 分配给决策者 DM_4，将资源平台 P_3、P_5、P_7、P_9、P_{11}、P_{18} 和任务 T_1、T_2、T_3、T_{12}、T_{13}、T_{18}、T_{20}、T_{21} 分配给决策者 DM_5。采用整数排列编码方法的最明显的优点是直观清晰，取消了译码过程，提高了遗传操作效率。

2.3.2　适应度函数设计与约束处理

按上述染色体编码方式，虽然解决了决策变量逻辑约束问题，即决策者-资源平台分配约束和决策者-任务分配约束，但仍然会产生一些不可行染色体，即不满足任务-资源平台资源需求约束。因此，在计算各个染色体的适应度函数值之前，需要对每个染色体是否满足任务-资源平台资源需求约束的组织结构优化方案进行判断，当不满足任务-资源平台资源需求约束时，则需要构建相应的惩罚函数，对该染色体的适应度函数值进行惩罚。

为了降低不符合约束条件的染色体适应度函数值，惩罚函数的应用步骤如下。

Step1　根据决策者-资源平台染色体编码，形成决策者掌握资源平台资源总和；

Step2　根据决策者-任务染色体编码，形成决策者分配任务所需消耗的资源需求总和；

Step3　对比决策者具备资源总和和决策者分配任务所需消耗的资源需求总和的差距，结合惩罚函数设计方法，形成新的适应度函数值。

由资源需求总和差距，惩罚函数设计为

$$P(x_i) = \text{fitness}(x_i) \cdot \frac{s(x_i)}{\max(s(x_1), s(x_2), \cdots, s(x_N))} \tag{2.16}$$

式中，x_i 为第 i 条染色体；N 为染色体数；$s(x_i)$ 为资源需求总和差距均方根；$\text{fitness}(x_i)$ 为由式（2.11）计算得到的染色体适应度函数值；$\max(s(x_1), s(x_2), \cdots, s(x_N))$ 为资源需求总和差距均方根最大值。

采用将不满足任务-资源平台资源需求约束的不可行染色体适应度函数值直接置 0 的方法，适应度函数设计为

$$\text{Fitness}(x_i) = \begin{cases} \text{fitness}(x_i) - P(x_i), & s(x_i) < \max(s(x_1), s(x_2), \cdots, s(x_N)) \\ 0, & \text{其他} \end{cases} \tag{2.17}$$

因此，装备保障指挥控制组织结构优化的目标函数转化为

$$\max \text{Fitness}(x_i) = \text{fitness}(x_i) \cdot \left(1 - \frac{s(x_i)}{\max(s(x_1), s(x_2), \cdots, s(x_N))} \right) \tag{2.18}$$

2.3.3　遗传算子设计

遗传算子主要包括选择算子、交叉算子和变异算子。其中，采用轮盘赌法进行选择操作，根据种群中每个染色体的适应度函数值的比例来确定该染色体被选择的概率，第 i 个染色体被选中的概率为

$$p_i = \frac{\text{Fitness}(x_i)}{\displaystyle\sum_{i=1}^{N} \text{Fitness}(x_i)} \tag{2.19}$$

采用单点交叉方法进行交叉操作，将两条父代染色体采用交叉算子相互交叉，以决策者-资源平台分配种群为例，染色体交叉操作过程如图 2-4 所示。

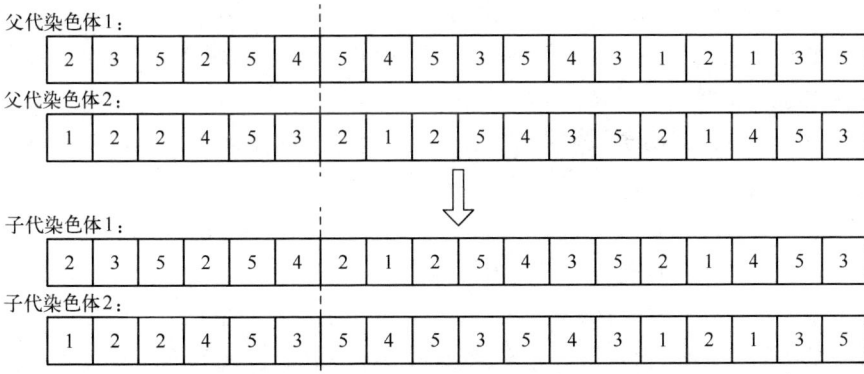

图 2-4　决策者-资源平台分配种群中的染色体交叉操作过程

采用按变异概率随机选择两个基因位，如果基因位的码值相等则继续按变异概率随机选择两个基因位，直至基因位码值不相等为止，并将其对换基因位的方法进行变异操作。以决策者–任务分配种群为例，产生两个值在 $[1,21]$ 内的随机整数 Pos_1 和 Pos_2，将其对换基因位，以 $\text{Pos}_1 = 5$、$\text{Pos}_2 = 12$ 为例，染色体变异操作过程如图 2-5 所示。

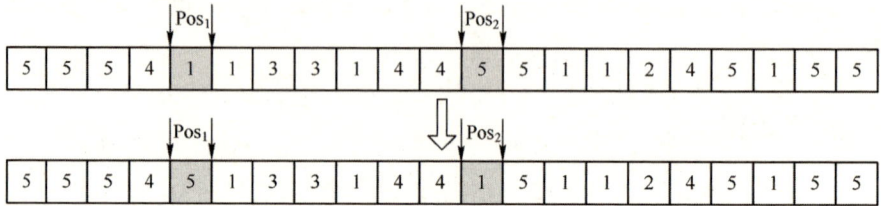

图 2-5　决策者–任务分配种群中的染色体变异操作过程

此外，设计自适应交叉和变异概率，可增大算法获得全局最优解的可能性，同时提高算法收敛速度，具体表达式为

$$P_c = \begin{cases} P_{c\,\text{initial}} \exp\left(\dfrac{f_{\text{avg}}}{f_{\text{max}}} - 1\right), & P_c > P_{c\,\text{min}} \\ P_{c\,\text{min}}, & P_c \leqslant P_{c\,\text{min}} \end{cases} \tag{2.20}$$

$$P_m = \begin{cases} P_{m\,\text{initial}} \exp\left(\dfrac{f_{\text{avg}}}{f_{\text{max}}} - 1\right), & P_m > P_{m\,\text{min}} \\ P_{m\,\text{min}}, & P_m \leqslant P_{m\,\text{min}} \end{cases} \tag{2.21}$$

式中：$P_{c\,\text{initial}}$ 和 $P_{m\,\text{initial}}$ 分别为初始交叉和变异概率；$P_{c\,\text{min}}$ 和 $P_{m\,\text{min}}$ 分别为最小交叉和变异概率；f_{avg} 为种群平均适应度函数值；f_{max} 为种群最大适应度函数值。

多种群遗传算法流程如图 2-6 所示。

Step1　设置种群规模 Popsize、种群数 MP、初始交叉概率 $P_{c\,\text{initial}}$、初始变异概率 $P_{m\,\text{initial}}$ 和最优个体最少保持代数 Maxgen。

Step2　采用上述染色体编码方式，随机产生初始种群 Chrom。

Step3　计算适应度函数值。

Step4　根据适应度函数值进行移民操作和人工选择操作，将各种群最优染色体放入精华种群 EliteChrom 加以保存。

Step5　将精华种群 EliteChrom 作为算法终止的判断依据，采用最优个体最少保持代数作为终止判断依据，即当最优个体最少保持代数 Maxgen 超过所设置的值时，判断算法收敛，否则转 Step6。

开始

算法初始参数设置

初始化种群

决策者-资源平台分配种群

决策者-任务分配种群

决策者掌握资源平台具备资源总和

决策者分配任务所需消耗的资源需求总和

根据资源需求总和差距计算惩罚函数和相应适应度函数值

移民操作和人工选择操作

精华种群

是否满足终止判断依据?

是

否

选择、交叉和变异操作

输出最优染色体

结束

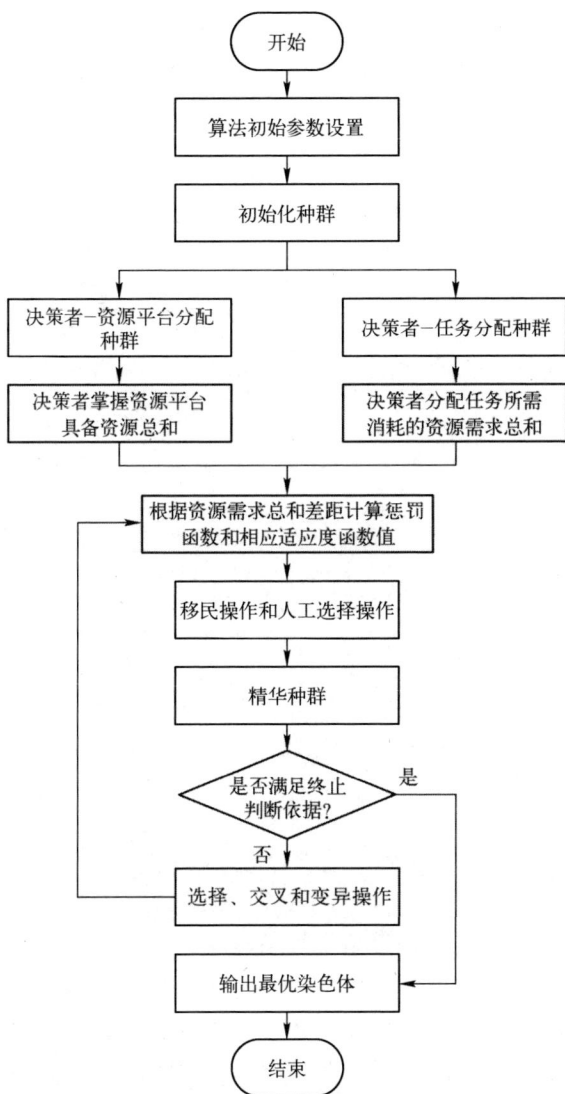

图 2-6　多种群遗传算法流程

Step6　采用上述设计的选择算子、交叉算子和变异算子进行各项遗传操作，生成下一代种群，并返回 Step3 进行新一轮优化。

2.4　案例仿真与分析

以复杂地域进攻作战为例，作战分为驱警接敌展开、前沿突破、纵深夺要和夺占核心阵地 4 个阶段，根据不同阶段和保障对象，装备保障任务流程如图 2-7 所示。

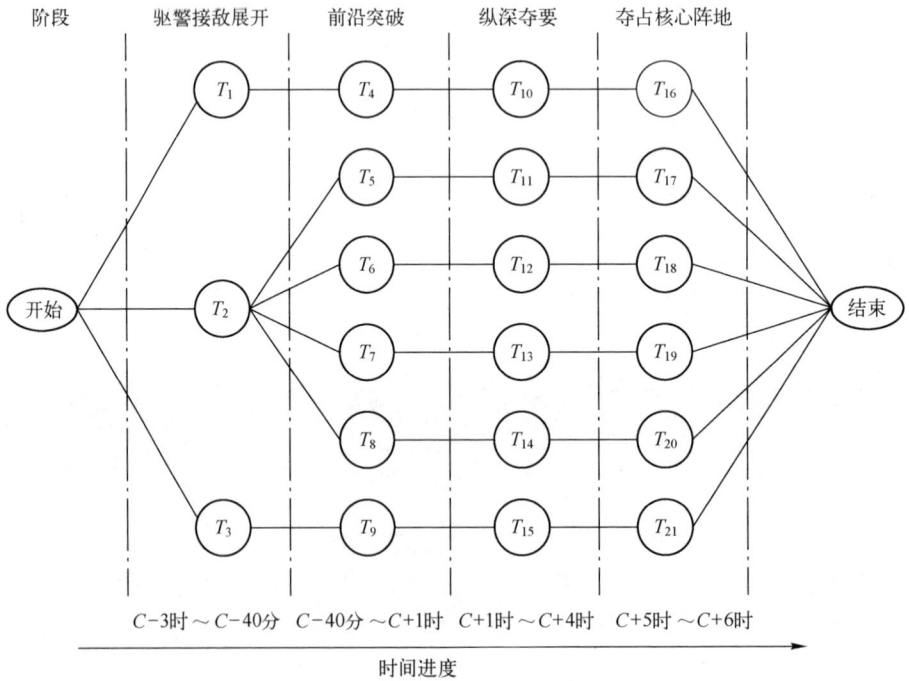

图 2-7　装备保障任务流程

装备保障资源平台包括履带装甲抢救抢修车（LQJQX）、履带坦克抢救牵引车（LTQJQY）、拆装工程车（CZGCC）、军械修理车（JXXLC）、轮式车辆修理车（LSCLXLC）、弹药输送车（DYSSC）、弹药库（DYK）、军械器材库（JXK）、轮式车辆器材库（LSCLQCK）、综合修理所（ZHXLS）、指挥所（ZHS）等。

装备保障资源平台所拥有的资源类型有：履带牵引类资源 a_1、履带抢修类资源 a_2、履带拆装类资源 a_3、轮式拆装类资源 a_4、轮式抢修类资源 a_5、军械修理类资源 a_6、弹药枪械输送类资源 a_7、弹药枪械储备类资源 a_8、器材储备类资源 a_9、综合修理类资源 a_{10}。

装备保障任务属性和装备保障资源平台属性分别如表 2-1 和表 2-2 所示，表中任务资源需求和平台资源能力经过归一化处理。

表 2-1　装备保障任务属性

序号	任务	任务资源需求										任务持续时间
		r_1	r_2	r_3	r_4	r_5	r_6	r_7	r_8	r_9	r_{10}	
1	T_1	0.1	0.1	0.1	0.2	0.2	0.1	0.01	0.0	0.0	0.0	40
2	T_2	0.0	0.0	0.0	0.0	0.0	0.0	0.00	0.0	0.0	0.0	20
3	T_3	0.1	0.1	0.1	0.2	0.2	0.2	0.02	0.0	0.0	0.0	30
4	T_4	1.0	1.0	1.0	1.5	1.5	1.8	1.00	1.0	1.0	1.0	20
5	T_5	0.5	0.5	0.5	1.0	1.0	1.0	0.50	0.5	0.3	1.5	20
6	T_6	1.0	1.0	1.0	1.5	1.5	1.3	1.00	1.0	1.0	1.0	20
7	T_7	0.0	0.0	0.2	0.2	0.3	0.3	1.00	1.0	1.0	1.5	40
8	T_8	0.0	0.0	0.3	0.3	0.4	0.4	1.00	1.0	1.0	1.5	40
9	T_9	1.5	1.5	1.5	2.0	2.0	1.8	1.00	1.0	1.0	1.0	20
10	T_{10}	1.5	1.5	1.5	2.0	2.0	1.8	1.00	1.0	1.0	1.0	30
11	T_{11}	1.0	1.0	1.0	1.2	1.2	1.2	0.80	0.8	0.5	2.0	40
12	T_{12}	1.2	1.2	1.2	1.8	1.8	1.5	1.20	1.2	1.2	1.5	30
13	T_{13}	0.0	0.0	0.3	0.3	0.4	0.4	1.20	1.2	1.2	2.0	40
14	T_{14}	0.0	0.0	0.5	0.5	0.8	0.8	1.20	1.2	1.2	2.0	40
15	T_{15}	1.5	1.5	1.5	2.0	2.0	1.8	1.00	1.0	1.0	1.0	25
16	T_{16}	1.0	1.0	1.0	1.0	1.0	1.2	0.50	0.5	0.5	2.0	30
17	T_{17}	0.4	0.4	0.4	0.7	0.7	0.4	0.50	0.5	0.5	2.0	40
18	T_{18}	0.5	0.5	0.5	0.5	0.5	0.5	0.60	0.5	0.5	1.5	30
19	T_{19}	0.0	0.0	0.2	0.2	0.3	0.3	0.20	0.2	0.2	2.0	40
20	T_{20}	0.0	0.0	0.2	0.2	0.3	0.3	0.40	0.4	0.4	2.0	40
21	T_{21}	0.3	0.3	0.3	0.6	0.6	0.8	0.50	0.5	0.5	1.5	45

表 2-2　装备保障资源平台属性

序号	平台类型	平台数量	平台编号	平台资源能力										速度
				a_1	a_2	a_3	a_4	a_5	a_6	a_7	a_8	a_9	a_{10}	
1	LQJQX	5	1~5	5	5	2	1	1	0	0	0	0	1	3
2	LTQIQY	3	6~8	4	4	2	1	1	0	0	0	0	1	3
3	CZGCC	3	9~11	0	1	3	6	6	2	0	0	1	1	5
4	JXXLC	5	12~16	0	1	0	4	3	6	2	0	2	1	5
5	LSCLXLC	5	17~21	0	1	0	3	5	2	2	0	2	1	5
6	DYSSC	15	22~36	0	0	0	0	0	0	5	2	0	0	5
7	DYK	2	37~38	0	0	0	0	0	0	2	6	0	0	1.5
8	JXK	2	39~40	0	0	0	0	0	0	2	6	0	0	1.5
9	LSCLQCK	2	41~42	0	0	0	0	0	0	0	0	5	0	1
10	ZHXLS	1	43	1	1	1	2	2	3	0	0	3	4	1
11	ZHS	1	44	0	0	0	0	0	0	0	0	0	0	5

以决策者数量 $M=12$ 为例，为了验证提出的多种群遗传算法求解的有效性和改进效果，将其与标准遗传算法进行比较。两种算法的共同参数设置为：种群规模 Popsize=100；代沟 Ggap=0.9。多种群遗传算法其他参数设置为：种群数 MP=20；初始交叉和变异概率 $P_{c\,initial}$ 和 $P_{m\,initial}$ 分别在 [0.7,0.9] 和 [0.001,0.05] 中随机选取；最优个体最少保持代数 Maxgen=10。标准遗传算法其他参数设置为：最大遗传代数 MAXGEN=150；交叉概率 $P_c=0.75$；变异概率 $P_m=0.05$。

为了体现案例仿真实验的有效性，通过对多种群遗传算法和标准遗传算法分别运行 10 次仿真实验所得到目标函数值的最优值（Best）、最差值（Worst）、均值（Mean）和标准方差（Std）来考查算法性能，两种算法决策者-资源平台分配种群和决策者-任务分配种群性能比较分别如表 2-3 和表 2-4 所示。

表 2-3　两种算法决策者-资源平台分配种群优化性能比较

性　能	多种群遗传算法	标准遗传算法
Best	2.557 3	2.376 7
Worst	2.557 3	2.180 8
Mean	2.557 3	2.271 5
Std	0	0.064 1

表 2-4　两种算法决策者-任务分配种群优化性能比较

性　能	多种群遗传算法	标准遗传算法
Best	1.193 8	1.081 7
Worst	1.193 8	0.988 7
Mean	1.193 8	1.020 1
Std	0	0.028 2

多种群遗传算法和标准遗传算法最优解对应的决策者-资源平台-任务分配方案分别如表 2-5 和表 2-6 所示。

表 2-5　多种群遗传算法最优解对应的决策者-资源平台-任务分配方案

决策实体	资源平台	装备保障任务
DM_1	$P_2,P_5,P_9,P_{15},P_{18},P_{22},P_{27},P_{37}$	T_6
DM_2	$P_1,P_4,P_6,P_7,P_8,P_{10},P_{11},P_{13},P_{14},P_{16},P_{19},P_{21},$ $P_{25},P_{31},P_{32},P_{38},P_{39},P_{40},P_{41},P_{42},P_{43},P_{44}$	T_{13},T_{19},T_{20}
DM_3	P_{29}	T_8
DM_4	P_{12},P_{36}	T_{12},T_{16}
DM_5	P_{30}	T_1,T_5,T_{18}
DM_6	P_3,P_{23}	—
DM_7	P_{17},P_{28}	T_7,T_{10}
DM_8	P_{20},P_{24}	T_{14},T_{17}
DM_9	P_{35}	T_1,T_9
DM_{10}	P_{34}	T_3,T_{15}
DM_{11}	P_{26}	T_4
DM_{12}	P_{33}	T_{11},T_{21}

表 2-6　标准遗传算法最优解对应的决策者-资源平台-任务分配方案

决策实体	资源平台	装备保障任务
DM_1	$P_5,P_7,P_{11},P_{15},P_{22},P_{25},P_{34},P_{37},P_{41},P_{42},P_{44}$	—
DM_2	P_1,P_{13},P_{24},P_{31}	T_6
DM_3	P_8,P_{23}	T_2,T_{10},T_{14},T_{16}
DM_4	—	T_4,T_7,T_8,T_{18}
DM_5	P_9,P_{35}	—
DM_6	$P_4,P_6,P_{16},P_{20},P_{29},P_{40}$	T_{12}
DM_7	$P_2,P_{10},P_{18},P_{30},P_{32}$	—
DM_8	P_{12},P_{26}	T_{13}
DM_9	P_{17},P_{33}	T_{21}
DM_{10}	$P_3,P_9,P_{14},P_{28},P_{36}$	T_{11}
DM_{11}	$P_{21},P_{27},P_{38},P_{43}$	$T_1,T_3,T_5,T_{15},T_{17},T_{19}$
DM_{12}	P_{19},P_{39}	T_9,T_{20}

多种群遗传算法决策者-资源平台分配种群和决策者-任务分配种群最优解对应的适应度函数值变化曲线分别如图 2-8 和图 2-9 所示。

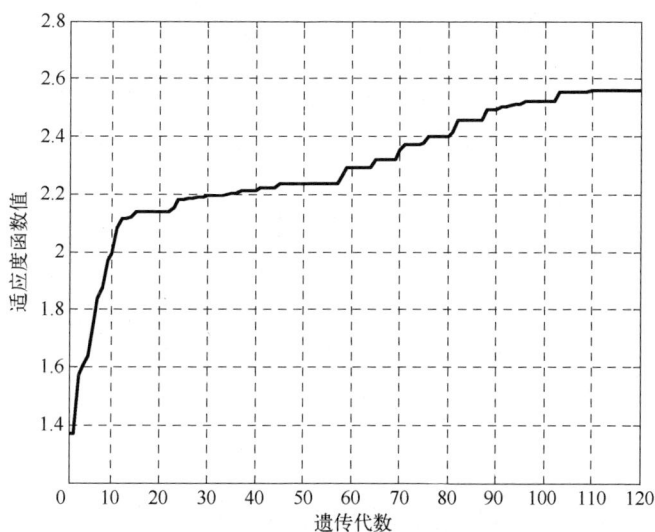

图 2-8　多种群遗传算法决策者-资源平台分配种群
最优解对应的适应度函数值变化曲线

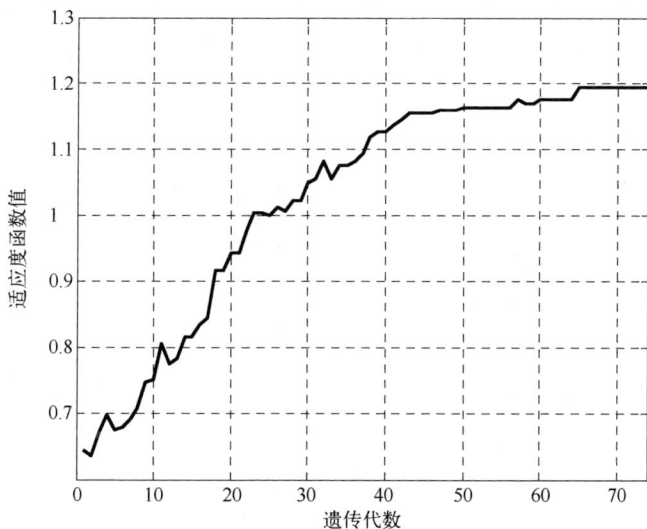

图 2-9　多种群遗传算法决策者-任务分配种群
最优解对应的适应度函数值变化曲线

标准遗传算法决策者-资源平台分配种群和决策者-任务分配种群最优解对应的适应度函数值变化曲线分别如图 2-10 和图 2-11 所示。

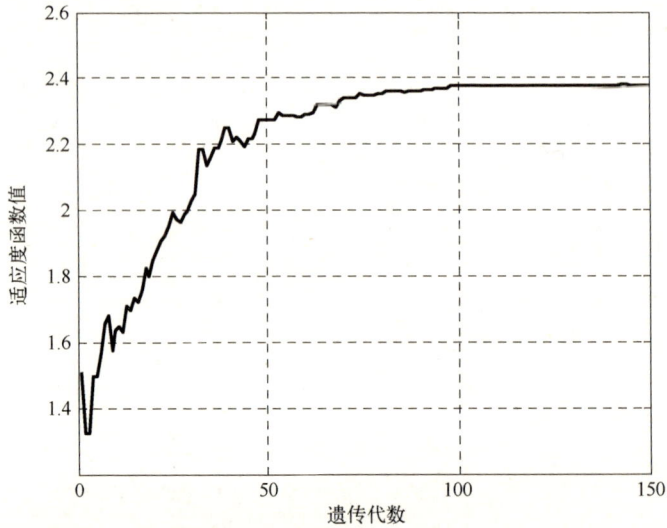

图 2-10　标准遗传算法决策者-资源平台分配种群
最优解对应的适应度函数值变化曲线

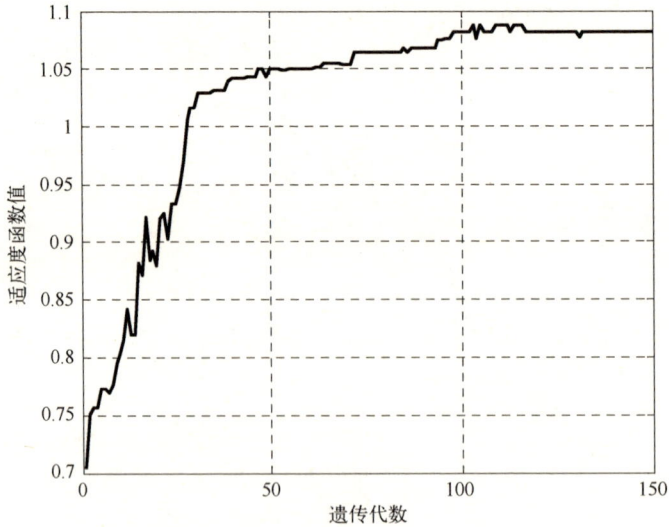

图 2-11　标准遗传算法决策者-任务分配种群
最优解对应的适应度函数值变化曲线

　　从仿真结果可以看出,多种群遗传算法 10 次仿真实验得到的优化结果完全一致,而标准遗传算法 10 次仿真实验得到的优化结果则均不相同。此外,多种群遗传算法所得到目标函数值的最优值均优于标准遗传算法,而且收敛速度较快。因此，多种群遗传算法稳定性较好，对克服早熟收敛有显著的效果。

2.5　本章小结

本章针对装备保障指挥控制组织结构优化问题，建立了以组织结构总工作负载均方根最小化为目标的优化数学模型，提出了一种用于求解组织结构优化模型的改进多种群遗传算法，构造了整数排列编码策略，设计了适应度函数与约束处理方案和自适应交叉概率、变异概率。通过装备保障指挥控制组织结构优化案例仿真验证了模型和求解算法的可行性和有效性。

第 3 章

装备保障任务智能调度

装备保障方案是指依据装备使用特点和上级保障决心，以完成保障任务及实施相应措施的基本设想。其中，装备保障力量的编成和部署是装备保障方案的核心内容，是拟制装备保障行动计划的主要依据，关键问题是装备保障任务调度，即给定保障任务，在满足约束的条件下，为其分配时间和资源，这一过程实际上是保障任务、资源和时间的匹配过程，受保障任务属性、保障资源属性、保障时限和保障环境等多种因素的影响和制约。因此，采用更加有效的装备保障任务智能调度方法能够进一步优化装备保障方案，缩短响应时间，对实现装备保障的精确化、信息化和智能化具有重要意义。

3.1　装备保障任务调度问题描述

装备保障力量的编成和部署的关键问题是装备保障任务的调度优化，而装备保障任务的调度优化问题的实质是保障任务、保障资源和保障时间三者之间的匹配问题，而保障任务、保障资源及保障任务和保障资源之间通常存在着复杂的约束关系。在保障任务与保障资源的匹配过程中，通常需要严格按照任务逻辑顺序的先后进行资源分配；对于没有严格逻辑关系的任务，则需要对任务进行优先排序，排序在前的任务优先占用资源，以解决资源占用冲突问题。

保障任务（Task，T）：根据保障任务的性质、保障装备的类型及保障地点，对保障任务进行分解得到所需要执行的任务序列。对保障任务进行分解的目的

是保证分解后的任务能够由某项资源独立完成,不需要其他资源参与。记包含 N 项任务的保障任务集合为 $T = \{T_i | i = 1, 2, \cdots, N\}$,集合 T 中各任务之间具有顺序依赖和执行约束关系。对于 $\forall T_i \in T$,其属性包括:任务开始时间 S_{T_i};任务持续时间 C_{T_i};任务优先级 P_{T_i};保障任务集 T 中任务之间的时序约束关系 $C^{T-T} = \left(c_{ij}^{T-T} \right)_{N \times N}$;若任务 T_i 是任务 T_j 的前导任务,则 $c_{ij}^{T-T} = 1$,否则 $c_{ij}^{T-T} = 0$。

保障资源(Resource,R):将保障资源按照保障装备类型、保障单位及保障性质进行分解得到可匹配任务的资源。分解后的资源均具有单独承担某项或几项任务的能力,且均能同时被占用。记包含 M 项资源的保障资源集合为 $R = \{R_m | m = 1, 2, \cdots, M\}$。

任务-资源匹配执行时间(Resource-Task,RT):任务占用不同资源,其执行时间是不同的。记任务与资源匹配的相应执行时间矩阵为 $\mathbf{RT} = (\mathrm{rt}_{mi})_{M \times N}$。其中,$\mathrm{rt}_{mi}$ 表示资源 R_m 匹配任务 T_i 的执行时间,若 $\mathrm{rt}_{mi} = 0$,则表示资源与任务不可匹配。

任务-资源分配方案(Distribution,D):对于一系列保障任务,通过基于动态列表规划的任务选择可以对任务-资源分配方案在时间上进行调度,为各任务分配执行时间,以解决装备保障任务调度的资源占用冲突问题。记任务-资源分配方案为 $D^{R-T} = \left(d_{mi}^{R-T} \right)_{M \times N}$,若 $d_{mi}^{R-T} = 1$,则表示资源 R_m 分配给任务 T_i 使用,否则 $d_{mi}^{R-T} = 0$。当一个类型的资源同时分配给多项任务使用时,该资源将按照任务优先级大小和任务执行的时序逻辑顺序依次分配给各项任务。

3.2　装备保障任务调度数学模型

3.2.1　目标函数

对于 $\forall T_i \in T$,其结束时间记为 $E_{T_i} = B_{T_i} + C_{T_i}$,其前导任务构成的集合记为 $S_{T_i}^T = \left\{ T_k \mid c_{ki}^{T-T} = 1, 1 \leqslant k \leqslant N \right\}$,处理任务 T_i 的资源构成集合记为 $S_{T_i}^R = \{ R_m \mid d_{mi}^{R-T} = 1, 1 \leqslant m \leqslant M \}$。对于 $\forall R_m \in R$,资源发生占用冲突的任务集合,即占用资源 R_m 的任务构成的集合记为 $S_{R_m}^T = \{ T_i \mid d_{mi}^{R-T} = 1, 1 \leqslant i \leqslant N \}$。

当资源按照任务-资源分配方案分配给各项任务时,其任务执行时间(Task

Implementation Time，TIT）为所有任务的最终结束时间，即

$$\text{TIT} = \max_{T_i \in T}(E_{T_i}) \tag{3.1}$$

装备保障任务调度考虑以最短保障时间为目标，保障时间越短，作战单位越能够快速反应，也就越适应战场上复杂多变的环境。因此，任务调度优化数学模型的目标函数为

$$\min \text{TIT} = \min\left(\max_{T_i \in T}(E_{T_i})\right) \tag{3.2}$$

3.2.2　约束分析

装备保障任务调度优化问题的约束条件包括任务-资源分配约束、任务执行时序逻辑约束和任务执行时间约束三类。

1. 任务-资源分配约束

通过对任务分解可保证任务由某项资源独立完成，即

$$\sum_{m=1}^{M} d_{mi}^{R-T} = 1, \quad d_{mi}^{R-T} = \{0,1\} \tag{3.3}$$

2. 任务执行时序逻辑约束

当任务 T_i 和 T_j 同时占用资源 R_m 时，任务 T_i 和 T_j 执行时序满足

$$[B_{T_i}, E_{T_i}] \bigcap [B_{T_j}, E_{T_j}] = \varnothing, \quad \forall T_i, T_j \in S_{R_m}^T, \ i \neq j \tag{3.4}$$

为了缩短资源处于空间状态的时间，对于发生资源占用冲突的任务 T_i 和 T_j，假设任务 T_i 的优先级 P_{T_i} 高于任务 T_j 的优先级 P_{T_j}，则满足

$$E_{T_i} = B_{T_j}, \quad \forall T_i, T_j \in S_{R_m}^T, \ i \neq j, \ P_{T_i} \geqslant P_{T_j} \tag{3.5}$$

对于带有顺序关系的任务 T_i 和 T_j，假设任务 T_i 为 T_j 的前导任务，则任务 T_i 开始时间满足

$$E_{T_i} \geqslant B_{T_j}, \quad \forall c_{ij} = 1, \ i \neq j \tag{3.6}$$

3. 任务执行时间约束

保障任务执行时间 TIT 不能大于保障任务完成时限，且任务 T_i 执行时间不能大于任务 T_i 完成时限，即

$$TIT = \max_{T_i \in T}(E_{T_i}) \leqslant TCL_{tot} \tag{3.7}$$

$$C_{T_i} = E_{T_i} - B_{T_i} \leqslant TCL_{T_i} \tag{3.8}$$

式中：TCL_{tot} 为保障任务完成时限；TCL_{T_i} 为任务 T_i 完成时限。

3.2.3　数学模型

以保障任务执行时间 TIT 最小化为目标，综合考虑任务–资源分配过程中的约束条件，因此，装备保障任务调度优化问题的数学模型为

$$\min TIT = \min\left(\max_{T_i \in T}(E_{T_i})\right)$$

$$\text{s.t.}\begin{cases} \sum_{m=1}^{M} d_{mi}^{R-T} = 1, \quad d_{mi}^{R-T} = \{0,1\} \\ [B_{T_i}, E_{T_i}] \bigcap [B_{T_j}, E_{T_j}] = \varnothing, \quad \forall T_i, T_j \in S_{R_m}^T, \ i \neq j \\ E_{T_i} = B_{T_j}, \quad \forall T_i, T_j \in S_{R_m}^T, \ i \neq j, \ P_{T_i} \geqslant P_{T_j} \\ E_{T_i} \geqslant B_{T_j}, \quad \forall c_{ij} = 1, \ i \neq j \\ TIT = \max_{T_i \in T}(E_{T_i}) \leqslant TCL_{tot} \\ C_{T_i} = E_{T_i} - B_{T_i} \leqslant TCL_{T_i} \end{cases} \tag{3.9}$$

3.3　基于动态列表规划和二元离散型混沌蝙蝠算法求解

3.3.1　算法流程

基于动态列表规划和二元离散型混沌蝙蝠算法的混合算法流程如图 3-1 所示。

由图 3-1 可以看出，基于动态列表规划和二元离散型混沌蝙蝠算法的混合算法主要包含两个关键环节：一是采用动态列表规划在待选保障任务集中选择一项当前需要处理的任务；二是设计二元离散型混沌蝙蝠算法为选定的任务分配相应资源。

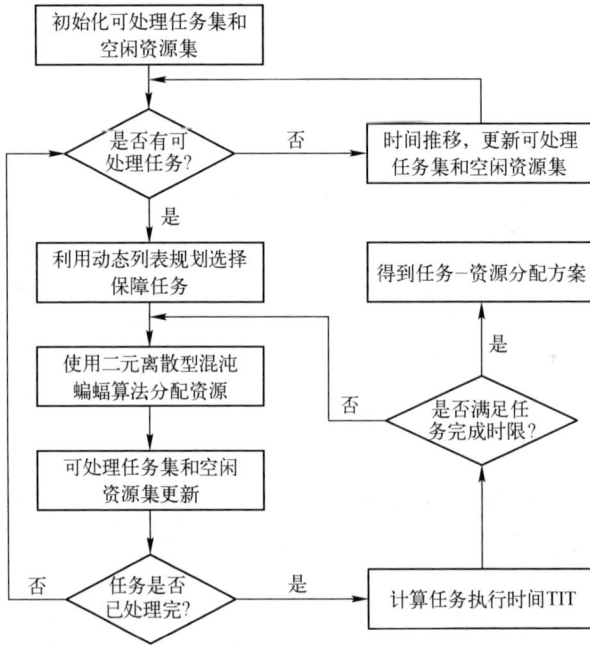

图 3-1 基于动态列表规划和二元离散型混沌蝙蝠算法的混合算法流程

3.3.2 基于动态列表规划的任务选择

基于动态列表规划选择任务的步骤如下。

Step1 定义过程变量，主要包括可处理任务集 T_{ready}、已处理任务集 $T_{complete}$ 和空闲资源集 R_{free}。

Step2 初始化所有任务的优先级 P_{T_i}。

Step3 更新任务执行时间 $T_{complete}$，如果 $T_{complete} = \varnothing$，则跳过。

Step4 在前导任务已完成任务中，选择优先级高的一项任务。

Step5 为该任务在空闲资源集 R_{free} 中选择一项资源，以满足任务完成时限。

Step6 判断是否所有任务都已完成分配，如果是则终止算法，否则转入 Step2。

当任务 T_i 的所有直接前导任务都已处理完成时，该任务 T_i 便进入可处理任务集合 T_{ready}，在 T_{ready} 中根据任务优先级 P_{T_i} 依次处理任务，即任务优先级高的任务优先占用资源。

3.3.3　基于二元离散型混沌蝙蝠算法的资源分配

从当前空闲资源集 R_{free} 中为选定的任务分配资源,其实质是多维 0～1 背包问题。背包问题是运筹学和计算机科学领域中的一类典型的组合优化 NP 完全问题。对于背包问题,目前常用的方法大致分为两类:一类是基于数学理论的传统近似算法,如动态规划算法、Lagrange 算法、分支定界算法等;另一类是具有生物进化思想和动物行为群体的启发式智能优化算法,如受生物进化演变规律启发的遗传算法和差分进化算法、受鸟群觅食行为启发的粒子群算法、受蜜蜂采蜜行为启发的人工蜂群算法等。随着启发式智能优化算法研究的不断深入,近年来许多学者将不同类型的启发式智能优化算法应用于多维 0～1 背包问题,取得了一定的成果,但仍然存在稳定性差、成功率低等问题。

2010 年,学者 Yang 提出了一种新的元启发式算法——蝙蝠算法。蝙蝠算法是模拟蝙蝠发出和接收自身发出的超声波来捕食猎物而提出的一种全局性智能优化算法。蝙蝠算法中,每只蝙蝠在搜索空间中的位置都代表一个解,对于不同的适应度函数,每只蝙蝠都有自己的适应度函数值。该算法通过比较每只蝙蝠的适应度函数值来找出当前全局最优位置,然后调整蝙蝠种群的脉冲频率、脉冲响度和脉冲发生率,朝着当前最优位置不断搜索,最终找到全局最优解。下面首先介绍标准蝙蝠算法。

1.　标准蝙蝠算法

蝙蝠的种类很多,大小各不相同,其中小型蝙蝠用发出超声波且接收其回声的方式来探寻周围的猎物。蝙蝠发射的超声波频率为 25～150kHz,波长为 2～14mm,这样的波长符合蝙蝠猎物的大小。声波响度能够达到 110dB,每个声波持续的时间非常短,为 5～20ms。小型蝙蝠大约每秒发射出 10～20 个超声波。蝙蝠算法模拟蝙蝠使用回声定位进行捕食的行为,算法的更新迭代次数为 t,每只蝙蝠能够在位置 x_i 以频率 f_i 发出响度为 A_0 的超声波来搜索猎物,以速度 υ_i 向猎物飞行,并实时根据猎物与自己的距离调整自己的飞行速度 υ_i、脉冲响度 A_0 和脉冲发生率 r_i,逐渐向猎物靠近,最终成功捕食猎物。蝙蝠算法中,蝙蝠的频率、速度和位置在第 t 代的更新公式为

$$f_i = f_{\min} + (f_{\max} - f_{\min})\beta \tag{3.10}$$

$$\upsilon_i^t = \upsilon_i^{t-1} + (x_i^{t-1} - x_{\text{gbest}})f_i \tag{3.11}$$

$$x_i^t = x_i^{t-1} + \upsilon_i^t \tag{3.12}$$

式中：f_i 为第 i 只蝙蝠发出的频率；f_{min} 和 f_{max} 为蝙蝠发出频率的最小值和最大值；$\beta \in [0,1]$ 为一个服从均匀分布的随机数；x_i 和 υ_i 分别为搜索空间第 i 只蝙蝠的位置和速度，$i = 1, 2, \cdots, n$；x_{gbest} 为当前全局最优解。

在蝙蝠算法逐渐靠近全局最优解时，采用局部搜索，局部位置更新公式为

$$x_{new} = x_{old} + \varepsilon A_{ave}^t \tag{3.13}$$

式中：x_{old} 为当前全局最优解集中随机选择的一个解；$\varepsilon \in [-1,1]$ 为一个服从均匀分布的随机数；A_{ave}^t 为当前所有蝙蝠的平均响度。

蝙蝠在实际捕猎过程中，在寻找猎物时，发出的超声波脉冲响度最大，利用声波远距离传播；当发现猎物后，脉冲响度逐渐减弱而脉冲发生率逐渐增大，利于精确定位猎物。因此，在每次迭代过程中，脉冲响度 A_i^t 和脉冲发生率 r_i^t 更新公式为

$$A_i^{t+1} = \alpha A_i^t \tag{3.14}$$

$$r_i^{t+1} = r_i^0 [1 - \exp(-\gamma t)] \tag{3.15}$$

式中：$0 < \alpha < 1$，$\gamma > 0$，为常量，类似模拟退火算法中冷却过程中的冷却因子，一般情况下，取 $\alpha = \gamma$。

已有研究表明，标准蝙蝠算法将遗传算法、粒子群算法及和声搜索算法进行了有机结合，粒子群算法与和声搜索算法被认为是蝙蝠算法在经过适当简化后的一种特殊情况，并且蝙蝠算法具有模型简单、算法参数少、通用性强等优点。因此，相比遗传算法、粒子群算法及和声搜索算法，标准蝙蝠算法具有更快的收敛速度和更好的全局寻优能力。

2. 二进制蝙蝠算法

标准蝙蝠算法适用于连续问题优化，受二进制粒子群算法等离散智能优化算法在 0-1 背包问题解决上具有显著优势的启发，Mirjalili 和 Yang 提出了二进制蝙蝠算法。二进制蝙蝠算法为实现蝙蝠算法向二元离散域的拓展，引入连续域向二进离散域的映射公式

$$V(\upsilon_{id}^t) = \left| \frac{2}{\pi} \arctan\left(\frac{\pi}{2} \upsilon_{id}^t\right) \right| \tag{3.16}$$

$$x_{id}^t = \begin{cases} (x_{id}^{t-1})^{-1}, & rand < V(\upsilon_{id}^t) \\ x_{id}^{t-1}, & rand \geqslant V(\upsilon_{id}^t) \end{cases} \tag{3.17}$$

式中：$i = 1, 2, \cdots, n$；$d \in D$ 为维数。

3.　二元离散型混沌蝙蝠算法

二进制蝙蝠算法虽然实现了蝙蝠算法由连续域向二元离散域的拓展，但仍然存在易陷入局部最优、算法后期收敛速度较慢、收敛精确度不高等问题。针对以上问题提出一种具有自适应搜索和变异操作的二元离散型混沌蝙蝠算法，算法流程如图 3-2 所示。

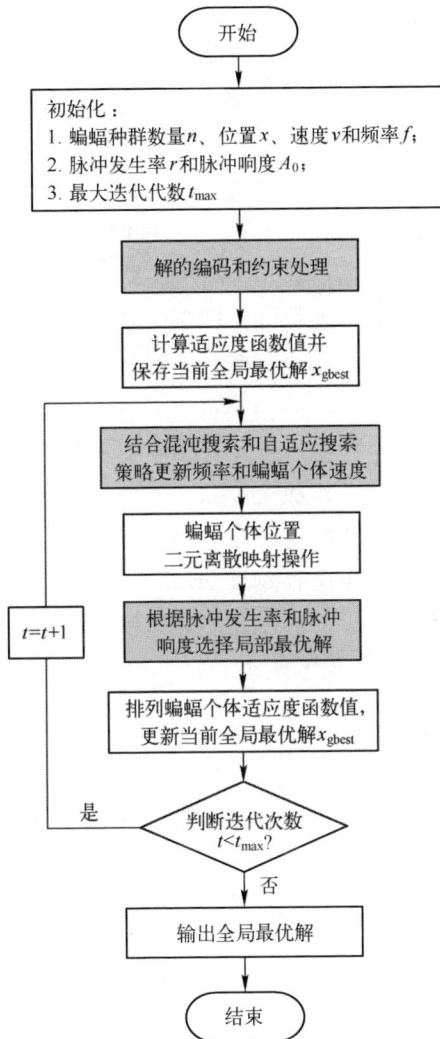

图 3-2　二元离散型混沌蝙蝠算法流程

与二进制蝙蝠算法相比，二元离散型混沌蝙蝠算法对图 3-2 中的阴影部分进行改进，主要包括以下 4 个方面。

（1）解的编码和约束处理。

任务-资源分配方案 $D^{R-T} = (d_{mi}^{R-T})_{M \times N}$ 即求解对象，直接对 D^{R-T} 进行编码，则解的维数 $D = M \times N$，因此蝙蝠个体位置 $x_i = [x_{i1}, x_{i2}, \cdots, d_{iD}]$，此时解编码的冗余度较高，最优解空间较大。针对这种情况，采用强制修正蝙蝠个体位置的方法，即若蝙蝠个体位置不满足任务-资源分配约束，即 $\sum_{m=1}^{M} d_{mi}^{R-T} \neq 1$，则给该任务随机分配某项资源，因此最优解的搜索范围将大大减小。

（2）脉冲频率、响度和发生率变化区间混沌搜索。

蝙蝠个体利用回声定位能力测算与当前最优解的距离，并根据脉冲频率调节速度，脉冲频率往往在频率区间 $[f_{\min}, f_{\max}]$ 随机取值，可能导致速度的变化陷入局部区间，特别是当蝙蝠搜索到当前最优解时，速度会被迫"停滞"，影响搜索效率。此外，算法并未考虑在进化初期需要保持较强的探索能力而在进化后期需要保持较高的开发能力这一问题，导致算法存在开发和探索能力不平衡的缺点。

为此，应结合混沌搜索和自适应搜索策略更新脉冲频率和蝙蝠个体速度，提高算法搜索效率及平衡开发和探索能力。利用混沌变量进行优化搜索可使优化算法跳出局部最优和保持种群多样性，但不同的混沌映射对混沌优化过程有较大影响。目前，常用的混沌映射为 Logistic 混沌映射和 Tent 混沌映射，但这两类混沌映射对搜索初始值较为敏感且搜索效率较低，有可能导致算法效率降低。傅文渊等指出 Fuch 混沌映射相比 Logistic 混沌映射和 Tent 混沌映射具有较高的混沌动态优化性能和搜索效率，且不依赖于初始值位置。

脉冲频率采用 Fuch 混沌映射搜索为

$$f_i = f_{\min} + (f_{\max} - f_{\min}) \cdot \left| y_i^t \right| \tag{3.18}$$

$$y_i^t = \cos[1/(y_i^{t-1})^2] \tag{3.19}$$

式中：y_i^t 为 Fuch 混沌映射函数；$y_i^0 \neq 0$；$k \in \mathbf{Z}^+$。

（3）惯性权重和学习因子自适应协同更新。

BBA（二进制蝙蝠算法）虽然具有较强的全局搜索能力，但只是一味地向当前群体最优蝙蝠个体方向聚集，并按照式（3.11）和式（3.12）动态调整蝙蝠个体的飞行速度和位置，当所有蝙蝠个体聚集在当前最优个体附近，导致与最优个体差异较小时，蝙蝠个体的速度和位置更新会越来越小，逐渐趋向同一化，从而使蝙蝠种群个体多样性大大降低，容易陷入局部最优。

因此，为了增加种群的多样性，改变将所有蝙蝠均引导飞向当前最优蝙蝠个体的方式，蝙蝠个体速度的更新采用自适应搜索策略为

$$\upsilon_{id}^t = \omega_{id}^{t-1}\upsilon_{id}^{t-1} + (x_{id}^{t-1} - x_{\text{gbest}_d})f_i\eta_1 + (x_{id}^{t-1} - x_{jd}^{t-1})f_i\eta_2 \tag{3.20}$$

式中：ω_{id} 为自适应惯性权重；$\eta_1 + \eta_2 = 1$ 为自适应学习因子；$j = 1, 2, \cdots, n$ 且 $j \neq i$ 为随机选择的下标。

自适应惯性权重选取非线性递减惯性权重控制方案，即

$$\omega_{id}^t = \omega_{\text{final}} + \frac{(t_{\max} - t)^{k_1}}{(t_{\max})^{k_1}}(\omega_{\text{initial}} - \omega_{\text{final}}) \tag{3.21}$$

式中：$k_1 \in \mathbf{Z}^+$；ω_{initial} 和 ω_{final} 为惯性权重初值和终值。

自适应学习因子应保证算法在迭代初期能够保持较强的探索能力，以提高全局搜索能力，避免陷入局部最优；随着迭代次数增加，逐渐由全局搜索转向对特定区域的精细化搜索。因此，自适应学习因子 η_1 和 η_2 随迭代次数更新为

$$\eta_1 = 1 - \text{rand}\frac{(t_{\max} - t)^{k_2}}{(t_{\max})^{k_2}}, \quad \eta_2 = \text{rand}\frac{(t_{\max} - t)^{k_2}}{(t_{\max})^{k_2}} \tag{3.22}$$

式中：$k_2 \in \mathbf{Z}^+$；rand 为 $[0,1]$ 内均匀分布产生的随机数。

由式（3.21）和式（3.22）可知，通过惯性权重和自适应学习因子的自适应协同更新，算法在迭代初期能够保持较强的全局搜索能力，随着迭代次数增加，算法逐渐由全局搜索转向对特定区域的精细化搜索。

（4）根据脉冲发生率和脉冲响度选择局部最优解。

二进制蝙蝠算法直接将当前全局最优解集中随机选择的解 x_{old}^t 作为新解，通过借鉴标准蝙蝠算法的局部搜索过程，并采用变异操作，避免陷入局部最优，即对当前全局最优解集中随机选择的解 x_{old}^t 进行如下变异操作

$$x_{\text{new}\,j}^t = \begin{cases} x_{\text{old}\,j}^t, & j = 1, \cdots, d_1 - 1 \\ 1, & \text{rand} < \text{V}(\varepsilon A_{\text{ave}}^t), & j = d_1, \cdots, d_2 \\ 0, & \text{rand} \geqslant \text{V}(\varepsilon A_{\text{ave}}^t), & j = d_1, \cdots, d_2 \\ x_{\text{old}\,j}^t, & j = d_2 + 1, \cdots, D \end{cases} \tag{3.23}$$

式中：d_1 和 d_2 为随机位置。

在每次迭代过程中，采用 Fuch 混沌映射搜索更新脉冲发生率为

$$r_i^{t+1} = \left[r_{\text{initial}} + (r_{\text{final}} - r_{\text{initial}}) \frac{t}{t_{\text{max}}} \right] \cdot \left| y_i^t \right| \tag{3.24}$$

式中：r_{initial} 和 r_{final} 分别为脉冲发生率的初值和终值。

根据脉冲发生率和脉冲响度选择局部最优解的伪代码如下：

```
1) if rand > r_i^t;
2) 从最优解集中选择一个解 x_old^t 作为最优解；
3) 利用式（3.24）在选择的最优解 x_old^t 附近产生一个新解 x_new^t；
4) end if;
5) 计算新解的适应度函数值 f(x_new^t)；
6) if (rand < A_i^t & f(x_new^t) ⩽ f(x_qbest))；
7) 接受新解，并按式(3.14)减小脉冲响度和式(3.24)增大脉冲发生率；
8) end if。
```

3.4　案例仿真与分析

以联合作战装备保障任务为例，保障任务集为 $T = \{T_1, T_2, \cdots, T_{10}\}$；任务优先级为 $P_T = \{P_{T_1} > P_{T_3} > P_{T_7} > P_{T_4} > P_{T_9} > P_{T_2} > P_{T_5} > P_{T_8} > P_{T_6} > P_{T_{10}}\}$；各任务执行时序逻辑约束为 $T_3 \to T_4 \to T_5$；保障任务完成时限为 $\text{TCL}_{\text{tot}} = 18$；任务完成时限约束为 $\text{TCL}_{T_8} = 5$；保障任务集 T 中任务间的时序约束关系 $\boldsymbol{C}^{T\text{-}T}$ 为

$$\boldsymbol{C}^{T\text{-}T} = \begin{bmatrix} 0 & 0 & 0 & 0 & 0 & 0 & 0 & 0 & 0 & 0 \\ 0 & 0 & 0 & 0 & 0 & 0 & 0 & 0 & 0 & 0 \\ 0 & 0 & 0 & 1 & 0 & 0 & 0 & 0 & 0 & 0 \\ 0 & 0 & 0 & 0 & 1 & 0 & 0 & 0 & 0 & 0 \\ 0 & 0 & 0 & 0 & 0 & 0 & 0 & 0 & 0 & 0 \\ 0 & 0 & 0 & 0 & 0 & 0 & 0 & 0 & 0 & 0 \\ 0 & 0 & 0 & 0 & 0 & 0 & 0 & 0 & 0 & 0 \\ 0 & 0 & 0 & 0 & 0 & 0 & 0 & 0 & 0 & 0 \\ 0 & 0 & 0 & 0 & 0 & 0 & 0 & 0 & 0 & 0 \\ 0 & 0 & 0 & 0 & 0 & 0 & 0 & 0 & 0 & 0 \end{bmatrix}$$

保障资源集为 $R = \{R_1, R_2, \cdots, R_{12}\}$，任务与资源匹配的相应执行时间矩阵 **RT** 为

$$\mathbf{RT} = \begin{bmatrix} 3.5 & 2.1 & 5.0 & 0 & 2.5 & 3.3 & 0 & 2.5 & 5.1 & 0 \\ 3.8 & 1.8 & 4.8 & 8.3 & 2.0 & 0 & 4.8 & 3.0 & 0 & 3.4 \\ 0 & 3.1 & 5.5 & 8.2 & 2.4 & 3.1 & 4.0 & 2.0 & 5.5 & 4.4 \\ 3.5 & 3.2 & 5.1 & 9.0 & 3.0 & 3.2 & 5.0 & 2.3 & 0 & 3.8 \\ 4.5 & 3.0 & 4.5 & 7.9 & 3.1 & 3.7 & 5.5 & 0 & 5.6 & 3.3 \\ 4.5 & 2.0 & 4.7 & 7.5 & 2.5 & 3.0 & 4.5 & 0 & 5.6 & 3.5 \\ 0 & 2.5 & 0 & 8.0 & 2.7 & 3.9 & 4.1 & 2.0 & 5.1 & 4.0 \\ 4.0 & 1.9 & 0 & 0 & 0 & 4.0 & 4.3 & 3.6 & 6.0 & 4.8 \\ 5.0 & 3.8 & 5.4 & 0 & 0 & 0 & 0 & 2.3 & 5.5 & 3.3 \\ 3.7 & 0 & 5.5 & 0 & 2.8 & 0 & 0 & 2.0 & 5.3 & 4.1 \\ 3.4 & 0 & 6.0 & 7.9 & 3.0 & 4.1 & 4.7 & 2.5 & 0 & 3.4 \\ 3.0 & 0 & 5.2 & 7.6 & 3.5 & 3.6 & 4.8 & 0 & 5.3 & 4.0 \end{bmatrix}$$

经过反复多次仿真实验,确定二元离散型混沌蝙蝠算法最优参数设置如下:种群数量 Popsize $=30$;最大迭代代数 $t_{max}=200$;脉冲频率的最小值 $f_{min}=0$ 和最大值 $f_{max}=2$;惯性权重初值 $\omega_{initial}=0.9$ 和终值 $\omega_{final}=0.2$;$k_1=k_2=2$;脉冲发生率的初值 $r_{inital}=0.1$ 和终值 $r_{final}=0.8$;冷却因子 $\alpha=0.9$。

将基于动态列表规划和二元离散型混沌蝙蝠算法与基于动态列表规划和离散粒子群算法及遗传算法进行比较,为了便于区分,3 种算法分别命名为 DLS-DCBA、DLS-DPSO 和 DLS-GA,其中 DLS-DPSO 和 DLS-GA 算法参数设置为:惯性权重 $\omega=0.5$;加速因子 $c_1=c_2=1.49$;交叉概率 $p_c=0.7$;变异概率 $p_m=0.01$。

3 种算法优化性能比较如表 3-1 所示。

表 3-1　3 种算法优化性能比较

性　　能	DLS-DCBA	DLS-DPSO	DLS-GA
迭代次数	200	200	200
最优任务执行时间（h）	14	14.4	14.7
收敛代数	71	96	134
运行时间（h）	0.49	1.1	3.3

3 种算法目标函数值即任务执行时间收敛曲线如图 3-3 所示。

由表 3-1 和图 3-3 可以看出,基于动态列表规划和二元离散型混沌蝙蝠算法得到的最优任务执行时间 TIT $=14$h,收敛代数 $t=71$,相比另外两种算法具有更快的收敛速度和更高的求解精确度。

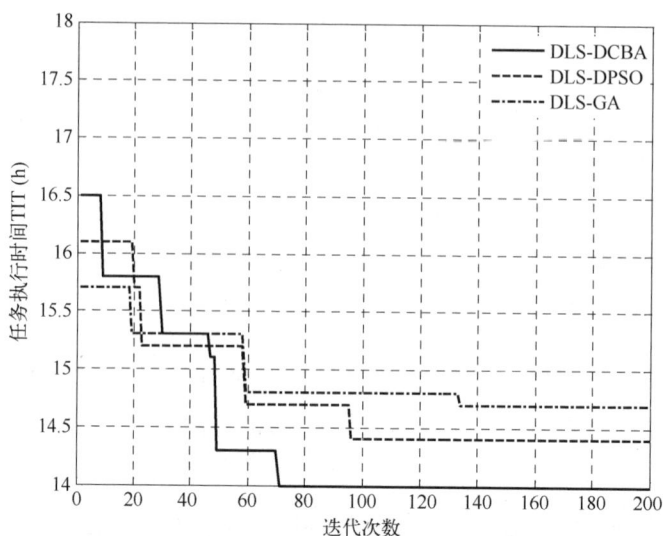

图 3-3　3 种算法任务执行时间收敛曲线

最优解对应的蝙蝠脉冲发生率变化曲线如图 3-4 所示。

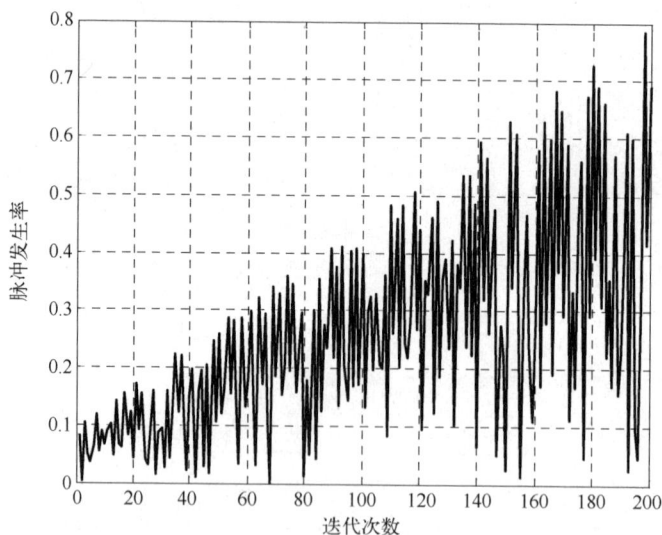

图 3-4　最优解对应的蝙蝠脉冲发生率变化曲线

最优解对应的任务-资源分配方案如表 3-2 所示。

最优解对应的任务调度甘特图如图 3-5 所示。

表 3-2　最优解对应的任务-资源分配方案

任　务	资　源	任　务	资　源
T_1	R_1	T_6	R_3
T_2	R_1	T_7	R_2
T_3	R_5	T_8	R_1
T_4	R_6	T_9	R_1
T_5	R_2	T_{10}	R_3

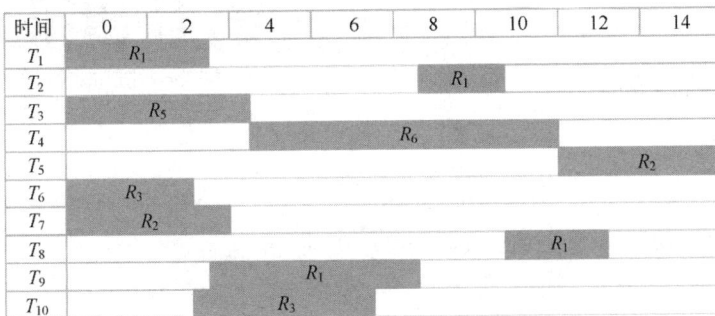

图 3-5　最优任务调度甘特图

由表 3-2 和图 3-5 可以看出，任务执行时序满足 $T_3 \rightarrow T_4 \rightarrow T_5$ 的逻辑顺序，解决了任务执行时序逻辑约束；此外，任务 T_1、T_2、T_8、T_9 均占用资源 R_1，任务 T_5、T_7 均占用资源 R_2，T_6、T_{10} 均占用资源 R_3，根据任务优先级对任务占用资源进行冲突消解，解决了任务对资源占用冲突问题。

3.5　本章小结

本章针对装备保障任务调度优化问题，建立了以时效优先为目标的任务调度优化数学模型，设计了以动态列表规划算法为主的求解框架，提出了基于自适应搜索策略和变异操作的二元离散型混沌蝙蝠算法的任务调度方法。所提出的基于动态列表规划和二元离散型混沌蝙蝠算法的混合任务调度方法利用动态列表规划选所需处理的任务，并通过自适应调整惯性权重和自适应学习因子以实现优化算法的探索和开发能力的最佳平衡，并采用混沌变异操作协助种群跳出局部最优。装备保障任务调度案例仿真结果表明，所提算法可以有效解决任务时序逻辑约束和资源占用冲突问题，实现了装备保障任务调度的科学性和有效性。

第 4 章

装备保障资源智能调度

· · · · · · · ·

资源调度问题研究从时间和资源上合理安排调度项目的活动，在资源最优利用的同时实现既定目标的最优化。资源调度问题最早可追溯到 4 500 年前埃及金字塔和美洲玛雅神庙的建造。随着人类社会的不断发展，资源调度问题广泛存在于各种不同的领域，应用背景非常广泛。装备保障资源调度优化研究主要解决如何合理地处理保障任务和保障资源之间的分配问题，即将保障资源合理地分配到存在时序逻辑关系约束的保障任务中，这一问题本质上属于时间扩展型任务分配问题，通常采用致力于寻找最优解的精确求解方法和启发式动态列表规划方法，但精确求解方法在面向规模较大、约束复杂和实时性较强的资源调度问题时，无法在有效的时间内实现优化求解，而动态列表规划方法虽然具有求解效率高、可以获得最优解或满意解的优点，但由于它是基于贪心策略的局部搜索策略，无法保证以稳定的高概率寻找最优任务调度方案。基于以上分析，本章将研究基于启发式智能优化算法的装备保障资源调度优化问题。

4.1　装备保障资源调度问题描述

记包含 N 项任务的保障任务集合为 $T = \{T_1, T_2, \cdots, T_i, \cdots, T_N\}$，集合 T 中各任务之间具有顺序依赖和执行约束关系。对于 $\forall T_i \in T$，其属性包括：任务地理坐标位置 $L_{T_i} = (X_{T_i}, Y_{T_i})$；任务开始时间 S_{T_i}；任务持续时间 C_{T_i}；任务能力需求向量 $\boldsymbol{DT}_i = \{D_{T_{i1}}, D_{T_{i2}}, \cdots, D_{T_{il}}, \cdots, D_{T_{iL}}\}$，$D_{T_{il}}(1 \leqslant l \leqslant L)$ 为成功执行任务 T_i 所需的第 l 项能

力值，若 $D_{T_{il}} = 0$，则表示执行任务 T_i 并不需要第 l 项能力。保障任务集合 T 中各任务之间具有顺序依赖和执行约束关系，如图 4-1 所示。

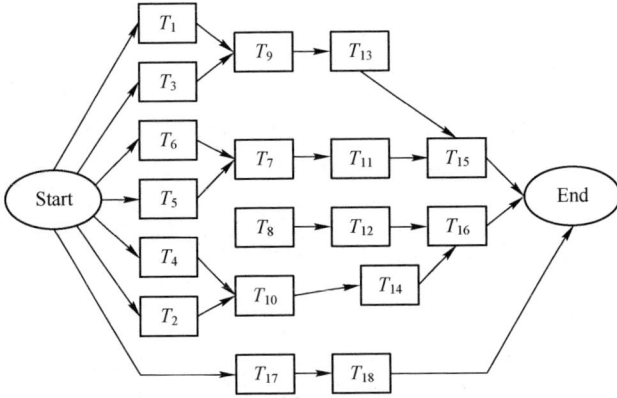

图 4-1　保障任务间的时序约束关系

保障任务集合 T 中任务间的时序约束关系可由矩阵 $\boldsymbol{C}^{T-T} = (c_{ij}^{T-T})_{N \times N}$ 表示，其中若任务 T_i 是任务 T_j 的前导任务，则 $c_{ij}^{T-T} = 1$，否则 $c_{ij}^{T-T} = 0$。一项任务必须同时满足以下 3 个条件才能开始执行：①该任务的所有前导任务都已经完成；②分配执行该任务的所有保障编组都到达该任务所在的位置；③执行该任务需要的各项能力值都得到一定满足。

记包含 M 项资源的保障资源集合为 $R = \{R_1, R_2, \cdots, R_m, \cdots, R_M\}$。对于 $\forall R_j \in R$，其属性包括：保障资源的初始地理坐标位置 $L_{R_j} = (X_{R_j}, Y_{R_j})$；保障资源平均移动速度 V_{R_j}；保障资源具备的初始保障能力向量 $\boldsymbol{C}_{R_j} = \{C_{R_{j1}}, C_{R_{j2}}, \cdots, C_{R_{jl}}, \cdots, C_{R_{jL}}\}$，$C_{R_{jl}} (1 \leqslant l \leqslant L)$ 为保障资源 R_j 第 l 项保障能力值，若 $C_{R_{jl}} = 0$，则表示保障资源 R_j 不具备第 l 项保障能力。

装备保障资源调度问题是保障任务、保障资源和保障任务时序三者之间的匹配问题，需要将保障资源分配给存在时序逻辑关系约束和能力约束的保障任务，其分配方案可由矩阵 $\boldsymbol{D}^{T-R} = (d_{ij}^{T-R})_{N \times M}$ 表示，其中若任务 T_i 分配给保障资源 R_j 执行，则 $d_{ij}^{T-R} = 1$，否则 $d_{ij}^{T-R} = 0$。当一项保障资源需要执行多项任务时，该保障资源将按照任务的优先级大小依次执行各项任务。当一项任务由于不满足条件而无法开始执行时，已经到达该任务位置的保障资源将在此等待直到该任务执行完成。

4.2 装备保障资源调度数学模型

4.2.1 保障资源能力损耗及更新模型

保障过程中，保障资源执行任务会造成其保障能力的损耗，因此，在保障资源执行完某一任务后，应对其保障能力进行如下更新

$$C_{R_{jl}^{\text{renewed}}} = C_{R_{jl}} \left(1 - \omega_l \frac{C_{R_{jl}^{\text{real}}}}{C_{R_{jl}}} \right), \quad l \in [1, L] \tag{4.1}$$

式中：ω_l 为第 l 项保障能力的损耗系数，设定 ω_l 为第 l 项保障能力类型的一种自身属性，与保障资源本身和执行的任务无关；$C_{R_{jl}}$ 为保障资源 R_j 在执行某一任务前所具备的第 l 项保障能力值；$C_{R_{jl}^{\text{renewed}}}$ 为保障资源 R_j 执行该任务后的第 l 项保障能力值；$C_{R_{jl}^{\text{real}}}$ 为保障资源 R_j 在执行任务过程中的第 l 项保障能力的实际消耗值。

保障资源 R_j 在执行任务 T_i 过程中，保障能力的实际消耗值可表示为

$$C_{R_{jl}^{\text{real}}} = \begin{cases} 0, & D_{T_{il}} = 0 \\ D_{T_{il}}, & D_{T_{il}} \leqslant C_{R_{jl}} \\ C_{R_{jl}}, & D_{T_{il}} > C_{R_{jl}} \end{cases} \tag{4.2}$$

任务完成后对保障资源的保障能力进行更新，更新后的保障资源能力值为

$$C_{R_j^{\text{renewed}}} = \left\{ C_{R_{j1}^{\text{renewed}}}, C_{R_{j2}^{\text{renewed}}}, \cdots, C_{R_{jL}^{\text{renewed}}} \right\} \tag{4.3}$$

4.2.2 目标函数

对于 $\forall T_i \in T$，其结束时间记为 $E_{T_i} = S_{T_i} + C_{T_i}$，其前导任务构成的集合记为 $S_{T_i}^T = \left\{ T_k \mid c_{ki}^{T-T} = 1, 1 \leqslant k \leqslant N \right\}$，处理任务 T_i 的资源构成集合记为 $S_{T_i}^R = \{ R_m \mid d_{mi}^{T-R} = 1, 1 \leqslant m \leqslant M \}$。处理任务 T_i 时需要的能力类型构成的集合记为 $R_{T_i} = \{ l \mid D_{T_{il}} > 0, 1 \leqslant l \leqslant L \}$。

当资源按照任务–资源分配方案分配给各项任务时，其任务执行时间（Task Implementation Time，TIT）即所有任务的最终结束时间，即

$$\text{TIT} = \max_{T_i \in T} (E_{T_i}) \tag{4.4}$$

装备保障资源调度考虑以最短保障任务执行时间为目标，因此资源调度优化数学模型的目标函数为

$$\min \mathrm{TIT} = \min\left(\max_{T_i \in T}(E_{T_i})\right) \tag{4.5}$$

4.2.3　约束分析

装备保障资源调度优化问题的约束条件包括任务-资源分配约束、任务-时间分配约束（任务执行时序逻辑约束）和任务执行质量约束 3 类。

1.　任务-资源分配约束

每项任务成功执行至少需要分配一项保障资源，即满足

$$\sum_{j=1}^{M} d_{ij}^{T-R} \geqslant 1, \quad d_{ij}^{T-R} = \{0,1\} \tag{4.6}$$

2.　任务-时间分配约束

对于 $\forall R_j \in S_{T_i}^{R}$，若保障资源 R_j 在执行 T_i 之前没有执行其他任务，则其到达任务 T_i 所在位置的时间为

$$\mathrm{TIT}_{ij} = \sqrt{(X_{T_i} - X_{R_j})^2 + (Y_{T_i} - Y_{R_j})^2}\Big/V_{R_j} \tag{4.7}$$

若保障编组 R_j 在执行 T_i 之前执行的最后一个任务为 T_j，则其到达任务 T_i 所在位置的时间为

$$\mathrm{TIT}_{ij} = \sqrt{(X_{T_i} - X_{T_j})^2 + (Y_{T_i} - Y_{T_j})^2}\Big/V_{R_i} + E_{T_j} \tag{4.8}$$

由于设定任务只有在所有先导任务都已完成且分配给其的所有保障编组都到达任务所在位置方能开始，因此，任务 T_i 的开始时间 S_{T_i} 不小于先导任务 T_k 结束时间 E_{T_k} 和分配给其的所有保障编组的到达时间 TIT_{ij} 之间的最大值。因此有

$$\mathrm{ST}_i \geqslant \max\left(\max_{T_k \in S_{T_i}^{T}}(\mathrm{ET}_k), \max_{G_j \in S_{T_i}^{G}}(\mathrm{TIT}_{ij})\right) \tag{4.9}$$

3.　任务执行质量约束

保障编组执行任务 T_i 的质量定义为

$$Q_{T_i} = \left(\prod_{l \in R_{T_i}} \mathrm{CM}_{il}\right)^{1/\|M_{T_i}\|} \tag{4.10}$$

式中：$\|M_{T_i}\|$ 为任务 T_i 能力需求类型的数量；CM_{il} 为任务 T_i 的第 l 项能力需求满

足度，可以利用其获得的保障能力 $C_{R_{jl}}$ 与能力需求 $D_{T_{jl}}$ 的比值表示，即

$$
\mathrm{CM}_{il} = \begin{cases} 1, & \sum_{R_j \in S_{T_i}^R} C_{R_{jl}} \geqslant D_{T_{il}} \\ \sum_{R_j \in S_{T_i}^R} \dfrac{C_{R_{jl}}}{D_{T_{il}}}, & \sum_{R_j \in S_{T_i}^R} C_{R_{jl}} < D_{T_{il}} \end{cases}
\tag{4.11}
$$

保障资源集执行所有任务的平均质量定义为

$$
Q_{\mathrm{avg}} = \left(\prod_{i=1}^{N} Q_{T_i} \right)^{1/N}
\tag{4.12}
$$

式中：$Q_{\mathrm{avg}} \in [0,1]$，$Q_{\mathrm{avg}}$ 越大，保障资源集执行所有任务的质量越好。

保障资源集执行所有任务的平均质量 Q_{avg} 必须高于某一下限阈值 φ，否则将导致任务执行效果远远低于期望效果，即满足

$$
Q_{\mathrm{avg}} \geqslant \varphi
\tag{4.13}
$$

4.2.4　数学模型

以保障任务执行时间 TIT 最小化为目标，综合考虑任务—资源—时间分配约束和任务执行质量约束，因此装备保障资源调度优化问题的数学模型为

$$
\min \mathrm{TIT} = \min \left(\max_{T_i \in T} (E_{T_i}) \right)
$$

$$
\mathrm{s.t.} \begin{cases} \sum_{j=1}^{M} d_{ij}^{T-R} \geqslant 1, & d_{ij}^{T-R} = \{0,1\} \\ S_{T_i} \geqslant \max \left(\max_{T_k \in S_{T_i}^T} (E_{T_k}), \max_{R_j \in S_{T_i}^R} (\mathrm{TIT}_{ij}) \right) \\ Q_{\mathrm{avg}} \geqslant \varphi \\ i = 1, 2, \cdots, N, \ \ j = 1, 2, \cdots, M \end{cases}
\tag{4.14}
$$

4.3　基于动态列表规划和混沌入侵杂草蝙蝠算法求解

4.3.1　算法流程

基于动态列表规划和二元离散型混沌入侵杂草蝙蝠算法的资源调度算法流

程图如图 4-2 所示。

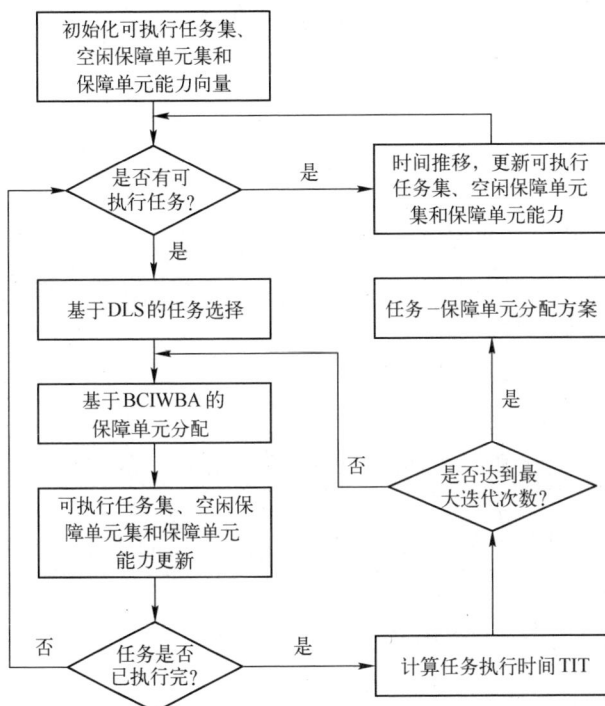

图 4-2　基于动态列表规划和二元离散型混沌入侵杂草蝙蝠算法的资源调度算法流程图

由图 4-2 可以看出，基于动态列表规划和二元离散型混沌入侵杂草蝙蝠算法的资源调度算法主要包含两个关键环节：一是采用动态列表规划在待选保障任务集中选择一项当前需要处理的任务；二是设计二元离散型混沌入侵杂草蝙蝠算法为选定的任务分配相应资源。

4.3.2　基于动态列表规划的任务选择

基于动态列表规划选择任务的步骤如下。

Step1　定义过程变量，主要包括可处理任务集 T_{ready}、已处理任务集 T_{complete} 和空闲资源集 R_{free}。

Step2　初始化所有任务的优先权系数和保障资源能力向量 C_{R_j}。

Step3　更新 T_{complete} 任务执行时间，如果 $T_{\text{complete}} = \varnothing$，则跳过。

Step4　在前导任务已完成任务中，选择优先权系数最高的一项任务。

Step5　为该任务在空闲资源集 R_{free} 中选择一项资源，以满足任务能力需求。

Step6　可处理任务集 T_{ready}、空闲资源集 R_{free} 和保障资源能力向量 $\boldsymbol{C}_{R_j}$ 更新。

Step7　判断是否所有任务都已完成分配，如果是则终止算法，否则转入 Step2。

当任务 T_i 的所有直接前导任务都已处理完成时，该任务 T_i 便进入可处理任务集合 T_{ready}，在 T_{ready} 中根据任务优先权系数依次处理任务，即任务优先级高的任务优先占用资源。计算任务优先权系数的依据主要包括任务持续时间、直接后续任务数量及其优先权系数，任务优先权系数越大，表示任务优先级越高。任务优先权系数定义为

$$
P_{T_i} = \begin{cases} C_{T_i}, & \text{OUT}(i) = 0 \\ C_{T_i} + \max\limits_{j \in \text{OUT}(i)} P_{T_j} + \dfrac{\sum\limits_{j \in \text{OUT}(i)} P_{T_j}}{\max\limits_{j \in \text{OUT}(i)} P_{T_j}}, & \text{OUT}(i) = \varnothing \end{cases} \tag{4.15}
$$

式中：P_{T_i} 为任务 T_i 的优先权系数；$\text{OUT}(i)$ 为任务 T_i 的直接后续任务集。

只要任务持续时间与任务之间的时序逻辑关系确定，即可确定每项任务的任务优先权系数，且任务优先权系数在整个序列任务分配过程中一直保持不变。

4.3.3　基于二元离散型混沌入侵杂草蝙蝠算法的资源分配

从当前空闲保障资源集 R_{free} 中为选定的任务分配保障资源，其实质是多维 0-1 背包问题。基于多维 0-1 背包问题的特点和二进制蝙蝠算法流程，提出一种具有混沌搜索策略和入侵杂草算子的二元离散型混沌入侵杂草蝙蝠算法，算法流程如图 4-3 所示。

与二进制蝙蝠算法相比，二元离散型混沌入侵杂草蝙蝠算法对图 4-3 中的阴影部分进行改进，主要包括以下 4 个方面：①解的编码和约束处理；②脉冲频率、响度和发生率变化区间混沌搜索；③惯性权重和学习因子自适应协同更新；④融合入侵杂草生长繁殖、空间扩散和竞争生存机制的局部搜索。其中，上述前 3 个改进方面在本书第 3 章已有介绍，在此不再赘述，下面主要介绍第 4 个改进方面：融合入侵杂草生长繁殖、空间扩散和竞争生存机制的局部搜索。

二进制蝙蝠算法与大多数启发式智能优化算法一样存在后期收敛速度较慢、收敛精确度不高、易陷入局部最优等问题，特别是针对高维任务分配问题，而入侵杂草优化算法简单，具有很强的局部搜索能力，因此在局部搜索过程中通过融合入侵杂草生长繁殖、空间扩散和竞争生存机制来避免陷入局部最优。

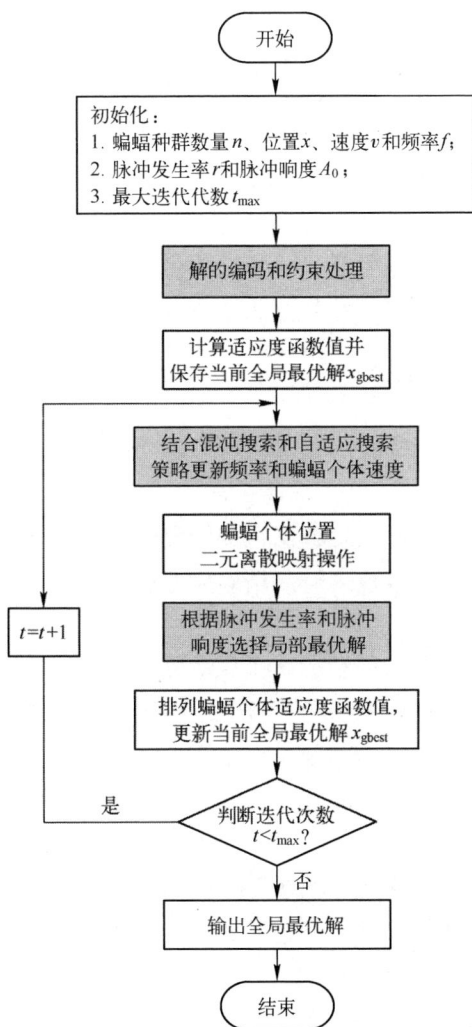

图 4-3　二元离散型混沌入侵杂草蝙蝠算法流程图

入侵杂草蝙蝠算法基于个体适应度（任务执行时间）进行生长繁殖，选取适应度值排名前 $n/10$ 个的蝙蝠个体，各个蝙蝠的繁殖个数计算为

$$\psi_i = \left\lfloor \psi_{\min} + \frac{\psi_{\max} - \psi_{\min}}{\text{TE}_{\text{best}} - \text{TE}_{\text{worst}}} \cdot (\text{TE}_i - \text{TE}_{\text{worst}}) \right\rfloor \qquad (4.16)$$

式中：TE_i 为个体适应度值；TE_{worst} 和 TE_{best} 为最差和最好适应度值；$\psi_{\min}$ 和 $\psi_{\max}$ 为最小和最大繁殖个数；$\lfloor\ \rfloor$ 为向下取整函数。

空间扩散阶段，蝙蝠个体在其父代附近以正态分布随机扩散，正态分布标

准差 σ 递减变化过程为

$$\sigma = \frac{(t_{\max} - t)^{k_3}}{(t_{\max})^{k_3}} \cdot (\sigma_{\text{inital}} - \sigma_{\text{final}}) + \sigma_{\text{final}} \tag{4.17}$$

式中：σ_{inital} 和 σ_{final} 为标准差初值和终值；$k_3 \in \mathbf{Z}^+$ 为非线性调合指数。

入侵杂草优化算法竞争生存机制是通过与预先设定的种群数量 n 相比较来实现的，当迭代过程中种群数量大于 n 时，将种群中的父代和子代个体按照适应度值排序，适应度值排名前 n 个的个体作为下一代种群。

4.4　分布式入侵杂草蝙蝠双子群算法求解

研究表明，蝙蝠算法是一种全局型智能优化算法，具有全局寻优能力强等特点，但存在进化后期收敛速度慢、精确度低等问题；而入侵杂草优化算法具有很强的局部搜索能力，但杂草种群易陷入局部极值，而且不能很好地跳出局部极值。针对蝙蝠算法和入侵杂草优化算法各自的优势和缺陷，受并行进化型双子群优化算法启发，设计了一种入侵杂草蝙蝠双子群算法。

入侵杂草蝙蝠双子群算法利用佳点集理论初始化种群，使种群均匀分布在整个解空间，避免其陷入局部最优；通过设计具有修复操作的解编码、基于优先排序的冲突消解和适应度函数设计与约束惩罚处理等可行解初始化方式，保证算法的可达空间与模型的可行域相对应；引入混沌搜索思想，利用混沌变量的随机性、遍历性和规律性特征进行优化搜索；采用 T 型逻辑函数进行离散化映射操作，实现算法由连续域向二元离散型拓展；应用重组算子选择最优个体作为双子群的全局极值，从而实现算法间实时信息交流以达到协同进化，使算法具有全局并行搜索和局部串行搜索的能力。

下面从以下 8 个方面介绍入侵杂草蝙蝠双子群算法。

4.4.1　基于佳点集的种群初始化

在种群初始化问题中，通常采用随机初始化方法，这是因为随机初始化方法简化了启发式智能算法的复杂度，但该方法可能使种群初始分布不均，易导致算法陷入局部最优，影响算法的搜索效率。佳点集理论由华罗庚和王元提出，具有优越的特性，佳点集的构造与空间维数无关，为高维近似计算提供了一种非常好的方法。研究表明，采用佳点集选取的点比随机选取的偏差要小得多。

例如，对于均匀地选取 n 个点，采用随机方法的偏差为 $O(n^{-1/2})$，采用佳点集方法的偏差为 $O(n^{-1+\varepsilon})$，ε 为无穷小量。在取点个数相同的情况下，相比于随机方法，采用佳点集方法选取的点更均匀。以取点数 400 为例，采用随机方法和佳点集方法的二维空间取点效果对比如图 4-4 所示。

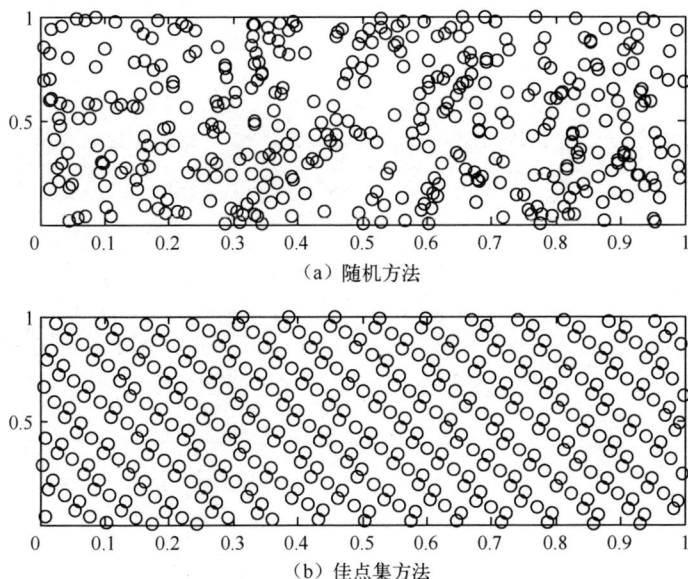

（a）随机方法

（b）佳点集方法

图 4-4　二维空间随机方法与佳点集方法取点效果对比

为了增强种群的多样性，提升算法性能，采用佳点集初始化方法，在解空间中生成具有均匀分布特征的种群。假设种群规模为 Pop，则在 $D = N \times M$ 维欧式空间中生成 Pop 个点的佳点集为

$$P_{\text{Pop}}(i) = \{(\{r_1 \times i\}, \{r_2 \times i\}, \cdots, \{r_D \times i\}), \ i = 1, 2, \cdots, \text{Pop}\} \qquad (4.18)$$

式中：$r_k = \{e^k, k = 1, 2, \cdots, D\}$；$\{x\}$ 表示 x 的小数部分。

采用佳点集法的初始化种群个体为

$$x_{ik} = \begin{cases} 0, & \{r_k \times i\} \leqslant 0.5 \\ 1, & \text{其他} \end{cases} \qquad (4.19)$$

式中：x_{ik} 为第 i 个种群个体的第 k 维码值。

4.4.2　具有修复操作的解编码

任务-资源分配方案由矩阵 $\boldsymbol{D}^{T-R} = (d_{ij}^{T-R})_{N \times M}$ 表示，直接对矩阵 $\boldsymbol{D}^{T-G}$ 进行

编码。此时，解编码的冗余度较高，最优解空间较大，但由于任务-资源分配约束，因此产生的大多数解是不可行的，为了进一步减小最优解搜索范围以提高运算效率，设计强制修正机制对解进行修复，若初始解不满足任务-资源分配约束，即 $\sum\limits_{j=1}^{M} d_{ij}^{T-R} = 0$，则强制给该任务随机分配一项资源。为了更好地理解，下面给出具体的伪代码。

```
begin
按照4.4.1节所述的基于佳点集的种群初始化方法产生初始化种群 x={x_i,
i=1,2,…,D};
R=reshape(x,M,N);
d=sum(R);
R=R^T;
for i=1:N
    if d(i)==0
      r=unidrnd(M);
      R(i,r)=1;
    end if
end for
end
```

式中：$R = \mathrm{reshape}(x, M, N)$ 即将种群个体 x 转换为矩阵 R；$r = \mathrm{unidrnd}(M)$ 即随机产生 $1 \sim M$ 的整数。

4.4.3 基于优先排序的冲突消解

当一项保障资源需要执行多项任务时会产生资源争用问题，或造成任务的执行时序违背保障任务顺序依赖和执行约束关系，因此，需要对生成的解进行冲突消解。当资源产生争用冲突时，按照任务优先权系数进行排序，依次消解冲突，首先满足优先级较高的任务。任务优先权系数的影响因素主要包括任务持续时间、直接后续任务数量及其优先权系数。任务优先权系数越大，表示任务优先级越高。任务优先权系数定义为

$$\mathrm{PT}_i = \mathrm{CT}_i + \max_{j \in \mathrm{OUT}(i)} \mathrm{PT}_j + \frac{\sum\limits_{j \in \mathrm{OUT}(i)} \mathrm{PT}_j}{\max\limits_{j \in \mathrm{OUT}(i)} \mathrm{PT}_j} \tag{4.20}$$

式中：PT_i 为任务 T_i 的优先权系数；$\mathrm{OUT}(i)$ 为任务 T_i 的直接后续任务集。

4.4.4　适应度函数设计与约束惩罚处理

按上述解编码方式，虽然解决了任务-资源-时间约束问题，但仍然会产生一些不可行解，即不满足任务执行质量约束，因此在计算各个解的适应度函数值之前，需要对每个解是否满足任务执行质量约束进行判断，当不满足任务执行质量约束时，采用较为常用的惩罚函数处理方法，通过构建相应的惩罚函数，对该解的适应度函数值进行惩罚。因此，将适应度函数设计为

$$f = \begin{cases} \max_{T_i \in T}(E_{T_i}), & \left(\prod_{i=1}^{N} Q_{T_i}\right)^{1/N} < \varphi \\ \lambda, & \text{其他} \end{cases} \tag{4.21}$$

式中：λ 为惩罚系数。

4.4.5　Fuch 混沌搜索

混沌是非线性系统所特有的一种非周期运动现象，具有随机性、遍历性和规律性等特征，利用混沌变量的随机性、遍历性等内在特性进行优化搜索可使搜索过程避免陷入局部极值，但不同的混沌映射对混沌优化过程有较大影响。本章采用 Fuch 混沌映射，其表达式为

$$y_i^t = \cos[1/(y_i^{t-1})^2] \tag{4.22}$$

式中：$y_i^0 \neq 0$；$t \in \mathbf{Z}^+$。

通过混沌遍历蝙蝠脉冲频率、响度和发生率变化区间，使蝙蝠脉冲频率、响度和发生率得到充分变化，具体表达式为

$$f_i = f_{\min} + (f_{\max} - f_{\min}) \cdot \left| y_i^t \right| \tag{4.23}$$

$$A_i^{t+1} = \left[A_{\text{inital}} + (A_{\text{final}} - A_{\text{inital}})\frac{t}{t_{\max}} \right] \cdot \left| y_i^t \right| \tag{4.24}$$

$$r_i^{t+1} = \left[r_{\text{intial}} + (r_{\text{final}} - r_{\text{intial}})\frac{t}{t_{\max}} \right] \cdot \left| y_i^t \right| \tag{4.25}$$

式中：$f_{\min}$ 和 $f_{\max}$ 分别为脉冲频率的最小值和最大值；A_{inital} 和 A_{final} 分别为脉冲响度的初值和终值；r_{intial} 和 r_{final} 分别为脉冲发生率的初值和终值；t 为迭代次数。

4.4.6　离散化映射操作

由于资源调度优化是求解任务、资源、时间三者之间匹配的二元离散型问

题，然而传统入侵杂草优化算法和蝙蝠算法采用浮点数编码，主要用于求解连续空间优化问题，对于此类二元离散型空间优化问题的求解优势并不明显，目前大多数二元离散型优化算法采用就近取整或四舍五入的离散化方式，往往存在稳定性差、成功率低等问题。采用 T 型逻辑函数映射方法将浮点数映射到 0 或 1，从而实现二元离散型映射操作。假设当前蝙蝠位置和杂草产生种子的位置分别为 $x_i^t = \left\{ x_{i1}^t, x_{i2}^t, \cdots, x_{ik}^t, \cdots, x_{i\text{Pop}}^t \right\}$ 和 $x_j^t = \left\{ x_{j1}^t, x_{j2}^t, \cdots, x_{jk}^t, \cdots, x_{j\text{Pop}}^t \right\}$，则映射到二元离散型空间的方式为

$$x_{ik}^t \text{or} x_{jk}^t = \begin{cases} 1, & \text{rand} < T(x_{ik}^t \text{or} x_{jk}^t) \\ 0, & \text{其他} \end{cases} \tag{4.26}$$

式中：rand 为[0,1]范围内均匀分布产生的随机数；$T(x_{ik}^t) = \left(e^{-\tau |x_{ik}^t|} - 1 \right) / \left(e^{-\tau |x_{ik}^t|} + 1 \right)$ 为 T 型逻辑函数；τ 为设计参数。

4.4.7　重组算子

在双子群协同进化过程中，每次迭代时均利用重组算子使杂草子群和蝙蝠子群互相跟踪对方的全局最优解 W_{best} 和 B_{best}，并通过设计选择概率 P_{best} 和选取对应算法的最优解 Best 作为下一代杂草子群和蝙蝠子群的全局最优解，选择概率 P_{best} 和最优解 Best 表达式分别为

$$P_{\text{best}} = \frac{f_{B_{\text{best}}}}{f_{B_{\text{best}}} + f_{W_{\text{best}}}} \tag{4.27}$$

$$\text{Best}_d = \begin{cases} B_{\text{best}}^d, & \text{rand} < P_{\text{best}} \\ W_{\text{best}}^d, & \text{其他} \end{cases} \tag{4.28}$$

式中：选择概率 P_{best} 为选择蝙蝠优化算法获取最优解 B_{best} 的概率；$f_{B_{\text{best}}}$ 为蝙蝠优化算法全局最优解 B_{best} 的适应度函数值；$f_{W_{\text{best}}}$ 为入侵杂草优化算法全局最优解 W_{best} 的适应度函数值；Best_d 为最优解 Best 的第 d 维最优解，$d \in [1, D]$；B_{best}^d 和 W_{best}^d 分别为蝙蝠优化算法和入侵杂草优化算法所获取的第 d 维最优解；rand 为[0,1]范围内均匀分布产生的随机数。

4.4.8　算法流程

综上所述，入侵杂草蝙蝠双子群算法（IWBDA）流程如图 4-5 所示。

开始

IWBDA参数设置

基于佳点集种群初始化

具有修复操作的解编码

基于优先排序的冲突消解

适应度函数设计与约束
惩罚处理

可行解初始化

划分双子群为B群和W群，计算适应
度函数值，确定B群和W群的当前全
局最优解 B_{best} 和 W_{best}

应用重组算子产生当前全局最优解
B_{best} 和 W_{best}

混沌搜索产生新解　　生长繁殖

局部搜索　　空间扩散

随机飞行更新新解　　竞争生存

离散化映射操作　　离散化映射操作

输出B群最优解　　输出W群最优解

否　　是否达到最大
迭代次数？

是

获取最优解Best

结束

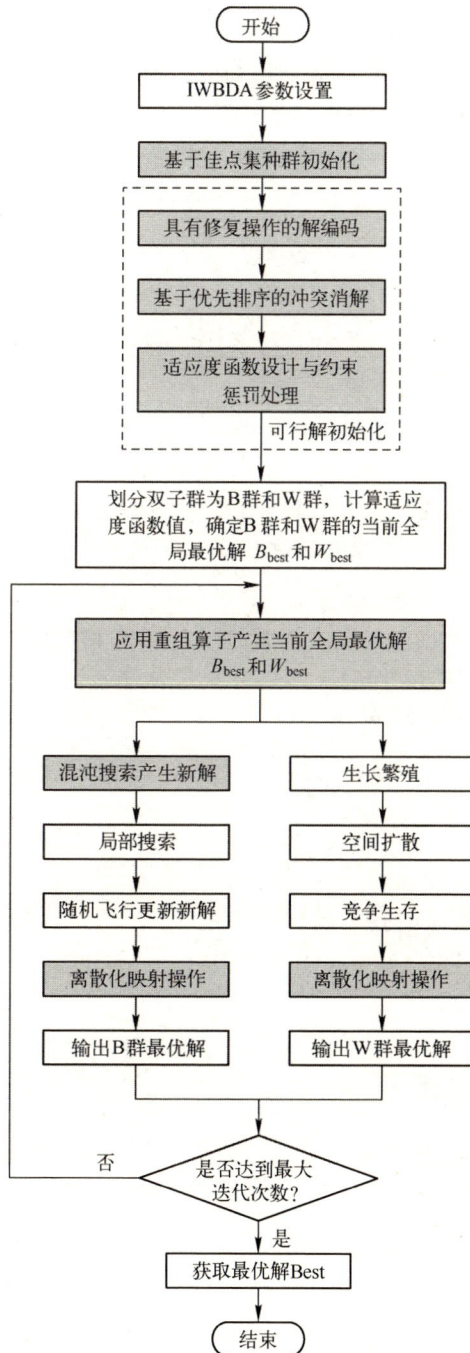

图 4-5　入侵杂草蝙蝠双子群算法流程

入侵杂草蝙蝠双子群算法的主要步骤如下。

Step1 参数设置。包括种群规模 Pop、最大迭代次数 t_{max}、脉冲频率的最小值 f_{min} 和最大值 f_{max}、脉冲响度的初值 A_{inital} 和终值 A_{final}、脉冲发生率的初值 r_{inital} 和终值 r_{final}、最小繁殖个数 ψ_{min} 和最大繁殖个数 ψ_{max}、标准差的初值 σ_{inital} 和终值 σ_{final}、非线性调合指数 k。

Step2 种群初始化。基于佳点集的种群初始化，使种群均匀分布在整个解空间。

Step3 种群初始化。包括具有修复操作的解编码、基于优先排序的冲突消解和适应度函数设计与约束惩罚处理。

Step4 划分双子群。计算种群个体的适应度函数值，并将种群等分为双子群 B 群和 W 群。

Step5 蝙蝠和入侵杂草并行优化。利用蝙蝠优化算法和入侵杂草优化算法对 B 群和 W 群中所有个体进行优化。

Step6 确定 B 群和 W 群最优个体并计算相应的适应度函数值。

Step7 利用重组算子获取最优解 Best，并将最优解 Best 作为下一代 B 群和 W 群的全局最优解。

Step8 记录当前最优解。

Step9 判断算法终止条件。如果达到给定的最大迭代次数，则终止算法，否则转入 Step5。

4.5 案例仿真与分析

4.5.1 案例仿真

以联合作战装备保障任务想定为例，保障任务间时序逻辑约束关系见图 4-1，保障任务集为 $T = \{T_1, T_2, \cdots, T_{18}\}$，保障资源集为 $R = \{R_1, R_2, \cdots, R_{20}\}$，保障任务集平均执行质量下限阈值 $\varphi = 0.8$。装备保障任务属性和装备保障资源属性如表 4-1 和表 4-2 所示。

表 4-1　装备保障任务属性

| 任务 | 能力需求向量 | | | | | | | | 位置 | | 任务持续时间 |
	D_{T_1}	D_{T_2}	D_{T_3}	D_{T_4}	D_{T_5}	D_{T_6}	D_{T_7}	D_{T_8}	X_T	Y_T	C_T
T_1	5	3	10	0	0	8	0	6	70	15	30
T_2	5	3	10	0	0	8	0	6	64	75	30
T_3	0	3	0	0	0	0	0	0	15	40	10
T_4	0	3	0	0	0	0	10	0	30	95	10
T_5	0	3	0	0	0	0	0	0	28	73	10
T_6	0	0	0	10	14	12	0	0	24	60	10
T_7	0	0	0	10	14	12	0	0	28	73	10
T_8	0	0	0	10	14	12	0	0	28	83	10
T_9	5	0	0	0	0	5	0	0	28	73	10
T_{10}	5	0	0	0	0	5	0	0	28	83	10
T_{11}	0	0	0	0	0	10	5	0	25	45	10
T_{12}	0	0	0	0	0	10	5	0	5	95	10
T_{13}	0	0	0	0	0	8	0	6	25	45	20
T_{14}	0	0	0	0	0	8	0	6	5	95	20
T_{15}	0	0	0	20	10	4	0	0	25	45	15
T_{16}	0	0	0	20	10	4	0	0	5	95	15
T_{17}	0	0	0	0	0	8	0	4	5	60	10
T_{18}	0	0	0	8	6	0	4	10	5	60	20

表 4-2 装备保障资源属性

资源	初始保障能力向量								位置		速度
	C_{R_1}	C_{R_2}	C_{R_3}	C_{R_4}	C_{R_5}	C_{R_6}	C_{R_7}	C_{R_8}	X_R	Y_R	V_R
R_1	10	10	1	0	9	5	0	0	85	40	2
R_2	1	4	10	0	4	3	0	0	85	40	2
R_3	10	10	1	0	9	2	0	0	85	40	2
R_4	0	0	0	2	0	0	5	0	85	40	2
R_5	1	0	0	10	2	2	1	0	85	40	1.35
R_6	5	0	0	0	0	0	0	0	85	40	4
R_7	3	4	0	0	6	10	1	0	85	40	4
R_8	1	3	0	0	10	8	1	0	85	40	4
R_9	1	3	0	0	10	8	1	0	85	40	4
R_{10}	1	3	0	0	10	8	1	0	85	40	4
R_{11}	6	1	0	0	1	1	0	0	85	40	4.5
R_{12}	6	1	0	0	1	1	0	0	85	40	4.5
R_{13}	6	1	0	0	1	1	0	0	85	40	4.5
R_{14}	0	0	0	0	0	0	10	0	85	40	2
R_{15}	0	0	0	0	0	0	0	6	85	40	5
R_{16}	0	0	0	0	0	0	0	6	85	40	7
R_{17}	0	0	0	6	6	0	1	10	85	40	2.5
R_{18}	1	0	0	10	2	2	1	0	85	40	1.35
R_{19}	1	0	0	10	2	2	1	0	85	40	1.35
R_{20}	1	0	0	10	2	2	1	0	85	40	1.35

将基于动态列表规划和二元离散型混沌入侵杂草蝙蝠算法、分布式入侵杂草蝙蝠双子群算法与基于动态列表规划和遗传算法及量子遗传算法进行比较。为了便于区分，4 种算法分别命名为 DLS-BCIWBA、IWBDA、DLS-GA 和 DLS-QGA，所有算法的共同参数设置为种群规模 $\text{Pop}=100$、最大迭代次数 $t_{\max}=300$。经过反复多次实验，确定 IWBDA 算法的其他最优参数设置为：脉冲频率的最小值 $f_{\min}=0$ 和最大值 $f_{\max}=2$；脉冲响度的初值 $A_{\text{inital}}=1$ 和终值 $A_{\text{final}}=0.1$；脉冲发生率的初值 $r_{\text{inital}}=0.1$ 和终值 $r_{\text{final}}=0.8$；最小繁殖个数 $\psi_{\min}=0$ 和最大繁殖个数 $\psi_{\max}=5$；标准差的初值 $\sigma_{\text{inital}}=0.5$ 和终值 $\sigma_{\text{final}}=0.001$；非线性调合指数 $k=3$；T 型逻辑函数设计参数 $\tau=2$。DLS-BCIWBA 算法的其他最优参数参照本书第 3 章。DLS-GA 和 DLS-QGA 算法实验参数按照对应参考文献设置。

为了体现仿真算例实验的有效性，通过对 4 种算法分别运行 30 次仿真计算实验所得到目标函数值（任务执行时间 TIT）的最优值（Best）、最差值（Worst）、均值（Mean）、标准方差（Std）和平均运行时间（Avgtime）来考查算法性能。4 种算法优化性能比较如表 4-3 所示。其中，IWBDA 算法和 DLS-BCIWBA 算法最优解对应的任务-保障编组分配方案如表 4-4 和表 4-5 所示。

表 4-3　4 种算法优化性能比较

性　　能	IWBDA	DLS-BCIWBA	DLS-QGA	DLS-GA
Best	151.685 5	151.868	169.296 9	232.727 4
Worst	187.385 9	207.087 9	222.921 5	338.233 2
Mean	167.834	174.821 1	190.292 9	284.163 5
Std	10.020 3	13.760 8	15.241 7	21.883 3
Avgtime	36.230 5	40.503 5	43.061 2	45.936 2

表 4-4　IWBDA 算法最优解对应的任务-保障编组分配方案

任务	分配保障编组	任务	分配保障编组
T_1	R_1	T_{10}	R_4,R_{10},R_{15},R_{16}
T_2	R_6	T_{11}	$R_6,R_7,R_8,R_9,R_{12},R_{14},R_{15},R_{16}$
T_3	$R_4,R_5,R_9,R_{10},R_{12},R_{13},R_{15},R_{17},R_{20}$	T_{12}	$R_2,R_8,R_9,R_{10},R_{19}$
T_4	$R_4,R_6,R_7,R_{10},R_{11},R_{12},R_{13},R_{16},R_{18}$	T_{13}	R_2,R_7,R_8,R_9,R_{12}
T_5	R_1,R_3,R_7,R_{13}	T_{14}	R_5,R_{11}
T_6	$R_1,R_2,R_7,R_8,R_9,R_{10},R_{11},R_{16},R_{17}$	T_{15}	R_3,R_6,R_7,R_{17}
T_7	$R_8,R_9,R_{11},R_{12},R_{16},R_{18}$	T_{16}	$R_2,R_4,R_5,R_9,R_{11},R_{12},R_{13},R_{14},R_{15},R_{20}$
T_8	$R_1,R_3,R_6,R_7,R_{11},R_{15},R_{16}$	T_{17}	$R_{10},R_{14},R_{15},R_{16},R_{18},R_{19}$
T_9	$R_3,R_8,R_{11},R_{13},R_{15},R_{17}$	T_{18}	$R_1,R_3,R_4,R_{12},R_{13},R_{14},R_{15},R_{16},R_{20}$

表 4-5　DLS-BCIWBA 算法最优解对应的任务-保障编组分配方案

任务	分配保障编组	任务	分配保障编组
T_1	R_1,R_7,R_{14},R_{15}	T_{10}	R_7,R_{11},R_{13},R_{15}
T_2	R_8,R_{10},R_{11},R_{13}	T_{11}	R_8,R_9,R_{10},R_{15}
T_3	R_2,R_7,R_{15},R_{16}	T_{12}	R_4,R_7,R_{12},R_{16}
T_4	$R_4,R_5,R_9,R_{11},R_{12},R_{20}$	T_{13}	R_2,R_4,R_{12},R_{17}
T_5	R_3,R_4,R_9,R_{12}	T_{14}	R_7,R_9
T_6	$R_{13},R_{16},R_{17},R_{19}$	T_{15}	$R_8,R_{11},R_{13},R_{19},R_{20}$
T_7	$R_1,R_4,R_6,R_9,R_{12},R_{13},R_{14},R_{18}$	T_{16}	$R_4,R_9,R_{10},R_{12},R_{16},R_{17}$
T_8	R_2,R_5,R_{11}	T_{17}	$R_8,R_{11},R_{14},R_{15},R_{16},R_{18},R_{19},R_{20}$
T_9	R_6,R_{10}	T_{18}	$R_1,R_5,R_7,R_8,R_{12},R_{13},R_{16},R_{17},R_{18}$

由表 4-3 可以看出，基于 IWBDA 算法的装备保障资源调度方法具有较好的最优值、均值和方差，而且最优值和最差值变化区间较小，算法平均耗时稍短，因此相比 DLS-BCIWBA、DLS-GA 和 DLS-QGA 3 种算法，基于 IWBDA 算法的资源调度方案更为紧凑，稳定性更优。

从统计学角度对 4 种算法优化性能进行比较，4 种算法 30 次独立运行实验盒须图如图 4-6 所示。图中，盒代表指标的四分位差，盒越短，数据越集中；盒中的横线代表数据的中位数，对于任务执行时间指标，中位数越小越好；盒上端的上须代表数据的最大值，盒下端的下须代表数据的最小值，超出上下须的数据用"+"表示，代表该数据为异常值。

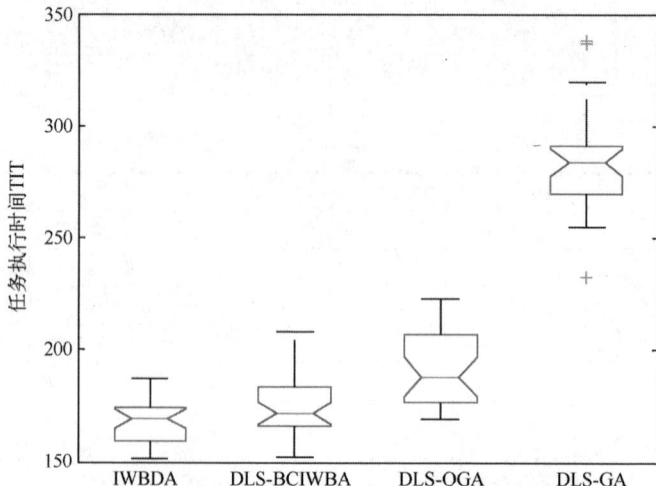

图 4-6　4 种算法 30 次独立运行实验盒须图

由图 4-6 可以看出，基于 IWBDA 算法的资源调度方法能够在统计意义上得到全局最优和任务执行时间最为紧凑的方案，有效节省了全部任务集处理时间，提高了整个任务集执行质量和资源利用率。

4.5.2　仿真结果影响分析

为了分析任务执行质量与任务执行时间的影响关系，通过对平均执行质量下限阈值 φ 选取多个不同的数值进行仿真实验，分析参数 φ 对任务执行质量的影响情况。

为了体现仿真实验的有效性，通过对 IWBDA 算法在不同平均执行质量下限阈值，即 φ 为 0.75、0.8、0.85 和 0.9 情况下分别运行 30 次仿真计算实验所得到目标函数值（任务执行时间 TIT）的最优值（Best）、最差值（Worst）、均值（Mean）和标准方差（Std）来考查参数算法 φ 对算法结果的影响情况，不同 φ 值对算法结果的影响比较如表 4-6 所示。

表 4-6　3 种算法优化性能比较

性　　能	$\varphi = 0.75$	$\varphi = 0.8$	$\varphi = 0.85$	$\varphi = 0.9$
Best	142.551 7	151.685 5	149.376 4	155.913 3
Worst	176.427 3	187.385 9	189.995 4	205.897 7
Mean	157.984 6	167.834	170.683 3	177.076 5
Std	9.106 2	10.020 3	10.189 6	11.816 1

由表 4-6 可以看出，平均执行质量下限阈值 φ 对算法结果具有一定的影响，随着平均执行质量下限阈值 φ 不断提高，任务执行时间随之增大，总体来说，任务执行质量和任务执行时间是两个对立的指标。因此，在装备保障资源调度时，需要根据任务执行时间要求合理选择平均执行质量下限阈值这一任务执行质量指标。

4.6　本章小结

本章针对装备保障资源调度优化问题，首先，建立了以时效优先为目标、考虑保障资源能力更新机制的优化数学模型，设计了基于分布式入侵杂草蝙蝠双子群算法的混合资源调度方法，通过运用佳点集理论初始化种群引入 Fuch

混沌搜索机制，降低算法陷入局部最优的可能性，增加种群多样性；其次，设计具有修复操作的解编码方式、基于优先排序的冲突消解和适应度函数设计与约束惩罚处理，保证算法的可达空间与模型的可行域相对应；再次，采用 T 型逻辑函数进行离散化映射操作，实现算法由连续域向二元离散域拓展；最后，采用蝙蝠优化算法和入侵杂草优化算法协同进化，并应用重组算子引导种群进化，均衡算法的全局探索和局部搜索能力。装备保障资源调度案例仿真结果表明，本章所提算法可以有效解决任务时序逻辑关系、任务执行质量和资源占用冲突等复杂约束的调度优化问题，实现了装备保障资源智能调度的科学性和有效性。

第 5 章

基于经验退化模型的装备智能
故障预测

● ● ● ● ● ● ● ● ●

　　故障预测是装备健康管理中获取装备关键零部件剩余寿命知识的主要手段，也是装备进行视情测试、维修、延寿等活动的重要依据。本章以×型机载导弹导引头中的电磁阀为例，对基于经验退化模型的故障预测技术进行研究。×型机载导弹导引头有 4 个三通道式的电磁阀，一般又称"活门"，由跟踪指令控制高压氮气的通断。跟踪指令使电磁线圈通电产生吸力，打开通道，高压氮气通过后进入力矩传动机构的套筒内，通过推杆将气压传输给导引头陀螺，使陀螺产生进动从而跟踪目标。因此，电磁阀的健康状态对导引头的跟踪性能起到关键性的影响，任意一个电磁阀故障都会导致整枚导弹无法工作。导弹在每次测试和挂机飞行训练时，均需要通电，一旦通电，电磁阀就以高速的频率开闭，导致电磁阀的损耗较为严重。因此，电磁阀是导弹中故障率较高的一种零部件，是限制该型机载导弹通电寿命的一个重要因素。综上所述，研究电磁阀的退化机理，对其实施加速退化试验以积累其退化数据，并在此基础上研究电磁阀的故障预测技术具有重要意义。

5.1　电磁阀加速退化试验

5.1.1　电磁阀退化机理分析和健康因子构建

线圈电流产生的高温熔化线圈的绝缘层，并导致线圈的电阻下降，是造成电磁阀失效的主要原因。通过调研发现，×型机载导弹电磁阀发生故障的原因正是如此，导弹每次通电，电磁阀以极高的频率开闭，产生大量的热量，热量的积累会使线圈绝缘层慢慢融化，最后导致线圈短路。通过上述分析，可见电磁阀线圈的阻值是反映电磁阀健康状态的参数之一。此外，常用的描述电磁阀性能的参数还有电磁力、响应时间、堆芯位移等。但在实际应用中，电磁阀正在工作时，很难安装用于测量上述参数的传感器，而驱动电流可以通过非接触式霍尔电流传感器方便地被监测到，且驱动电流包含许多有关电磁阀性能的有用信息，因此，可基于驱动电流构建电磁阀的健康因子。

电磁阀的物理模型可分为三部分：电路模型、磁路模型和机械模型。根据电路理论，电路方程可以表示为

$$U = I(R + R_L) + (L + L_1)\frac{dI}{dt} + I\frac{d(L + L_1)}{dt} \tag{5.1}$$

式中：U 为线圈激励电压；I 为线圈的激励电流；R 为线圈电阻值；R_L 为附加的感应电阻值；L 为线圈的电感值；L_1 为附加的感应电感值。

磁路模型可以表示为

$$L(x) = \frac{\mu_0 \pi D^2 N^2 l_v}{4l_v(l_0 - x) + rD} \tag{5.2}$$

式中：μ_0 为磁导率；D 为动铁芯的直径；N 为线圈的圈数；l_v 为动铁芯的长度；l_0 为最大气隙；x 为动铁芯的位移。

由式（5.1）和式（5.2）可以得到

$$\frac{dL}{dx} = \frac{4\mu_0 \pi D^2 N^2 l_v^2}{(4l_v(l_0 - x) + rD)^2} = \frac{4L^2(x)}{\mu_0 \pi D^2 N^2} \tag{5.3}$$

机械方程可以表示为

$$F_e = \frac{1}{2} I^2 \frac{dL}{dt} \tag{5.4}$$

$$F_e - kx - C_v \frac{dx}{dt} = m\frac{d^2x}{dt^2} \tag{5.5}$$

式中：F_e 为磁力；k 为弹簧常数；C_v 为摩擦系数；m 为运动芯的质量。

根据联合电磁阀的 3 个基本方程式（5.3）、式（5.4）和式（5.5），可以得出一个驱动电流、动铁芯位移随工作时间的变化曲线，如图 5-1 所示。

电磁阀通电后，线圈电流增大，以曲线 Oa 表示。在此阶段，动铁芯保持静止，因为线圈产生的磁力不能克服动铁芯的摩擦力、预紧弹簧力、流体压力和惯性力之和。当电流超过一定值 i_a 时，电磁力正好克服这些力，动铁芯开始

移动。动铁芯的移动会产生感应电动势，因此，感应电动势会导致电流从 a 点到 b 点的下降。在 b 点，动铁芯接触静铁芯，意味着动铁芯达到最大位移。此时，电流不会下降而是迅速增加，直到达到最大值。

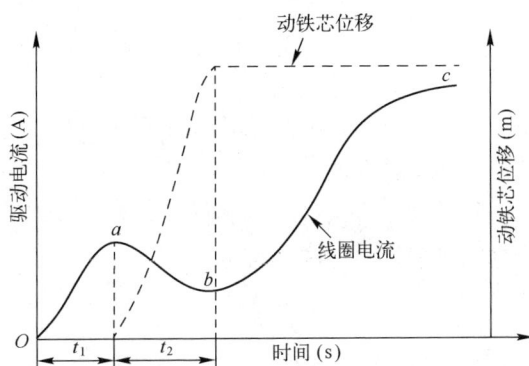

图 5-1　驱动电流、动铁芯位移随工作时间的变化曲线

分析表明，动态驱动电流曲线反映动铁芯运动的全过程。当电磁阀性能下降时，移动铁芯的运动过程会发生变化，从而导致电流曲线的畸变。因此，用动态电流曲线作为评价电磁阀性能的指标是合理的，动态电流曲线的畸变程度可以代表电磁阀的退化状态。例如，在极限情况下，如果移动铁芯由于某些原因不能移动，如卡住，电流将单调地增加，而没有电流下降过程。

将动态驱动电流曲线的畸变程度定义为健康因子，为了衡量动态驱动电流曲线的畸变程度，在运行开始时定义一个模板动态电流波形 I_{temp} 为

$$I_{temp} = [i_1, i_2, \cdots, i_n] \tag{5.6}$$

式中：i_n 为模板动态电流波形的第 n 个样本。

模板动态电流波形代表电磁阀在最佳状态下运行时的动态电流波形，这意味着此时电磁阀没有性能退化。当电磁阀刚出厂时，可以认为其处于最佳工作状态，因此，此时获得的动态电流波形可以近似地看作模板动态波形。

第 k 个工作循环的动态电流波形定义为

$$I_k = [i_{k1}, i_{k2}, \cdots, i_{kn}] \tag{5.7}$$

式中：i_{kn} 为第 k 个工作周期的动态电流波形的第 n 个样本。

当电磁阀在第 k 个工作周期时，获得第 k 个工作周期的动态电流波形，其畸变程度代表电磁阀在第 k 个工作周期时的退化状态。第 k 个工作周期的动态电流波形与模板动态电流波形相差越大，则其电流波形失真越严重，电磁阀的

退化就越严重。

为衡量第 k 个工作周期的动态电流波形与模板波形之间的差异，将动态电流波形与模板波形之间的欧氏距离定义为

$$d(I_{\text{temp}}, I_k) = \sqrt{\sum_{m=1}^{n}(i_{km} - i_m)^2} \tag{5.8}$$

因此，用欧氏距离式（5.8）来表示动态驱动电流曲线在第 k 个工作周期的畸变程度，定义为电磁阀的健康因子。

5.1.2 电磁阀性能退化试验的建立

1. 环境设置

众所周知，温度是机电产品最常见的应力源，是导致复杂的物理、化学、电学机理退化或失效的主要原因。对于温度应力，通常需要一个温度控制箱。但是如果电磁阀在恒温箱内，恒温箱用风扇循环空气，则电磁阀的温度将被迫与恒温箱相同。但事实上，如果电磁阀在恒温箱外，正常温度条件下，空气基本静止，由于线圈发热，电磁阀的温度会明显升高，甚至比恒温箱的温度更高。由于部分热量会通过空气传递出去，所以电磁阀的温度在工作一段时间后将保持稳定而不是永远升高。在试验中发现，即使在室温动态变化过程中，电磁阀的工作温度波动也很小（小于 2℃）。因此，试验在静止的空气环境下进行，温度将上升到一个稳定的值，可以近似地认为是一个恒定的应力。为了模拟电磁阀真实的工作状态，即电磁阀线圈自身产生热量导致失效，则没有将电磁阀放置在恒温箱内，而是放在一般室温条件下。为减少受气流的影响，将电磁阀放置在一个金属盒里。

2. 数据采集

试验中，需要对驱动电流、温度等参数进行监测，为了解电磁阀失效机理，还需要对线圈电阻进行监测。这些参数不能由计算机直接获取，需要通过专用传感器将其转换成电压，然后由模拟数字（Analog Digital，AD）转换器获取。

1）电流测量

霍尔电流传感器（WHB-LSP5S2）是用于获取电流的。霍尔检测技术可以测量频率高达 100kHz 的各种交流信号，克服变压器的缺点，就可以在不失真的情况下获得原始的电流曲线。另外，霍尔电流传感器是一种非接触式传感器，使用方便。霍尔电流传感器可测量最大为 2A 的电流，输出与电流呈线性关系

的电压（2.5±2V），其线性小于或等于 0.1%，响应时间小于 1μs。

2）温度测量

E 型 PT100 热电偶用于测量电磁阀工作周期过程中的工作温度。热电偶的电阻在给定的温度范围内线性增加，可以通过热电偶转换器将其转换为电压增加，因此该电压可用于提供准确的温度读数。

3）测量设计

测量意味着测试装置为电磁阀的作动产生激励并捕获来自电磁阀的响应。为了产生激励和获取响应，使用 National Instrument 公司生产的 PXI 测试设备，该设备具有丰富的资源和强大的功能，可以为客户提供快速的测试解决方案。电磁阀需要的唯一激励是直流电源，但是直流电源的连接和断开需要自动执行，因此，需要使用继电器开关板和 PXI 设备的数字输入输出（Input Output，IO）卡，继电器开关板的开关可以通过 IO 卡产生的信号进行控制。IO 卡采用的是 PXI 6541，它是一个 50MHz 的数字波形发生器/分析仪。通过 NI-HSDIO 驱动程序，可以对控制逻辑进行编程，生成具有一定频率和占空比的数字信号，用来控制继电器开关板。其中，占空比被定义为一个周期内"接通"时间与总作动时间的比率。

除了为电磁阀提供激励外，数据采集也是必要的。在通过传感器将响应参数转换为电压之后，需要通过 AD 转换器来获取数据。因此，这里选择 PXI 6224 卡，它是一款用于 PXI 的模拟输入信号采集模块，具有 32 个单端模拟输入通道，并配有 NI-MCal 校准技术，可增加测量准确性。在电磁阀经历一定数量的工作周期之后，需要测量线圈电阻以查看是否发生线圈短路。为此，这里采用 PXI 4065 作为数字万用表卡。如图 5-2 和图 5-3 所示分别为电磁阀退化试验的框图和硬件。

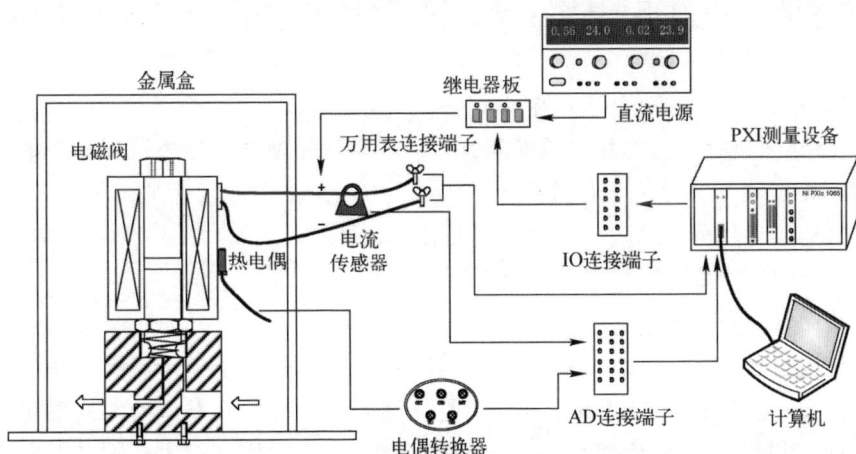

图 5-2　电磁阀退化试验框图

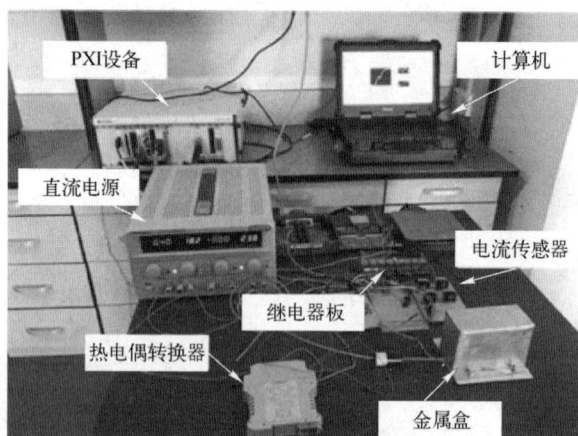

图 5-3　电磁阀退化试验硬件

3. 试验步骤

对于每个电磁阀，试验详细步骤如下。

Step1　配置。在开始试验之前，配置操作条件。对于 AD 转换器，需要设置采样率、采样数和物理通道列表。而对于 IO 卡来说，配置有些复杂，因为 IO 卡控制着电磁阀的工作频率和占空比。首先，数字波形包括其数字逻辑和时间间隔，因此需要定义其数字逻辑和时间间隔，以便可以确认工作频率和占空比。例如，如果定义一个数字波形，其数字逻辑是 "0,0,0,0,0,0,1,1,1,1"，其中 "0" 逻辑将连接直流电源，时间间隔为 0.01s，工作频率为 10Hz，占空比为 0.75。然后定义动态 IO 卡的重复计数，以确定电磁阀在一个测量值下运行的工作周期数。例如，如果重复次数为 100，则对每次测量电磁阀执行 100 次开关周期。

Step2　测量线圈电阻。在连接直流电源之前测量线圈电阻。

Step3　启动动态 IO 卡，电磁阀将进入开关周期。

Step4　获取当前曲线。根据配置，启动 AD 转换器采集电流样本，电流样本应包含电磁阀完整的工作周期。

Step5　测量温度。

Step6　等待动态 IO 完成，如果没有退出，则返回 Step2。

电磁阀退化试验步骤流程如图 5-4 所示。

试验程序使用 NI LabView 设计，NI LabView 是一个采用可视化编程语言进行开发和系统设计的平台，其优点是能够提供快速的开发能力。使用图形化编程语言和仪器驱动程序，可以快速执行设计并开发执行程序，测量数据集合可以自动保存为 TDMS 格式。可以通过设计一个图形用户界面，来配置操作条件并观察电流曲线的缓慢变化。

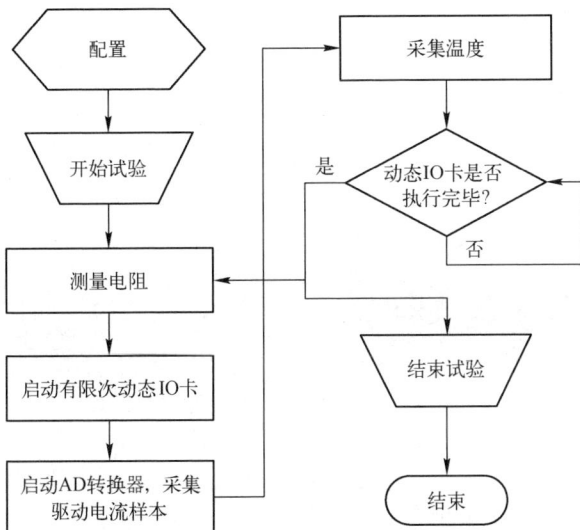

图 5-4　电磁阀退化试验步骤流程

在常温环境下测试 8 个被金属盒包裹的电磁阀，分别在两种不同的直流电压下和两种不同的工作周期（50%和 80%）下进行测试，直至所有电磁阀发生故障停止试验。

5.1.3　结果分析

当所有电磁阀都失效时，试验停止。为证实关于动态驱动电流曲线的变化可以表示不同退化状态的假设，从监测结果中提取不同健康状态下的电流曲线对比，如图 5-5 所示。限于篇幅，仅使用电磁阀＃6 和电磁阀＃8 的结果进行分析。

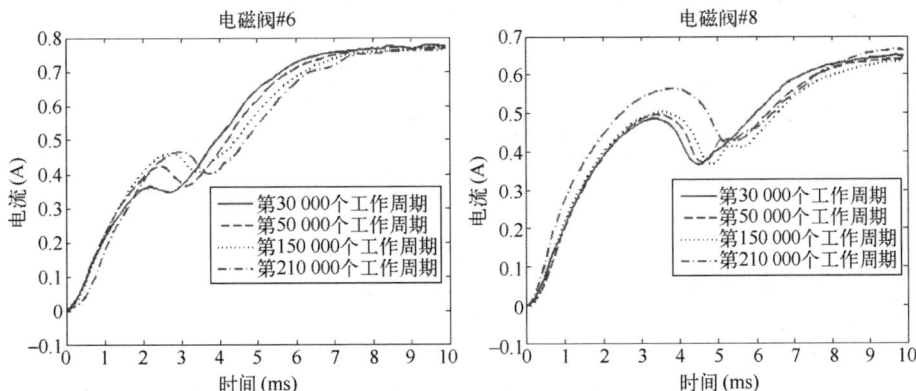

图 5-5　不同健康状态下的电流曲线对比

由图 5-5 可以看出，随着工作周期变大，动态电流波形的形状开始有规律地变化。

由式（5.8）计算第 k 个工作周期的当前电流曲线与模板电流曲线之间的欧氏距离，如图 5-6 所示。

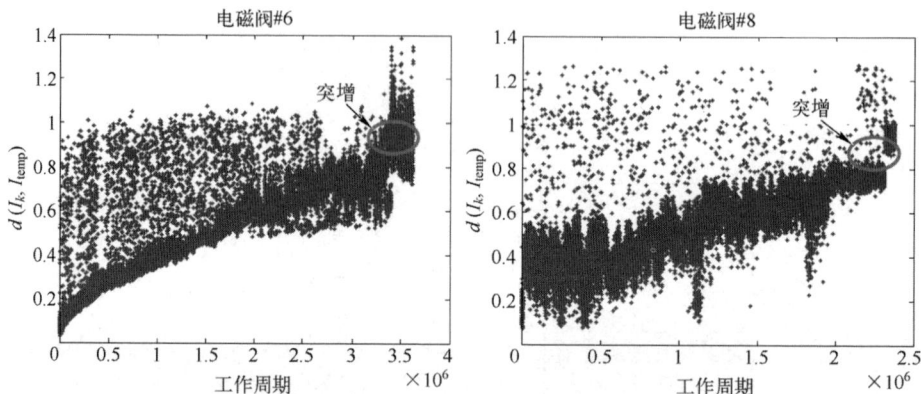

图 5-6　第 k 个工作周期的当前电流曲线与模板电流曲线之间的欧氏距离

由图 5-6 可以看出，第 k 个工作周期的当前电流曲线与模板电流曲线之间的欧氏距离逐渐变大，意味着随着电磁阀工作周期的增大，退化状态变得越来越严重。最后，突然出现大幅增加，这是因为电磁阀发生故障，导致驱动电流曲线发生严重的畸变。突然增加的欧氏距离值为 0.7～0.9，因此，将 0.8 设为电磁阀的失效阈值。

5.2　基于线性模型和卡尔曼滤波的故障预测

5.2.1　建立线性退化模型

如前所述，使用基于模型的预测方法的一个主要挑战是建立退化模型，且通常是基于观察到的退化信号建立经验退化模型。图 5-6 所描绘的退化数据，接近于一个线性的退化过程。在许多工程应用中，退化过程可以通过具有线性漂移的线性过程来表示。换言之，退化的数学模型可以通过假设退化以一定速率累积来表示。因此，建立线性退化模型为

$$d_k = d_{k-1} + b \tag{5.9}$$

式中：d 为退化状态；b 为退化速率。

为了进一步验证此假设的合理性，采用线性拟合方法来揭示电磁阀的退化趋势，电磁阀退化数据的线性拟合如图 5-7 所示。

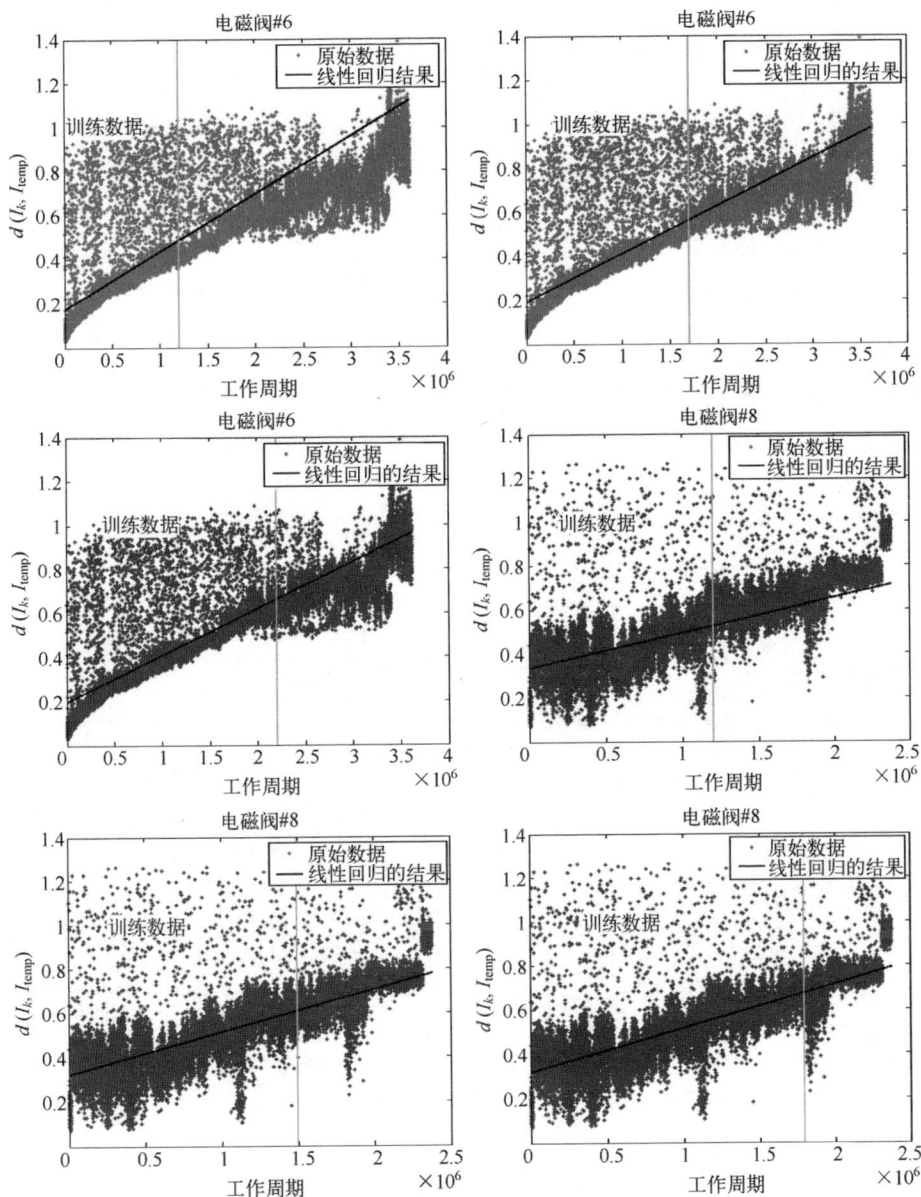

图 5-7　电磁阀退化数据的线性拟合

由图 5-7 可以看出，线性拟合的结果可以较好地反映电磁阀的退化趋势。随着工作周期变大，获得的训练数据增多，基于训练数据的拟合曲线可以更好地预测未来的退化趋势，从而使预测的退化状态的准确性更高，这也验证了使用简单线性模型描述电磁阀退化过程的合理性。

5.2.2 基于卡尔曼滤波的故障预测框架

在预测部件的 RUL（Remaining Useful Life，剩余使用寿命）时，管理不确定性非常重要，因此需要采用卡尔曼滤波的故障预测框架来处理不确定性。为了预测电磁阀的 RUL，需要定义一个故障阈值，该阈值表示最大可接受的退化状态。随着电磁阀的退化，当健康因子的值超过故障阈值时，认为电磁阀失效。因而，RUL 可以定义为

$$R(k_p) = k_{\text{EOL}} - k_p \tag{5.10}$$

式中：R 为 RUL；k_p 为退化信号的测量结束并且预测过程开始时的工作周期；k_{EOL} 为寿命终止时的工作周期，即预测的退化曲线到达设定的阈值水平线时的工作周期。

值得注意的是，RUL 的值是非确定的，并且随着 k_p 的变化而变化。

假设 $R(k_p)$ 为随机值而不是固定值。故障预测目标是计算 RUL 的概率分布，简化为 $f_R(r)$。为了实现此目标，基于卡尔曼滤波的故障预测框架如图 5-8 所示。

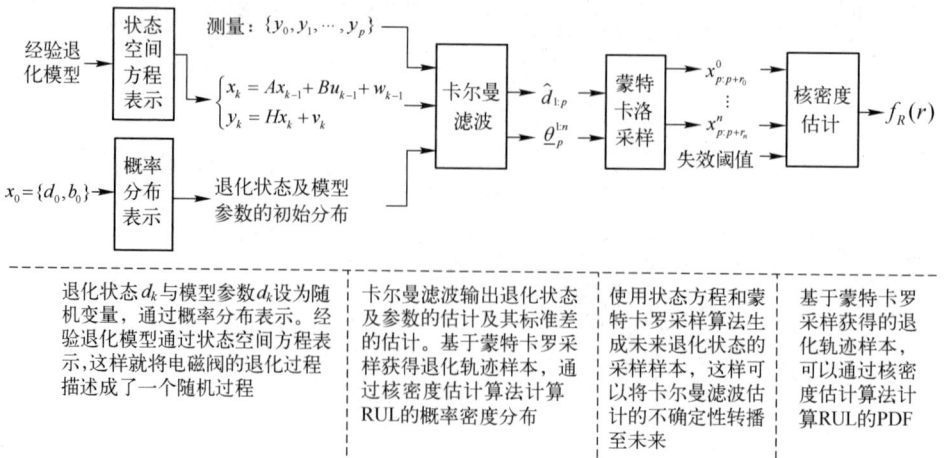

退化状态 d_k 与模型参数 d_k 设为随机变量，通过概率分布表示。经验退化模型通过状态空间方程表示，这样就将电磁阀的退化过程描述成了一个随机过程

卡尔曼滤波输出退化状态及参数的估计及其标准差的估计。基于蒙特卡罗采样获得退化轨迹样本，通过核密度估计算法计算 RUL 的概率密度分布

使用状态方程和蒙特卡罗采样算法生成未来退化状态的采样样本，这样可以将卡尔曼滤波估计的不确定性转播至未来

基于蒙特卡罗采样获得的退化轨迹样本，可以通过核密度估计算法计算 RUL 的 PDF

图 5-8 基于卡尔曼滤波的故障预测框架

1. 状态空间方程表示

如前所述，电磁阀的退化过程可以假设为具有一定速率的增量过程。由于每个电磁阀的退化速率都受到许多因素的影响，如材料、装配和退化应力等，存在着诸多不确定性，因此，应合理地假设每个电磁阀的退化速率的变化，大致按照中心极限理论服从正态分布。从这个观点来看，电磁阀的退化过程是一个随机维纳过程，因此式（5.9）定义的退化模型可以修改为

$$\begin{cases} d_k = d_{k-1} + b_{k-1} + w_{k-1}^d \\ b_k = b_{k-1} + w_{k-1}^b \end{cases} \tag{5.11}$$

式中：d_k 为退化值或健康因子值；b_k 为退化速率，是一个非确定性的参数，由于不同部件个体的生产过程、材料属性或工作条件有所差异，因此部件个体之间的退化速率也会有所差异；w_k^d 为每个电磁阀退化过程的不确定性；w_k^b 为退化速率的过程的不确定性。假设 w_k^d 和 w_k^b 是不变的，并且服从高斯分布。引入 x_k 和 w_k 的定义

$$x_k = \begin{bmatrix} d_k \\ b_k \end{bmatrix}, w_k = \begin{bmatrix} w_k^d \\ w_k^b \end{bmatrix} \tag{5.12}$$

式中：$w_k \sim N(0, \mathbf{W})$ 服从高斯分布，$\mathbf{W}$ 为过程不确定性的协方差矩阵。

此外，卡尔曼滤波器是线性模型和高斯分布的最优估计方法，因此，针对建立的线性退化模型采用卡尔曼滤波器，其目的是根据测量估计状态的概率密度。卡尔曼滤波问题包括两个基本元素，即状态和测量。

将状态和测量两个基本元素转化为两个模型，即状态模型和测量模型

$$\begin{cases} \mathbf{x}_k = A x_{k-1} + B u_{k-1} + w_{k-1} \\ y_k = H x_k + v_k \end{cases} \tag{5.13}$$

式中：$\mathbf{x}_k$ 为状态向量；y_k 为 k 时刻的观测值；v_k 为测量不确定性，假设是时不变且服从高斯分布，可表示为 $v_k \sim N(0, \mathbf{V})$，$\mathbf{V}$ 为协方差矩阵；w_k 为过程不确定性；u_{k-1} 为线性系统的输入。

在此例中，由于 u_k 没有输入，B 设置为 0，因此式（5.13）可表示为

$$\begin{cases} \mathbf{x}_k = \begin{bmatrix} 1 & 1 \\ 0 & 1 \end{bmatrix} x_{k-1} + w_k \\ y_k = \begin{bmatrix} 1 & 0 \end{bmatrix} y_k + v_k \end{cases} \tag{5.14}$$

由此可以得到

$$A = \begin{bmatrix} 1 & 1 \\ 0 & 1 \end{bmatrix}, B = 0, H = \begin{bmatrix} 1 & 0 \end{bmatrix} \qquad (5.15)$$

2. 卡尔曼滤波

由于不确定性的存在，健康因子的值存在着强烈的噪声。因此，不能准确地知道真实的退化状态，但是可以通过卡尔曼滤波估计这些状态变量的期望值和概率分布。基于最小均方误差的最优准则，卡尔曼算法利用状态方程和先前时刻状态估计及当前时刻的观测值来更新状态变量的估计。算法流程如算法 5.1 所示。

算法 5.1：用于估计退化状态和参数的卡尔曼滤波

1. 初始化状态变量，通过线性拟合确定退化状态和参数的初始值
2. 使用状态方程预测下一时刻的状态变量 $\hat{x}_k^- = A\hat{x}_{k-1}^- + Bu_{k-1}$
3. 预测下一时刻的误差协方差 $P_k^- = AP_{k-1}A^T + Q$
4. 计算卡尔曼增益 $K_k = P_k^- H^T (HP_k^- H^T + R)^{-1}$
5. 通过测量更新状态估计 $\hat{x}_k = \hat{x}_k^- + K_k(y_k - H\hat{x}_k^-)$
6. 更新误差协方差的估计值 $P_k = (I - K_k H)P_k^-$

卡尔曼滤波器的输出是预期状态 $\hat{x}_k$ 的估计，包括退化状态和参数及估计误差协方差 P_k。因此，状态 x_k 的随机值是正态分布的，其平均值为 $\hat{x}_k$、方差为 P_k。当工作周期达到预测开始时间 k_p 时，随机状态 x_p 服从正态分布，可表示为 $x_p \sim N(\hat{x}_p, P_p)$，其中 $\hat{x}_p$ 和 P_p 分别指预测开始时间 k_p 时刻估计的状态平均值和协方差。由卡尔曼滤波在 k_p 时刻估计的退化状态和退化速率的概率分布作为预测的输入。

3. 蒙特卡罗采样

由于退化状态和退化速率服从正态分布，且状态方程为线性模型，因此，未来的退化状态也将服从正态分布，可以通过解析的方式直接计算出来。然而，故障预测的最终目的不是估计未来的退化状态及其分布，而是估计 RUL 的分布。由于计算 RUL 的方程是一个非线性函数，因此，$R(k_p)$ 并不服从正态分布，RUL 的概率分布无法直接用解析方法计算。在这种情况下，可以采用蒙特卡罗采样技术来传播不确定性，以预测未来 RUL 的概率分布。为了获得用于预测的初始样本，采用蒙特卡罗采样技术从卡尔曼滤波在 k_p 时刻上产生的正态分布

$x_p \sim N(\hat{x}_p, P_p)$ 中抽取退化状态和退化速率的样本。

根据式（5.14）中的状态空间方程计算出未来退化演变路径 $x_{p:p+r_n}^n$。如果样本数为 N，则共有 N 个退化演变路径。

4. 核密度估计

无参估计概率密度一般有直方估计和核密度估计两种方法，两种方法的不同之处在于可以通过使用合适的核来使概率密度曲线更加平滑和连续，且不会因为间隔的选择问题而导致估计结果不一样。

在获得 N 个未来的退化演变路径后，可通过式（5.11）计算每个退化演变路径的 RUL。因此，计算得到的 RUL 共有 N 个。通过核密度估计，可以用 N 个 RUL 估计其概率分布函数 $f_R(r)$。

假设 $x_1, x_2, \cdots, x_n$ 是独立且相同分布的样本，其核密度估计为

$$\hat{f}_h(x) = \frac{1}{n} \sum_{i=1}^{n} K_h(x - x_i) = \frac{1}{nh} \sum_{i=1}^{n} K\left(\frac{x - x_i}{h}\right) \tag{5.16}$$

式中：K 表示核函数，是一个非负函数，积分为 1，且平均值为 0；$h > 0$，是一个平滑参数，称为带宽，h 的取值越小，概率密度曲线就越平滑，但不能过小，过小会造成估计的偏差，所以其取值是估计之间的偏差和方差之间的折中值。

5.2.3　结果分析

采用电磁阀#6 和电磁阀#8 的试验数据，将所采用方法的预测结果与通过其他一些常用的数据驱动预测方法（包括人工神经网络（Artificial Neural Network，ANN）、自回归移动平均（Auto-Regressive and Moving Average，ARMA）模型）得到的结果进行比较。

卡尔曼滤波的参数设置如下：过程不确定性和测量不确定性服从高斯分布，协方差矩阵为

$$W = \begin{bmatrix} 1 \times 10^{-14} & 0 \\ 0 & 7 \times 10^{-8} \end{bmatrix}, V = 0.09 \tag{5.17}$$

线性模型的初始参数由训练数据的线性拟合得到。

神经网络的参数设置如下：3 个隐含层，第一个隐含层包含 5 个节点使用"purelin"激活函数，第二个隐含层包含 8 个节点使用"logsig"激活函数，第三个隐含层包含 1 个节点使用"purelin"激活函数；net.trainparam.lr=0.05；

net.trainparam.goal=5E-4；net.trainparam.epochs=200。

ARMA 模型通过阿卡克信息准则（Akaike Information Criterion，AIC）选择，因为 AIC 能够在保证数据拟合较优的前提下避免拟合过度，所以不同的训练数据集会产生不同的 ARMA 模型。

电磁阀#6 的终止寿命为 3.348×10^6 个工作周期，电磁阀#8 的终止寿命为 2.322×10^6 个工作周期。为了研究预测开始时间对预测性能的影响，选择 3 种不同的预测开始时间：对于电磁阀#6，分别取第 1.2×10^6 个、第 1.7×10^6 个和第 2.2×10^6 个工作周期；对于电磁阀#8，分别取第 1.2×10^6 个、第 1.5×10^6 个和第 1.8×10^6 个工作周期。

不同方法的退化轨迹演变预测结果对比如图 5-9 所示。

由图 5-9 中可以得出以下结论。

（1）ANN 方法预测结果非常差，几乎无法跟踪到退化趋势。ANN 模型的退化演变曲线甚至出现退化状态不断变好的情况，这是一个完全错误的结果。ARMA 模型的短期预测结果可以接受，但长期预测结果也很差。ANN 模型和 ARMA 模型是经典的数据驱动预测方法，但在此例中，其预测结果都十分差。这是因为数据驱动的方法不包含任何关于退化趋势的先验知识，而完全依赖于训练数据，所以在训练数据包含强噪声时容易出现过拟合问题。从图 5-6 的原始结果可以看出，试验收集的数据包含很强的噪声，因此数据驱动预测方法不是一个好的选择。

（2）由于噪声太强，预测开始时间的退化状态值并不是来自观测值，而是来自各种方法本身估计出来的值。通过对比图 5-9 中预测开始时间的估计退化状态可以看出，各种方法估算的退化状态有很大的不同。

（3）对于同一个电磁阀样品，如预测起始时间不同，则预测的退化演变轨迹有很大的差异。例如，对于电磁阀#6，早期的预测退化曲线与实际退化曲线相差很大，但后期的预测退化曲线与实际退化曲线非常接近。这是因为电磁阀在不同阶段的退化速率不同，不同的预测起始时间，训练数据集中包含的退化信息也不同。这意味着预测效果与预测开始时间有很大关系，预测开始时间越接近终止寿命，预测精确度越高。

此外，在实施故障预测的过程中，处理不确定性非常重要。然而，试验中使用的 ANN 模型和 ARMA 模型不具备量化不确定性的能力。但是通过使用本质上是贝叶斯估计的卡尔曼滤波方法，可以估计在预测开始时间的健康状态和状态退化速率的标准差。因此，与频率论方法相比，卡尔曼滤波方法具有捕获故障预测不确定性的能力。利用蒙特卡罗方法可以将卡尔曼滤波方法捕获的不确定性传播到未来的退化预测。

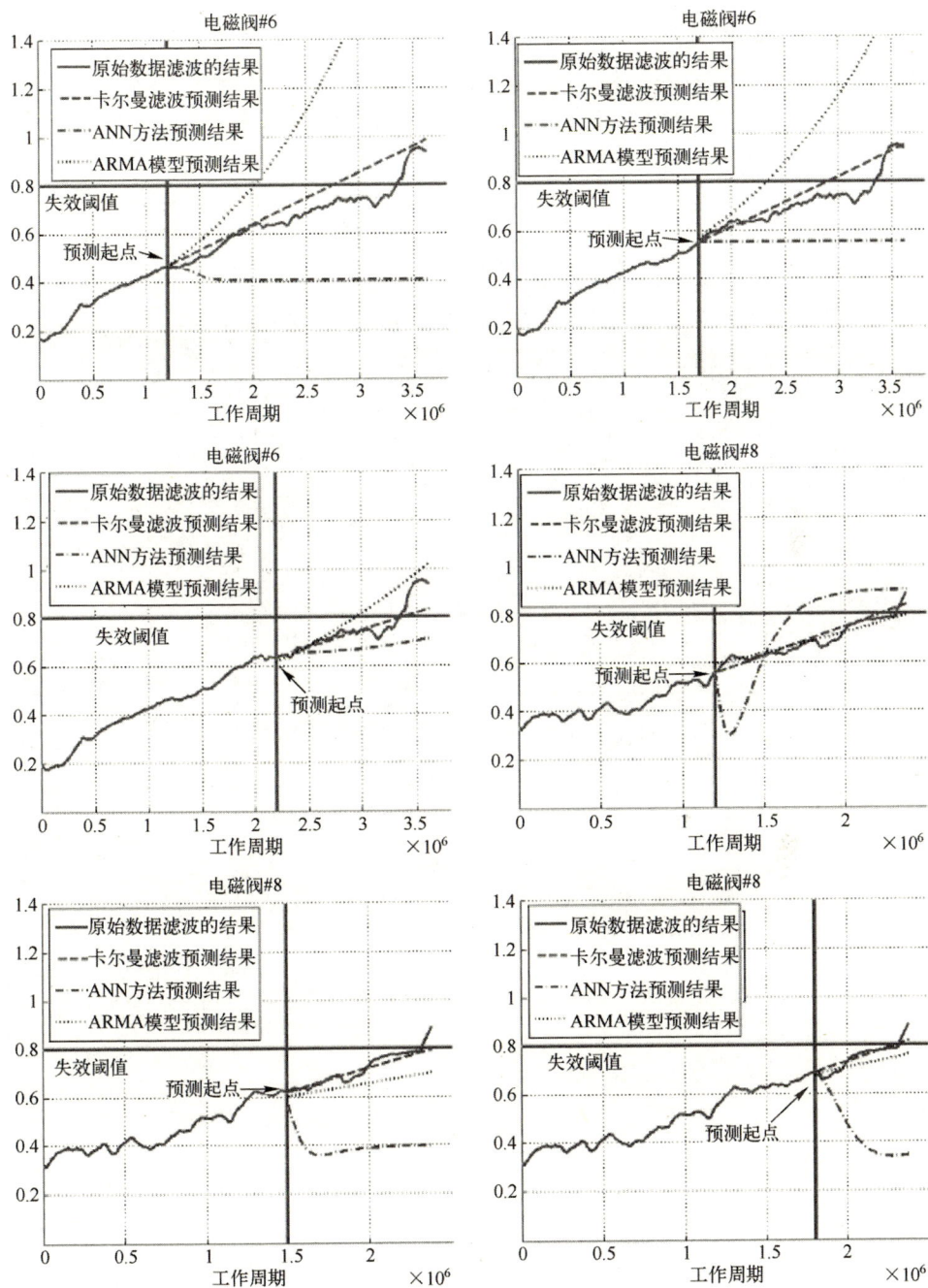

图 5-9　不同方法的退化轨迹演变预测结果对比

退化轨迹预测及剩余寿命概率分布预测如图 5-10 所示。图 5-10 中的灰色背景是蒙特卡罗方法生成的预测退化样本集。此外，核密度估计用于估计 RUL 的概率分布，用图 5-10 中的黑色曲线表示。作为预测结果，RUL 的概率分布比单个的 RUL 值更合理，对于维修来说是更有价值的参考。

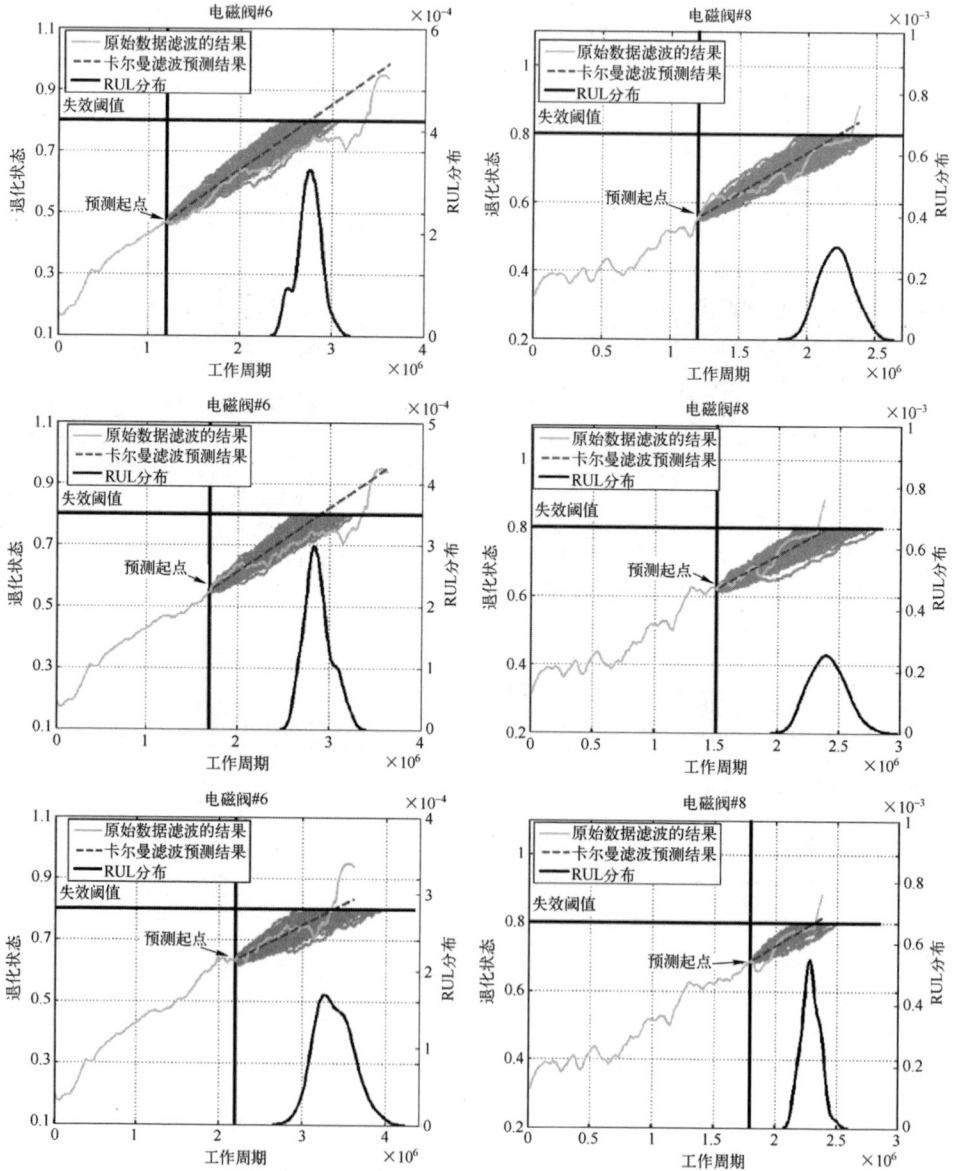

图 5-10　退化轨迹预测及剩余寿命概率分布预测

由图 5-10 可以看出，基于卡尔曼滤波的故障预测方法可以取得较高的预测精确度，且具备量化、管理预测过程中的不确定能力，可为电磁阀在发生故障之前进行维修或更换提供依据。但是，电磁阀的退化过程被假定为线性模型，其最重要的参数是唯一的退化速率，它不包含有关操作环境和负载的信息。当操作环境和负载相对稳定时，退化速率相对稳定，因此，基于卡尔曼滤波方法的退化可以很好地跟踪和估计退化状态和退化速率。在试验中，电磁阀被放置在金属盒中，因此电磁阀的工作温度相对稳定。但是如果工作环境和负载（如挂机飞行的机载导弹内部的电磁阀）变化剧烈，则其退化率也会变化剧烈，线性模型就不再适用，卡尔曼滤波方法也无法准确地跟踪退化速率。另外，卡尔曼滤波是一种高斯滤波，仅在假设退化状态和退化速率满足高斯分布时是适用的。为此，应构建一个更复杂的退化模型，其中包含有关环境和负载的信息，并采用粒子滤波的方法实现参数估计。

5.3　基于布朗运动模型和粒子滤波的故障预测

5.3.1　建立布朗运动退化模型

在许多工程情况下，退化过程用带有线性漂移的线性过程来表示，该线性漂移假定为布朗运动，其数学表示可以定义为一个随机微分方程，即

$$\nabla d(t) = \mu \nabla t + \sigma_D \nabla W(t) \tag{5.18}$$

式中：t 为时间；μ 为漂移参数；σ_D 为扩散参数；$W(t)$ 为一个标准的布朗运动。

通过将漂移参数和扩散参数表示为应力的函数，该模型可扩展为一个退化模型，即

$$\nabla d(t; \underline{z}) = \mu(\underline{z}) \nabla t + \sigma_D(\underline{z}) \nabla W(t) \tag{5.19}$$

式中：$\mu(\underline{z}) = h(\underline{z}; \underline{\alpha})$；$\sigma_D(\underline{z}) = h(\underline{z}; \underline{\beta})$。

由电磁阀的性能加速退化试验可知，电磁阀的退化主要是由温度和电应力引起的。一般来说，这两个因素引起的退化分别服从阿伦尼乌斯公式和逆幂律。因此，将两个定律结合在一起的组合定律用于描述漂移参数。

$$\mu(V, T) = h([V, T]; \underline{\alpha}) = \alpha_0 V^{\alpha_1} \exp\left(-\alpha_2 \frac{1}{T}\right) \tag{5.20}$$

式中：α_0、α_1 和 α_2 为模型参数；V 为直流电压；T 为温度。

扩散参数可以通过结合 Einstein 关系式和反向幂律描述，即

$$\sigma_0^2(V,T) = h([V,T];\underline{\beta}) = \beta_0 V^{\beta_1} T \tag{5.21}$$

式中：β_0 和 β_1 为模型参数。

将式（5.20）和式（5.21）代入式（5.19），电磁阀的退化模型为

$$\nabla d(t;\underline{z}) = \alpha_0 V^{\alpha_1} \exp\left(-\alpha_2 \frac{1}{T}\right)\nabla t + \sqrt{\beta_0 V^{\beta_1} T}\,\nabla W(t) \tag{5.22}$$

对于电磁阀而言，由于时间以工作周期为单位，因此是离散的，需要将上述退化模型转换为离散形式，即

$$d(k,\underline{\alpha},\underline{\beta}) = d(k-1,\underline{\alpha},\underline{\beta}) + \alpha_0 V^{\alpha_1}\exp\left(-\alpha_2\frac{1}{T}\right) + \sqrt{\beta_0 V^{\beta_1} T}(W_k - W_{k-1}) \tag{5.23}$$

式中：模型参数包括两个向量 $\underline{\alpha}$、$\underline{\beta}$，可以描述为 $\underline{\theta}=(\underline{\alpha},\underline{\beta})$，$\underline{\theta}$ 是待估计的随机变量。

相比 5.2 节中提出的线性退化模型，式（5.22）描述的退化模型更加复杂，不仅描述退化状态在时间上的变化，而且描述退化状态、环境应力和负载应力之间的关系。因此，该模型可以更好地跟踪和估计环境应力或负载应力对退化速率的影响，在环境应力或负载应力变化比较剧烈的时候，该模型更加适用。

5.3.2 基于粒子滤波的故障预测框架

基于粒子滤波的故障预测框架如图 5-11 所示。

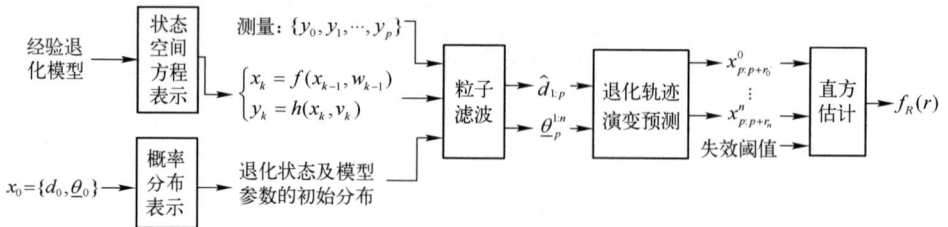

图 5-11　基于粒子滤波的故障预测框架

1. 状态空间方程表示

对于式（5.23）描述的退化模型，退化状态随时间演变的数学表达式可以简化为一个状态方程

$$x_k = f(x_{k-1}, w_k) \tag{5.24}$$

$$x_k = \begin{bmatrix} d_k \\ \boldsymbol{\theta}_k \end{bmatrix}, w_k = \begin{bmatrix} w_k^d \\ w_k^\theta \end{bmatrix} \tag{5.25}$$

式中：$\boldsymbol{\theta}_k$ 为待估计的模型参数向量；w_k 为过程噪声，代表退化过程的不确定性。

假设 w_k 是时不变的，并且服从高斯分布，可表示为 $w_k \sim N(0, \boldsymbol{W})$，$\boldsymbol{W}$ 为过程不确定性的协方差矩阵。

根据退化模型，即式（5.23），状态方程和测量方程可以表示为

$$\begin{cases} d_k = d_{k-1} + \alpha_{1,k-1} V^{\alpha_{2,k-1}} \exp\left(-\alpha_{3,k-1} \times \dfrac{1}{T}\right) + \sqrt{\beta_{1,k-1} \times V^{\beta_{2,k-1}} T} (W_k - W_{k-1}) + w_{k-1}^d \\ \alpha_{1,k} = \alpha_{1,k-1} + w_{k-1}^{\alpha_1} \\ \alpha_{2,k} = \alpha_{2,k-1} + w_{k-1}^{\alpha_2} \\ \alpha_{3,k} = \alpha_{3,k-1} + w_{k-1}^{\alpha_3} \\ \beta_{1,k} = \beta_{1,k-1} + w_{k-1}^{\beta_1} \\ \beta_{2,k} = \beta_{2,k-1} + w_{k-1}^{\beta_2} \end{cases} \tag{5.26}$$

同卡尔曼滤波一样，粒子滤波也包含状态方程和测量方程两个模型，但两个模型是非线性的，可表示为

$$\begin{cases} x_k = f(x_{k-1}, w_{k-1}) \\ y_k = h(x_k, v_k) \end{cases} \tag{5.27}$$

式中：x_k 为状态变量；y_k 为退化状态的观测值，即通过退化试验得到的电流曲线数据计算出来的欧氏距离；v_k 为测量不确定性。假设时不变的且服从高斯分布，可表示为 $v_k \sim N(0, \boldsymbol{V})$，$\boldsymbol{V}$ 为协方差矩阵。

2. 粒子滤波

和卡尔曼滤波一样，粒子滤波可以从包含着强噪声的退化状态值中估计出真实的退化状态和模型参数。但粒子滤波和卡尔曼滤波的原理不一样，卡尔曼滤波基于最小均方误差的最优准则，采用解析的方法来估计状态变量，并输出状态变量的估计值和标准差；而粒子滤波使用蒙特卡罗采样的方法抽取样本，并为样本分配相关权重。根据这些样本及其权重，可计算状态变量估计值。因此，采用粒子滤波进行退化状态估计时，本身就是一种蒙特卡罗采样的方法，能够输出带权重的退化状态和模型参数 $\hat{\boldsymbol{\theta}}_p^{1:n}$，$p$ 为预测起点时间，n 为粒子滤波的样本数目。

3. 退化轨迹演变预测

由于粒子滤波本身是一种蒙特卡罗采样方法，可以在预测起点时得到一系列带权值的退化状态和模型参数的样本，这些样本就表达了退化过程中的不确定性。因此，对于粒子滤波方法来说，不再和卡尔曼滤波一样需要使用蒙特卡罗方法进行采样。在预测电磁阀未来退化演变路径时，以在预测起点时得到的带权值的退化状态作为初始状态，用在预测起点时得到的带权值的模型参数样本替代未知的模型参数，并假定模型参数不再发生变化。根据式（5.26）描述的退化模型，可以计算未来的退化状态演变轨迹。因为有 N 个带有权值的 P 时刻的退化样本和模型参数，所以通过计算可以得到 N 条带有权值的退化演变轨迹。

4. 估计 RUL 概率分布

同卡尔曼滤波一样，该分布在获得 N 个未来的退化演变轨迹后，可通过式（5.26）计算每个退化演变路径的 RUL $\hat{R}^i(k_p)$，但与卡尔曼滤波不同的是，每个剩余寿命带有权值 $w_{N_{\text{end}}}^i$，因此，可以简单地使用直方估计的方法对 RUL 的概率分布函数 $f_R(r)$ 进行估计

$$f_R(r) = \sum_{i=1}^{N_s} w_{N_{\text{end}}}^i \delta\left(\hat{R}(k_p) - \hat{R}^i(k_p)\right) \tag{5.28}$$

式中：δ 为狄利克雷函数。

5.3.3 基于粒子滤波估计退化状态和模型参数

1. 粒子滤波原理

从贝叶斯的角度来看，状态估计是一个跟踪问题，是在给定测量或观察数据的情况下，递归地估计当前 k 时间的隐藏状态 x_k，该问题可以描述为：估计后验概率分布 $p(x_k | y_{0:k})$。由于非线性系统的复杂性，后验概率分布 $p(x_k | y_{0:k})$ 无法通过解析的方法直接计算出来。因此，通常会以采样的方式近似估计后验概率分布 $p(x_k | y_{0:k})$，然而由于后验概率分布是未知的，因此无法直接从该后验概率分布中进行采样。于是，引入一个称为重要性分布的简单分布 $q(\bullet)$，并且从该分布中进行采样，用公式描述为 $x_k^i \sim q(x)$，$i = 1, 2, \cdots, N_s$。

当从该分布中抽取样本时，需要计算与该样本相对应的权重 w_k^i，该权重反

映该样本用于近似后验分布的重要性，这个过程称为重要性采样。对于后验概率分布 $p(x_k \mid y_{0:k})$，通过从 $q(x_k \mid y_{0:k})$ 抽取大量的样本，其加权近似可以表示为

$$p(x_k \mid y_{1:k}) \approx \sum_{i=1}^{N_s} w_k^i \delta(x_k - x_k^i) \tag{5.29}$$

式中：w_k^i 为重要性权重。

重要性权重是归一化后第 i 个样本（粒子）的权重，满足关系式

$$w_k^i \propto \frac{p(x_{0:k}^i \mid y_{0:k})}{q(x_{0:k}^i \mid y_{0:k})} \tag{5.30}$$

假设在选择重要性分布时满足分解式

$$q(x_k \mid y_{0:k}) = q(x_k \mid x_{k-1}, y_{0:k}) q(x_{k-1} \mid y_{0:k-1}) \tag{5.31}$$

同时，后验概率 $p(x_k \mid y_{0:k})$ 可以被分解为

$$
\begin{aligned}
p(x_k \mid y_{0:k}) &= \frac{p(y_k \mid x_k, y_{0:k-1}) p(x_k \mid y_{0:k-1})}{p(y_k \mid y_{0:k-1})} \\
&= \frac{p(y_k \mid x_k, y_{0:k-1}) p(x_k \mid x_{k-1}, y_{0:k-1})}{p(y_k \mid y_{0:k-1})} p(x_{k-1} \mid y_{0:k-1}) \\
&= \frac{p(y_k \mid x_k) p(x_k \mid x_{k-1})}{p(y_k \mid y_{0:k-1})} p(x_{k-1} \mid y_{0:k-1}) \\
&\propto p(y_k \mid x_k) p(x_k \mid x_{k-1}) p(x_{k-1} \mid y_{0:k-1})
\end{aligned}
\tag{5.32}
$$

将式（5.32）和式（5.31）代入式（5.30）可以得到

$$
\begin{aligned}
w_k^i &\propto \frac{q(x_k \mid x_{k-1}, y_{0:k}) q(x_{k-1} \mid y_{0:k-1})}{p(y_k \mid x_k) p(x_k \mid x_{k-1}) p(x_{k-1} \mid y_{0:k-1})} \\
&= w_{t-1}^i \frac{p(y_k \mid x_k^i) p(x_k^i \mid x_{k-1}^i)}{q(x_k^i \mid x_{k-1}^i, y_{1:k})}
\end{aligned}
\tag{5.33}
$$

为了简化采样过程，$p(x_k^i \mid x_{k-1}^i)$ 通常为重要性分布，即

$$q(x_k^i \mid x_{k-1}^i, y_{1:k}) = p(x_k^i \mid x_{k-1}^i) \tag{5.34}$$

因此，重要性权重的更新方程可以简化为

$$w_k^i \propto w_{t-1}^i p(y_k \mid x_k^i) \tag{5.35}$$

2. 基于 MCMC 的粒子重采样

粒子滤波的一个常见问题是粒子退化现象，即经过若干次迭代后，某些样本的权重会降到几乎为零。如果对这种现象不做任何处理，随着迭代步数增多，会出现只有少量粒子以非常大的权重支配其余粒子的情况。这意味着只有少量粒子对后验概率近似值的计算具有贡献，而其他大部分粒子的贡献则可以忽略不计，因而所获得的后验概率估计值将有不可接受的大方差。重采样技术可以消除权值降得过低的坏样本，并允许好（重要）的样本自我放大。

重采样的基本思想是对选定的权值较大的样本进行复制以生成 N^i 个子样本，使 $\sum N^i = N_s$，N_s 为样本的总数，并且重采样方案需要满足

$$\mathbb{E}(N^i) = N_s * \tilde{\omega}_t^{(i)} \tag{5.36}$$

式中：$\mathbb{E}$ 为期望；$\tilde{\omega}_t^{(i)}$ 为选定样本的权重。

式（5.36）表明重采样在缓解粒子退化现象的同时，其采样结果要尽可能接近原始分布，从而防止估计发生偏差。

当前，粒子滤波重采样的算法非常多，不同的采样算法有不同的应用场景，针对电磁阀故障预测这一实例，可采用马尔可夫链蒙特卡罗（Markov Chain Monte Carlo，MCMC）的方法进行重采样。MCMC 重采样通过构造马尔可夫链来产生目标分布的样本，具有很好的收敛性。在粒子滤波的每次迭代过程中，MCMC 重采样可以使粒子移向更接近真实概率密度的地方，从而可以避免粒子退化现象，使样本的分布更为合理。

为了满足式（5.36）的要求，引入了一个随机变量 J，该随机变量被称为辅助变量，从集合 $\{1,2,\cdots,N_s\}$ 中抽样取值。抽样的原则是：$J = j$ 的概率与 w^j 成正比。通过 N_s 次抽样，就可以得到 N_s 个新样本，其分布大致接近于 $p(x_k | y_{0:k})$。然而，简单地选择并复制一部分粒子可能会导致重要性分布的畸化。换言之，这种做法会导致许多样本不再有子样本，而另一小部分样本则拥有大量的子样本，从而使新样本方差过大。

为了避免此问题，在完成重采样步骤之后，再引入一个 MCMC 步骤，见算法 5.2。该步骤的基本思想是，通过使用一个马尔可夫转换核 $K(x_k | \tilde{x}_k)$，以及一个不变分布 $p(\tilde{x}_k | y_{0:k})$，使

$$\int K(x_k | \tilde{x}_k) p(\tilde{x}_k | y_{0:k}) = p(x_k | y_{0:k}) \tag{5.37}$$

算法 5.2　MCMC 重采样算法

For　$i=1$　to　N_s　do

　　抽样 $J=j$，使抽取 j 的概率与 w^j 成正比

　　给定 $J=j$，抽样 $x_k^{*(j)} \sim p\left(x_k \mid x_{k-1}^{(j)}\right)$

　　If　$\upsilon \sim U_{[0,1]} \leqslant \min\left\{1, \dfrac{p\left(y_k \mid x_k^{*(j)}\right)}{p\left(y_k \mid \tilde{x}_k^{(j)}\right)}\right\}$　then

　　接受跳转 $x_k^{(i)}=x_k^{*(j)}$

　　计算新的权重值

　　Else then

　　拒绝跳转 $x_k^{(i)}=\tilde{x}_k^{*(j)}$

　　保留原来的权重值

　　End If

End For

对权重值重新进行归一化

---

3. 退化状态和模型参数估计流程

当前，退化状态和模型参数的估计步骤如下。

Step1　初始化。确定过程噪声和量测噪声的分布，假设两者服从高斯分布，并且服从高斯分布，协方差矩阵分别为 W 和 V。此外，初始化时还需要生成退化状态和模型参数的初始样本。

Step2　向前传播退化状态及模型参数样本。通过式（5.26）描述的状态方程，将 $k-1$ 时刻的退化状态及模型参数样本向前传播到 k 时刻。

Step3　更新样本权重值。通过式（5.35）计算每个新样本的权重值，然后计算所有样本的权重和 $t=\mathrm{sum}(w)$，最后用该权重和对每个粒子进行归一化 $w=w/t$。

Step4　重采样。按照 MCMC 重采样算法对样本进行重新采样。

Step5　若无新的退化状态观测值，则以当前估计的退化状态样本为初始样本及模型参数值，根据式（5.26）描述的状态方程开始预测未来的退化状态轨迹。

退化状态和模型参数估计流程如图 5-12 所示。

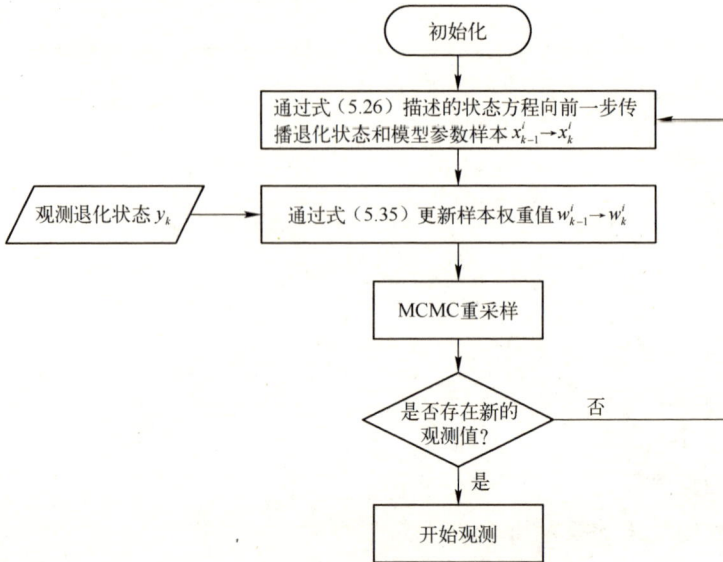

图 5-12　退化状态和模型参数估计流程

5.3.4　结果分析

过程不确定性和测量不确定性服从高斯分布，其协方差矩阵为

$$W = \begin{bmatrix} 1\times10^{-14} & 0 \\ 0 & 7\times10^{-8} \end{bmatrix}, V = 0.09 \tag{5.38}$$

样本总数设置为 $N_s = 1\,000$；电磁阀#6 的终止寿命为 3.348×10^6 个工作周期；电磁阀#8 的终止寿命为 2.322×10^6 个工作周期。

为了研究不同预测开始时间对预测性能的影响，选择 3 种不同的预测开始时间：对于电磁阀#6，分别取第 1.2×10^6 个、第 1.7×10^6 个和第 2.2×10^6 个工作周期；对于电磁阀#8，分别取第 1.2×10^6 个、第 1.5×10^6 个和第 1.8×10^6 个工作周期。

由于重采样算法是影响粒子滤波预测性能的关键因素，将 MCMC 重采样算法和简单重采样、系统重采样两种经典的重采样算法进行对比。

3 种算法的退化轨迹预测和剩余寿命概率分布预测如图 5-13 所示。

由图 5-13 可以看出，在大噪声的情况下，3 种不同的重采样算法下的粒子滤波在退化状态跟踪上存在较大的区别，因此在预测起点处，3 种重采样算法估计的退化状态不一致。从跟踪效果来看，MCMC 重采样算法能够更好地反映电磁阀的退化趋势，而简单重采样算法最差。在强噪声下能够很好地跟踪估计当前的退化状态和模型参数十分重要，对预测效果起到关键性作用。

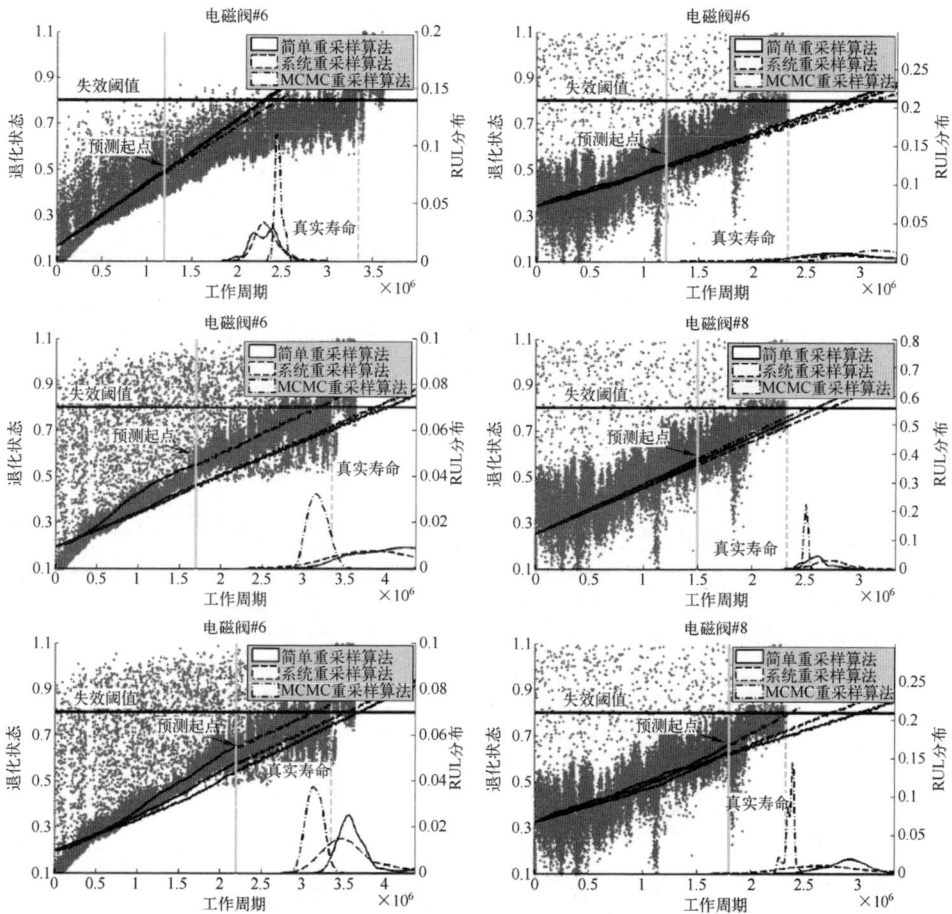

图 5-13 3 种算法的退化轨迹预测和剩余寿命概率分布预测

与简单重采样和系统重采样的粒子滤波相比，基于 MCMC 重采样的粒子滤波预测的 RUL 概率分布中心点与真实寿命点更接近，说明 MCMC 重采样算法的预测准确度更高。此外，由图 5-13 可以看出，MCMC 重采样算法使粒子集的离散程度较小，预测的 RUL 概率分布区间较其他两种方法更窄，因此，不确定性表达的精确度更高。综上所述，MCMC 重采样的粒子滤波在 RUL 预测准确度和精确度上，都要比其他两种重采样算法的粒子滤波高。

5.4 本章小结

本章以×型机载导弹导引头中的关键零部件——电磁阀为例，对基于经验退化模型的故障预测进行研究，包括加速退化试验、退化机理分析、健康因子构建、退化模型建立和预测方法等内容。基于加速退化试验收集的退化数据，分别研究基于线性模型和卡尔曼滤波的故障预测技术、基于布朗运动模型和粒子滤波的故障预测技术。相对 ANN 模型、ARMA 模型等数据驱动的预测方法，采用经验模型的方法有利于克服数据量少或数据噪声大等造成的过拟合问题，预测稳定性更好，且可以管理预测中的不确定性，对输出剩余寿命的概率分布更具参考意义。通过对简单重采样、系统重采样、MCMC 重采样等不同算法的粒子滤波进行对比表明，基于 MCMC 重采样的粒子滤波在 RUL 预测过程中具有更高的预测准确度和置信精确度。

第6章

基于置信规则推理与知识训练的装备健康状态评估

．．．．．．．．

　　健康状态是对设备性能状态的描述，代表与期望的正常性能状态相比的性能下降或偏差程度，可以是几个离散的健康等级，也可以是连续的分值。装备关键部件健康状态评估（简称装备健康状态评估）是利用传感器获取的参数信息来评估装备关键部件所处的健康等级或所得的健康评分。随着各类高新技术在航空装备上的广泛应用，其复杂性越来越高，对装备关键部件进行健康状态评估的重要意义日益凸显。首先，健康状态评估是实现装备健康管理与视情维修（Condition-Based Maintenance，CBM）的关键技术之一。在视情维修的开放体系标准OSA-CBM 中，健康状态评估位于第 4 层，在故障预测层和维修决策层之下。这是因为准确地评估装备当前的健康状态，是预测装备未来发生故障的前提，也是合理选择维修时机的重要依据。其次，掌握装备健康状态，对于保证装备安全和有效完成战训任务来说至关重要。指挥决策人员或操作人员在执行对抗演习、作战演练等重大军事任务时，为了确保顺利完成战训任务，往往需要实时掌握装备的健康状态信息，避免在任务中发生严重故障甚至出现安全问题。

　　健康状态评估的方法非常多，大致可以分为 3 类：基于模型的、基于数据的和基于知识的健康状态评估。基于模型的健康状态评估方法通过构建一个物理模型来描述和预测系统参数的动态变化，并通过计算观测值和预测值之间的残差来判定健康状态。该方法能够精确地描述健康状态和系统参数之间的物理关系，评估结果可信度高，但是一般只用于能够建立物理模型的控制器上，适用范围有限。基于数据的健康状态评估方法将健康状态评估视为模式识别问题，通过监督或无监督的方式来训练能够自动识别健康状态等级的模型。其中，典型的方法有基于神经网络的方法、基于 HMM（Hidden Markov Model，隐马尔可夫模型）的方法等。该类方法的特点是适用性强，与装备的功能结构等细节无关，但是该类方法只关注输入和输出，是典型的"黑箱"，无法追溯装备处于某种健康状态的具体原因，这对于装备维修决策来说是十分不利的。基于知识的健康状态评估方法，即利用专家的经验知识来判断装备所处的健康状态，最常见方法有基于层次分析法的方法、基于规则的方法等。该类方法简单、直观，具有可追溯性，然而由于专家知识的主观性、偏好性及不完全性，专家的判断可能存在不准确的情况。为了克服单一方法在健康状态评估中的不足，应充分发挥知识驱动与数据驱动方法在装备健康状态评估中的各自优势。本章介绍基于置信规则推理与知识训练的装备健康状态评估方法，该方法是一种知识与数据相融合的方法。

6.1 置信规则推理

6.1.1 置信规则的表达

传统的产生式规则可以描述为

$$R_k : \text{IF } RLS \text{ THEN } RRS \ (i = 1, 2, \cdots, N) \tag{6.1}$$

式中：R_k 为规则库中的第 k 条规则；RLS 为规则的前件，又称规则的条件，由任意的子句（或属性）通过逻辑组合而成，最常见的逻辑组合方式是"与"和"或"；RRS 为规则的后件，又称规则的结论。

传统的规则存在着无法处理不确定性知识的缺点，由于专家的经验知识的主观性，因此从本质上决定其具有模糊性和不确定性。

置信规则由传统的产生式规则扩展而来，由英国曼彻斯特大学杨剑波教授于 2006 年提出，置信规则的定义为

$$R_k :$$

$$\text{IF } x_1 \text{ is } A_1^k \wedge x_2 \text{ is } A_2^k \wedge \cdots \wedge x_{T_k} \text{ is } A_{T_k}^k$$

$$\text{THEN}\{(D_1, \bar{\beta}_{1,k}), (D_2, \bar{\beta}_{2,k}), \cdots, (D_N, \bar{\beta}_{N,k})\}, \left(\sum_{j=1}^{N} \beta_{j,k} \leqslant 1 \right), \tag{6.2}$$

$$\text{with rule weight } \theta_k \text{ and attribute weights } \delta_{1k}, \delta_{2k}, \cdots, \delta_{T_k k}, k \in \{1, \cdots, L\}$$

式中：$R_k(k=1,\cdots,L)$ 为第 k 条置信规则；L 为规则库里规则的总数目；x_i 为第 i 个先行属性，在第 k 条规则中，其属性值是 $A_i^k(i=1,\cdots,T_k)$；T_k 为第 k 条规则所包含的先行属性的数目；$D_j(j=1,\cdots,N)$ 为第 j 个结论参考值，在第 k 条规则中，其置信度是 $\overline{\beta}_{j,k}$；N 为结论参考值的个数，注意：当 $\sum\limits_{i=1}^{N}\overline{\beta}_{i,k}=1$ 时，第 k 条规则是完备的，否则第 k 条规则是不完备的；θ_k 为第 k 条规则的相对权重值；$\delta_{1k},\delta_{2k},\cdots,\delta_{T_k k}$ 为第 T_k 个先行属性的相对权重值。

下面以专家对某个部件的风险进行判断的置信规则为例进行说明。置信规则为：

$R_k(k=1,\cdots,L)$：IF 温度偏高 and 电压纹波偏大，THEN 健康状态是 {（健康，0.0），（一般，0.3），（恶劣，0.7）}。

规则中包含温度和电压纹波两个先行属性，温度属性参考值是"偏高"，电压纹波的属性参考值是"偏大"。健康状态的参考结果有 3 个，即"健康""一般""恶劣"。{（健康，0.0），（一般，0.3），（恶劣，0.7）}意味着在该部件温度偏高且电压纹波偏大的情况下，专家认为该部件处于恶劣状态的信心是 0.7，处于一般状态的信心是 0.3，处于健康状态的信心是 0。

6.1.2　置信规则的输入

在装备健康状态评估中，往往包含两类信息：定性信息和定量信息。定性信息一般来自专家的主观判断和表达，如部件工作温度过高。定量信息一般来自测量，如通过温度传感器测出部件的工作温度为 80℃。这两类信息即评估健康状态的输入，而采用的模型是置信规则，意味着这两类信息也是置信规则的输入，因此，应采用模糊理论的方法。

在经典的集合理论中，一个元素是否属于某个集合，只有真和假两种情况。这正如传统本体中，一个实例是否属于某个类，只有真和假两种情况。而模糊理论是用一个值域在 [0,1] 范围的隶属度表示一个元素属于某个集合的程度。

设论域 U 是议题限定范围内的一个普通非空集合，x 是论域 U 的一个元素，即 $x \in U$。f 是广义特征函数，定义为 [0,1] 上的值函数，简化为 $f:U \to [0,1]$。

对于论域 U 上的一个模糊集合 A，$f(x,A)$ 为 U 到 [0,1] 的一个映射，代表 x 对集合 A 的隶属度。$f(x,A)$ 称为隶属函数。

温度过高这种表达是一种模糊的判断，根据模糊理论，可以用一个 [0,1] 的模糊值将温度状况映射到温度"高"，表达方式为

$$f(温度, 偏高)=0.8 \tag{6.3}$$

式中：0.8 是一个模糊值或隶属度，表示温度隶属于高的可信度是 0.8。

式（6.3）也可换一种方式表达，即

$$温度 = (偏高, 0.8) \tag{6.4}$$

对于测量的定量信息，由模糊集合的定义可知，可以通过隶属函数将定量信息映射成模糊表达方式。对于温度，定义一个"High"的隶属度函数，如图 6-1 所示。

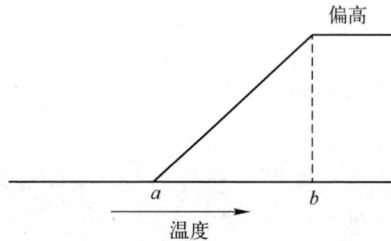

图 6-1　温度隶属函数示例

在图 6-1 中，假设 $a=0℃$，$b=100℃$，如果测量得到的温度为 80℃，此时的测量值即可映射成式（6.1）的表达方式。

对于同一个属性，一般会定义多种模糊判断（在置信规则中称为属性参考值）。例如，对于上述温度，可能存在"偏低""正常""偏高"等多个模糊判断。因此，对于同一参数，一般会有多个隶属函数，如图 6-2 所示。

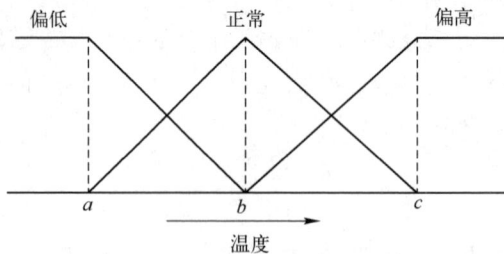

图 6-2　同一参数的多个隶属函数

在图 6-2 中，假设 $a=0℃$，$b=50℃$，$c=100℃$，如果测量得到的温度为 80℃，则测量的温度可模糊表达为

$$温度=\{(偏低, 0.0), (正常, 0.4), (偏高, 0.6)\} \tag{6.5}$$

6.1.3　基于 ER 算法的置信规则推理

针对置信规则库，杨剑波教授提出了一种基于证据推理（Evidence Reasoning，ER）算法的置信规则推理方法。由于置信规则的输入不是确定的事实，而是属性的模糊断言，因此在实施推理时，往往有多条规则被激活。例如，当输入的是某部件的温度，输入的模糊断言为{（偏低，0.0），（正常，0.4），（偏高，0.6）}时，出现温度"正常"和"偏高"的规则都将被激活。因此，推理算法需要组合这些规则，从而得到最后的结论。在进行推理时，首先计算被激活规则的规则权重，然后进行概率分配，最后利用 ER 算法对被激活规则进行组合。

1.　计算激活规则权重

对于第 k 条被激活的规则，其第 i 个属性 p_{ik} 的参考值构成的集合可表示为 $PV_{ik} = \{pv_{ik}^1, pv_{ik}^2, \cdots, pv_{ik}^n\}$，对每个参考值分配一个模糊值（匹配度）之后可表示为 $(PV_{ik}, FV_{ik}) = \{(pv_{ik}^1, fv_{ik}^1), (pv_{ik}^2, fv_{ik}^2), \cdots, (pv_{ik}^n, fv_{ik}^n)\}$，该规则被激活的权重 ω_k 为

$$\omega_k = \frac{\theta_k \prod_{i=1}^{T_k} (fv_{ik}^j)^{\overline{\delta_i}}}{\sum_{l=1}^{L} \left[\theta_l \prod_{i=1}^{T_l} (fv_{il}^j)^{\overline{\delta_i}} \right]}, \quad \overline{\delta_i} = \frac{\delta_i}{\max_{i=1,2,\cdots,T_k} \{\delta_i\}} \tag{6.6}$$

式中：θ_k 为第 k 条规则的权重；δ_i 为第 i 个模糊属性的权重；T_k 为第 k 条规则模糊属性的总个数；L 为被激活的规则的总数。

2.　概率分配

证据理论针对识别框架中的每个假设都分配一个概率，这个过程称为基本概率分配（Basic Probability Assignment，BPA）。对于第 k 条被激活的规则，需要将其结论的置信度 $\overline{\beta}_{j,k}$ 转换成基本概率分配 $m_{j,k}$，其转化规则为

$$\begin{cases} m_{j,k} = w_k \beta_{j,k}, \ j = 1, \cdots, N \\ m_{D,k} = 1 - \sum_{j=1}^{N} m_{j,k} = 1 - w_k \sum_{j=1}^{N} \beta_{j,k} \\ \overline{m}_{D,k} = 1 - w_k \\ \widetilde{m}_{D,k} = w_k \left(1 - \sum_{j=1}^{N} \beta_{j,k} \right) \end{cases} \tag{6.7}$$

式中：$m_{D,k}$ 为分配给结果集 D 的但却未分配给集合 D 任何成员的概率，这部分概率被分为两部分，分别是 $\overline{m}_{D,k}$ 和 $\widetilde{m}_{D,k}$。$\overline{m}_{D,k}$ 是由于第 k 条规则的部分被激活引起的，即第 k 条规则的激活权重小于 1，因此分配给该条规则结论集合的概率 $w_k \sum\limits_{j=1}^{N} \beta_{j,k} < 1$；$\widetilde{m}_{D,k}$ 是由于专家知识的不完备性导致的，满足 $\sum\limits_{i=1}^{N} \overline{\beta}_{i,k} < 1$。

3. 规则组合

在完成每条激活规则结论的概率分配后，最后对这些规则进行组合，计算得到结论 D_j 的置信度。规则组合采用 ER 迭代算法。假设 $m_{j,I(k)}$ 代表对前 k 条规则进行 ER 迭代后，得到 D_j 的组合置信度，而 $m_{D,I(k)}$ 是未分配给任何结论的剩余置信度，注意：$m_{D,I(k)} + \sum\limits_{j=1}^{N} m_{j,I(k)} = 1$。

令 $m_{j,I(1)} = m_{j,1}$ 且 $m_{D,I(1)} = m_{D,1}$，对于结果 D_j，计算总体置信度的迭代公式为

$$
\begin{cases}
m_{j,I(k+1)} = K_{I(k+1)}[m_{j,I(k)}m_{j,k+1} + m_{j,I(k)} \times m_{D,k+1} + m_{D,I(k)}m_{j,k+1}] \\[2mm]
\tilde{m}_{D,I(k+1)} = K_{I(k+1)}[\tilde{m}_{D,I(k)}\tilde{m}_{D,k+1} + \tilde{m}_{D,I(k)} \times \overline{m}_{D,k+1} + \overline{m}_{D,I(k)}\tilde{m}_{D,k+1}] \\[2mm]
\overline{m}_{D,I(k+1)} = K_{I(k+1)}\left[\overline{m}_{D,I(k)}\overline{m}_{D,k+1}\right] \\[2mm]
K_{I(k+1)} = \left[1 - \sum\limits_{j=1}^{N}\sum\limits_{t=1}^{N} m_{j,I(k)}m_{t,k+1}\right]^{-1}, \quad k = 1, \cdots, L-1 \\[4mm]
\beta_j = \dfrac{m_{j,I(L)}}{1 - \overline{m}_{D,I(L)}}, \quad j = 1, \cdots, N \\[4mm]
\beta_D = \dfrac{\tilde{m}_{D,I(L)}}{1 - \overline{m}_{D,I(L)}}
\end{cases}
\tag{6.8}
$$

基于 ER 迭代算法，可推导出计算置信度 $\hat{\beta}_j$ 的解析表达式为

$$
\beta_j = \frac{\mu * \left[\prod\limits_{k=1}^{L}\left(\omega_k\beta_{j,k} + 1 - \omega_k\sum\limits_{i=1}^{N}\beta_{i,k}\right) - \prod\limits_{k=1}^{L}\left(1 - \omega_k\sum\limits_{i=1}^{N}\beta_{i,k}\right)\right]}{1 - \mu * \left[\prod\limits_{k=1}^{L}(1 - \omega_k)\right]}, \quad j = 1, 2, \cdots, N
\tag{6.9}
$$

$$
\mu = \left[\sum\limits_{j=1}^{N}\prod\limits_{k=1}^{L}\left(\omega_k\beta_{j,k} + 1 - \omega_k\sum\limits_{i=1}^{N}\beta_{i,k}\right) - (N-1)\prod\limits_{k=1}^{L}\left(1 - \omega_k\sum\limits_{i=1}^{N}\beta_{i,k}\right)\right]^{-1}
\tag{6.10}
$$

6.2　知识训练

6.2.1　知识训练问题描述

由于专家在编辑知识时完全依赖经验积累，可能带有主观偏好，因而知识可能存在不准确的情况，这必然导致推理输出的结论不准确。为了克服这种现象，对知识训练进行研究；为了处理健康状态评估中的不确定性因素，采用置信规则和输入的模糊化处理。模糊化处理中的模糊值分配逻辑和置信规则中的置信度均由专家凭借经验给出，这些知识参数均可通过训练的方法进行调整，使推理输出更加准确。

知识训练的基本思想如图 6-3 所示。

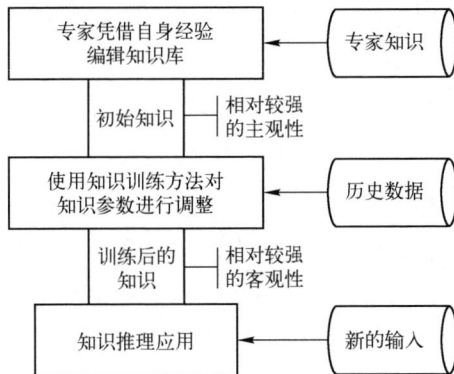

图 6-3　知识训练的基本思想

首先，专家凭借自身经验对知识库进行编辑，获得初始知识，此时的知识具有相对较强的主观性；其次，利用历史数据，结合知识训练方法，对知识参数进行调整，获得训练后的知识，此时的知识具有相对较强的客观性；最后，将训练后的知识应用到知识推理中，使应用输出更加可靠。

目前已经有大量的文献对置信规则的参数训练问题进行研究，模糊本体的参数训练方法和置信规则的参数训练方法是一致的，在本章统称为知识训练。

传统的知识训练方法将知识训练视为优化问题，优化的目标是寻找最优的参数使推理结果和期望结果之间的偏差最小化。以基于最小均方误差（Minimal

Mean Square Error，MMSE）的知识参数训练方法为例，基于 MMSE 的知识参数训练方法的基本框架如图 6-4 所示。

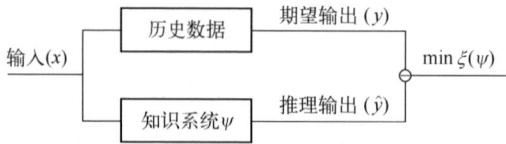

图 6-4　基于 MMSE 的知识参数训练方法的基本框架

图 6-4 中，x 为给定的输入；y 为历史数据中与 x 相对应的实际输出值；$\hat{y}$ 为知识系统推理输出值；ψ 表示知识系统中可调整的参数；$\xi(\psi)$ 表示知识系统推理输出 $\hat{y}$ 与 y 之间的误差。

对 $\xi(\psi)$ 的定义有多种，包括均方误差（Mean Square Error，MSE）、平均绝对误差（Mean Absolute Error，MAE）、均方根误差（Root Mean Square Error，RMSE）等。使用不同的误差定义，训练效果会有所差异，但差异不大。下面以 MSE 为例，对传统的训练方法进行阐述。

MSE 的定义如下

$$\xi(\psi) = \frac{1}{n}(\hat{y} - y)^2 \tag{6.11}$$

训练目标就是通过寻找最优参数 ψ 使 $\xi(\psi)$ 最小。由于 $\xi(\psi)$ 由 MSE 定义，因此，本方法称为 MMSE 训练方法。

MMSE 训练方法可以形式化地表达为一个最优化模型

$$\text{s.t.} \begin{cases} \min\ \ \xi(\psi) \\ A(\psi) = 0 \\ B(\psi) > 0 \end{cases} \tag{6.12}$$

式中：$A(\psi)$ 为等式约束；$B(\psi)$ 为不等式约束。

将知识训练转换成最优化问题后，就可以使用各类寻优算法对参数进行调整了。

上述方法存在的一个最大问题是过拟合的风险非常高。过拟合是由训练机制导致的：知识参数的调整是根据训练数据集进行的，但是训练后的知识需要被用于推理新的数据集。过度追求与训练数据进行完美的拟合，很可能导致预测效果很差。训练后的知识推理得到的结果和训练数据集之间的误差称为训练误差，训练后的知识推理得到的结果和新的数据集之间的误差称为预测误差。

过拟合示意图如图 6-5 所示。

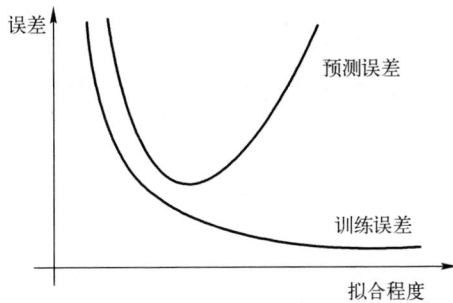

图 6-5　过拟合示意图

随着拟合程度的增加，训练误差和预测误差会逐渐减小，但是当拟合程度达到一定水平时，验证集上的训练误差会迅速增大。

造成过拟合问题的原因主要包括两个方面。一方面，从模型的角度看，当模型过于复杂时，模型对训练数据十分敏感，很容易受训练数据中的噪声和无用信息影响。另一方面，从数据的角度看，当训练数据集不完整、缺乏代表性样本时，或者数据集拥有较大的噪声时，容易造成过拟合问题。由于装备系统的复杂性，收集到不同健康状态下各类完整的数据是十分困难的，因此，训练数据往往是不完整的，无法很好地反映所有情况。在这种情况下，训练很容易产生过拟合问题。本章将专家知识引入装备健康状态评估中，目的之一就是利用专家知识弥补数据不足的缺陷。但是优化算法追求和不完整的训练数据集之间的误差最小，就很可能导致预测误差非常大，甚至有时训练后的知识推理产生的预测误差比专家给出的初始知识推理产生的预测误差还要大，这样的参数调整是毫无意义的。因此，在对置信规则的参数进行调整时，需要在专家知识和训练之间找到一个平衡点，让专家知识仍然占主导地位，训练仅仅是对参数进行微调，以使推理更加准确。

因此，本书提出基于 MCMC 的知识参数调整方法。MCMC 本质上是一种贝叶斯估计方法，和传统的基于优化算法的置信规则训练方法不同，基于 MCMC 的方法是估计置信规则参数的后验分布，而不是寻求最优参数值。因此，MCMC 允许考虑置信规则参数的各种可能性来实施推理，从而使过拟合的风险降到最低。

1.　知识训练参数

在装备健康状态评估过程中，首先对输入进行模糊化处理。例如，某部件的一个参数值偏大，然后给这个断言分配一个模糊值 0.8，可简单描述为"（偏大，0.8)"。为了对测量值进行模糊化处理，定义模糊值的分配逻辑，即隶属函数。例如，采用右肩隶属函数定义参数"偏大"的数据类型，如图 6-6 所示。

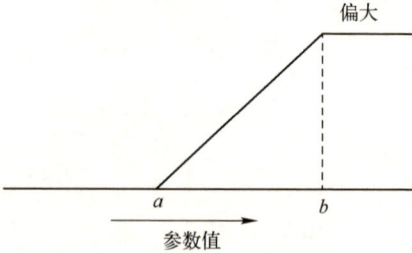

图 6-6　右肩隶属函数实例

对于同一个属性，一般会定义多种模糊断言。例如，对于参数偏移，一般会定义"正常""偏小""偏大"等多个模糊断言。因此，对于同一参数，一般会有多个隶属函数，如图 6-7 所示。

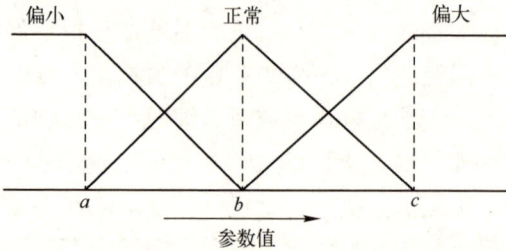

图 6-7　同一参数的多个隶属函数

图 6-7 中，a、b、c 为隶属函数的参数，均由专家根据主观判断给出，可以通过训练进行修改。对于同一属性 P_i，隶属函数的第 h 个参数记为 $M_{i,h}(h=1,\cdots,H)$，H 为所有隶属函数的参数累计个数。不失一般性，假设 $M_{i,h}<M_{i,h+1}$，在训练过程中参数的调整需要满足该关系，否则会造成隶属函数逻辑混乱。

模糊本体中的所有参数记为 $\psi_1=\{M_{i,h}(i=1,\cdots,T,\ h=1,\cdots,H)\}$，$T$ 为规则中属性的数目。

对于对象置信规则，专家根据自身经验知识，为每条置信规则的结论部分分配结果置信度 $\beta_{j,k}(j=1,\cdots,N,\ k=1,\cdots,L)$，$N$ 为结果参考值的个数，L 为规则库中规则的总数目。对于成百上千条规则，给出准确的结果置信度是十分困难的。因此，在存在训练数据的情况下，结果置信度可通过训练的方法进行调

整。对象置信规则中的参数记为

$$\psi_2 = \{\beta_{j,k}(j=1,\cdots,N,\ k=1,\cdots,L)\} \tag{6.13}$$

综上所述，可调整的知识训练参数可记为

$$\psi = \{\psi_1, \psi_2\} \tag{6.14}$$

2. 效用度

由于知识推理的结论是给不同结果分配置信度，不便于评价结论的好坏。为了对推理结果进行评价，引入效用度 $u(D_j)$ 的概念。$u(D_j)$ 表示结论里面对象属性的值是 D_j 的效用度或评分。效用度可根据比例计算得到，也可以由专家集体打分给出。不失一般性，假设得分最低的属性参考值是 D_1，得分最高的属性参考值是 D_N，存在如下关系

$$u(D_i) < u(D_j),\text{如果 } i < j,\text{尽管 } i,j=1,\cdots,N \tag{6.15}$$

引入效用度 $u(D_j)$ 后，置信规则推理的输出可以进一步转换为

$$\hat{y} = \sum_{j=1}^{N} u(D_j)\hat{\beta}_j \tag{6.16}$$

对于一个输入 x_m，假设期望输出是 y_m，而置信规则推理输出是 $\hat{y}_m$，二者之间的偏差可表示为

$$\xi(\psi) = |\hat{y}_m - y_m| \tag{6.17}$$

知识训练的目的就是利用历史数据，对参数进行调整，以减小两者之间的偏差。

3. 参数调整约束

在知识训练过程中，参数的调整必须满足以下约束

（1）不破坏隶属函数的原有逻辑结构，即满足

$$M_{i,h} < M_{i,h+1},\ i=1,\cdots,T,\ h=1,\cdots,H \tag{6.18}$$

（2）置信度在 0 到 1 之间，即

$$0 \leqslant \beta_{j,k} \leqslant 1,\ j=1,\cdots,N, k=1,\cdots,L \tag{6.19}$$

（3）如果第 k 条规则的知识是完备的，那么所有结果置信度的和为 1，即

$$\sum_{j=1}^{N} \beta_{j,k} = 1 \tag{6.20}$$

6.2.2　基于 MCMC 的知识训练方法

为了解决传统的优化算法导致过拟合的问题，采用贝叶斯估计方法对知识参数进行调整。由贝叶斯估计的原理可知，知识训练过程实质上是根据参数的先验分布和历史数据估计参数后验分布的过程。对于一般线性系统，参数的后验分布可以通过解析的方法直接计算出来。然而，由知识推理过程可知，知识系统是一个强非线性系统，参数的后验分布是无法通过解析的方法估计出来的。因此，采用 MCMC 采样的方法对参数的后验分布进行估计。

1. MCMC 采样

由马尔可夫链的收敛性质可知，一个非周期马尔可夫链，其状态转移矩阵为 $\boldsymbol{P}$，并且它的任何两个状态都是联通的，那么它会收敛到一个稳定的分布 π，即

$$\boldsymbol{P}\pi = \pi \tag{6.21}$$

假设 $\boldsymbol{v} = (v_1, v_2, \cdots, v_m)$ 是一个 m 维向量，概率密度函数为 $p(v)$，希望通过 MCMC 采样估计其概率分布。这实际上就是要找到一个转移矩阵 $\boldsymbol{P}$，使 $\pi = p(v)$，通过 n 轮马尔可夫转移采样后，得到的采样分布可以用来估计 $p(v)$。

当非周期马尔可夫链的状态转移矩阵 $\boldsymbol{P}$ 和概率分布 $p(v)$ 对于所有 i, j 满足细致平稳条件时，即

$$p(v^{(i)})\boldsymbol{P}(v^{(j)} \mid v^{(i)}) = p(v^{(j)})\boldsymbol{P}(v^{(i)} \mid v^{(j)}) \tag{6.22}$$

则有

$$p(v)\boldsymbol{P} = p(v) \tag{6.23}$$

引入一个提议状态转移分布 q 及一个接受概率 $\mathcal{A}$，满足以下关系

$$\begin{cases} \mathcal{A}(v^{(i)}, v^{(j)}) = p(v^{(j)})q(v^{(i)} \mid v^{(j)}) \\ \mathcal{A}(v^{(j)}, v^{(i)}) = p(v^{(i)})q(v^{(j)} \mid v^{(i)}) \end{cases} \tag{6.24}$$

令

$$\begin{cases} \boldsymbol{P}(v^{(i)} \mid v^{(j)}) = q(v^{(i)} \mid v^{(j)})\mathcal{A}(v^{(i)}, v^{(j)}) \\ \boldsymbol{P}(v^{(j)} \mid v^{(i)}) = q(v^{(j)} \mid v^{(i)})\mathcal{A}(v^{(j)}, v^{(i)}) \end{cases} \tag{6.25}$$

由此，得到目标转移矩阵 $\boldsymbol{P}$，即提议转移概率 q 于接受概率 $\mathcal{A}$ 之间的乘积。接受概率 $\mathcal{A}$ 取值在 [0,1] 之间，是一个概率值。提议转移概率 q 可以是一个常用分布。因此，目标转移矩阵 $\boldsymbol{P}$ 由一个常用分布 q 进行采样后通过一定的接收—拒绝概率得到。

MCMC 采样算法如算法 6.1 所示，N_s 为采样点的数目，$U_{[0,1]}$ 为[0,1]之间的均匀分布。

算法 6.1　MCMC 采样算法

初始化 $v^{(0)}$

For $i=0$ to N_s-1 do

采样 $u \sim U_{[0,1]}$　采样 $v^* \sim q(v^* | v^{(i)})$

If $u < \mathcal{A}(v^{(i)}, v^*) = p(v^*)q(v^* | v^{(i)})$

接受转移：$v^{(i+1)} = v^*$

Else then

拒绝转移：$v^{(i+1)} = v^{(i)}$

End If

End For

---

2. Metropolis-Hastings 算法

上述 MCMC 采样算法存在一个问题，即接受概率 $\mathcal{A}(v^{(i)}, v^*)$ 过小，会导致转移拒绝率很高，从而使采样效率很低。Metropolis-Hastings 算法对接受概率的计算进行了改进

$$\mathcal{A}(v^{(i)}, v^*) = \min\left\{1, \frac{p(v^*)q(v^{(i)} | v^*)}{p(v^{(i)})q(v^* | v^{(i)})}\right\} \tag{6.26}$$

采用高斯分布作为提议转移概率，由于高斯分布具有对称性，则有

$$q(x^* | x^{(i)}) = q(x^{(i)} | x^*) \tag{6.27}$$

式（6.26）可简化为

$$\mathcal{A}(v^{(i)}, v^*) = \min\left\{1, \frac{p(v^*)}{p(v^{(i)})}\right\} \tag{6.28}$$

Metropolis-Hastings 算法如算法 6.2 所示。

算法 6.2　Metropolis-Hastings 算法

初始化 $v^{(0)}$

For $i=0$ to N_s-1 do

采样 $u \sim U_{[0,1]}$

$$采样\ v^* \sim q(v^* \mid v^{(i)})$$

$$\text{If }\ u < \mathcal{A}(v^{(i)}, v^*) = \min\left\{1, \frac{p(v^*)}{p(v^{(i)})}\right\}\ \text{then}$$

接受转移： $v^{(i+1)} = v^*$

Else

  拒绝转移： $v^{(i+1)} = v^{(i)}$

End If

  End For

3. 基于 Metropolis-Hastings 算法估计知识参数后验概率

根据贝叶斯的观点，训练置信规则参数的任务是在给定一组训练数据 $(x, y) = \{(x(1), y(1)), (x(2), y(2)), \cdots, (x(t), y(t))\}$ 的情况下，估计参数向量 $\boldsymbol{\psi}$ 的后验分布 $p(\boldsymbol{\psi} \mid x, y)$。假设输入 $\{x(1), x(2), \cdots, x(t)\}$ 是独立的，输出 $\{y(1), y(2), \cdots, y(t)\}$ 也是独立的，因此有

$$p(y(1), \cdots, y(t) \mid \boldsymbol{\psi}, x(1), \cdots, x(t)) = \prod_{\tau=1}^{t} p(y(\tau) \mid \boldsymbol{\psi}, x(\tau)) \tag{6.29}$$

根据贝叶斯原理，在给定数据对 (x, y) 的情况下，参数向量 $\boldsymbol{\psi}$ 的后验分布为

$$p(\boldsymbol{\psi} \mid x, y) \propto p(\boldsymbol{\psi}) p(y \mid \boldsymbol{\psi}, x) = p(\boldsymbol{\psi}) \prod_{\tau=1}^{t} p(y(\tau) \mid \boldsymbol{\psi}, x(\tau)) \tag{6.30}$$

式中： $p(\boldsymbol{\psi})$ 是参数模型 $\boldsymbol{\psi}$ 的先验分布。

将 $p(v) = p(\boldsymbol{\psi} \mid x, y)$ 代入式（6.28），得到接受概率为

$$\mathcal{A}(\boldsymbol{\psi}^{(i)} \mid (x, y), \boldsymbol{\psi}^* \mid (x, y)) = \min\left\{1, \frac{p(\boldsymbol{\psi}^*) \displaystyle\prod_{\tau=1}^{t} p(y(\tau) \mid \boldsymbol{\psi}^*, x(\tau))}{p(\boldsymbol{\psi}^{(i)}) \displaystyle\prod_{\tau=1}^{t} p(y(\tau) \mid \boldsymbol{\psi}^{(i)}, x(\tau))}\right\} \tag{6.31}$$

当采用 MCMC 算法进行采样时，处理约束条件的一个简单方法是剔除偏离约束条件的样本，然后重新采样，直到满足约束条件为止。

基于 Metropolis-Hastings 的置信规则参数调整方法如算法 6.3 所示。

算法 6.3　基于 Metropolis-Hastings 的置信规则参数调整算法

初始化 $\boldsymbol{\psi}^{(0)}$，参数先验分布 $p(\boldsymbol{\psi})$，以及观测概率分布 $p(y(\tau) \mid \boldsymbol{\psi})$

  For $i = 0$ to $N_s - 1$ do

采样 $u \sim U_{[0,1]}$

While 1 do

采样 $\boldsymbol{\psi}^* \sim q(\boldsymbol{\psi}^* | \boldsymbol{\psi}^{(i)})$

 If $\boldsymbol{\psi}^*$ 满足约束，then

  Break

 End If

End While

If $u < \mathcal{A}(\boldsymbol{\psi}^{(i)} | (x,y), \boldsymbol{\psi}^* | (x,y)) = \min \left\{ 1, \dfrac{p(\boldsymbol{\psi}^*) \prod\limits_{\tau=1}^{t} p(y(\tau) | \boldsymbol{\psi}^*, x(\tau))}{p(\boldsymbol{\psi}^{(i)}) \prod\limits_{\tau=1}^{t} p(y(\tau) | \boldsymbol{\psi}^{(i)}, x(\tau))} \right\}$ then

接受转移：$\boldsymbol{\psi}^{(i+1)} = \boldsymbol{\psi}^*$

Else

拒绝转移：$\boldsymbol{\psi}^{(i+1)} = \boldsymbol{\psi}^{(i)}$

End If

 End For

通过算法 6.3 可以得到知识参数后验概率的采样样本，样本个数为 N_s。基于参数样本，可估算出训练后的知识参数的期望值 $\mathbb{E}_{p(\boldsymbol{\psi}|x,y)}[\boldsymbol{\psi}]$ 为

$$\mathbb{E}_{p(\boldsymbol{\psi}|x,y)}[\boldsymbol{\psi}] = \int \boldsymbol{\psi} \cdot P(\boldsymbol{\psi} | x, y)$$

$$\approx \frac{1}{N_s} \sum_{i=1}^{N_s} \boldsymbol{\psi} \cdot \delta(\boldsymbol{\psi} - \boldsymbol{\psi}^i) \tag{6.32}$$

$$= \frac{1}{N_s} \sum_{i=1}^{N_s} \boldsymbol{\psi}^i \equiv \hat{\boldsymbol{\psi}}$$

6.3　基于置信规则与知识训练的健康状态评估

6.3.1　实例背景

以×型机载导弹陀螺的健康状态评估为例，对所提出的方法的应用进行阐

述，并对其有效性进行验证。陀螺是该型机载导弹导引系统的一个关键部件，由陀螺转子、电机和万向支架等构成。在没有进动力矩时，利用其定轴性维持光学系统在空间做定轴运动，避免导弹在飞向目标过程中产生的振动影响导引头的正常工作；在有进动力矩时，利用其进动性实现对目标的跟踪，保证光轴始终向目标方向转动。因此，陀螺的性能对于该型机载导弹是否能正常工作至关重要。

根据专家经验，随着导弹通电时间的增加，陀螺耗电量会逐渐增大。但是导弹携带的热电池电量十分有限，如果陀螺耗电过多，会导致导弹在制导过程中无法正常跟踪目标。陀螺耗电量的增大是导致导弹寿命衰减的一个重要原因。因此，陀螺耗电量可作为衡量陀螺健康状态的关键参数。然而，在导弹测试过程中，陀螺的耗电量是无法被直接测量到的，需要通过其他参数来间接估计。

在导弹测试过程中，与陀螺有关的参数包括陀螺频率和陀螺转速降。陀螺频率是指导引头交流电上电后，陀螺稳定下来时的工作频率；陀螺转速降是指导弹交流供电断电后，等待规定的时间对陀螺频率进行测量，计算断电前后的频率差。这两个参数将作为陀螺健康状态评估的输入。陀螺转速降可间接地反映陀螺的阻尼，一般情况下，陀螺阻尼越大，其转速降就会越大；反之，陀螺阻尼越小，其转速降就会越小。而随着导弹通电时间的增加，陀螺阻尼会逐渐增大，这是造成陀螺耗电量逐渐增大的主要原因。因此，陀螺转速降是陀螺健康状态评估的一个关键因素。陀螺频率对陀螺的健康状态评估的影响包括两个方面：一方面，陀螺频率对陀螺转速降有影响，陀螺工作频率偏高时会导致转速降也偏高；反之，陀螺工作频率偏低时会导致转速降也偏低。换言之，在陀螺频率发生偏移时，陀螺转速降不能准确地反映出陀螺阻尼。另一方面，陀螺频率的偏移对耗电量会产生影响，当陀螺频率偏高时，会导致耗电量也偏高。

当对该型导弹的陀螺进行健康状态评估时，因为其最相关的参数（耗电量）无法被直接观测，所以将陀螺频率和陀螺转速降作为输入进行间接评估。但是陀螺健康状态与陀螺频率和陀螺转速降之间存在着复杂的非线性关系，很难建立起精确的物理模型。因此，将包括模糊本体与对象置信规则的专家知识应用到该问题上，从而实现健康状态评估的目的。但是正如前文所述，由于模糊本体中的模糊数据类型和对象置信规则中的置信度等参数都是由专家凭借主观经验给出的，很难做到十分准确。如果存在历史数据，则可以基于本体提出的MCMC训练算法对参数进行调整，使推理结果更加准确。此例中，虽然导弹无法测量耗电量，但是在训练弹中，陀螺的供电电流可以监测。对于该型导弹而言，其训练弹导引头内所有部件与真弹基本一致。因此，可以利用训练弹的耗电量作为训练数据，对专家知识进行优化调整，然后再将专家知识用到真弹陀螺的健康状态评估上。通过收集已经到寿的机载导弹的测试数据，陀螺转速降、陀螺频率和陀螺耗电量随着测试次数增加的变化趋势如图 6-8 所示。

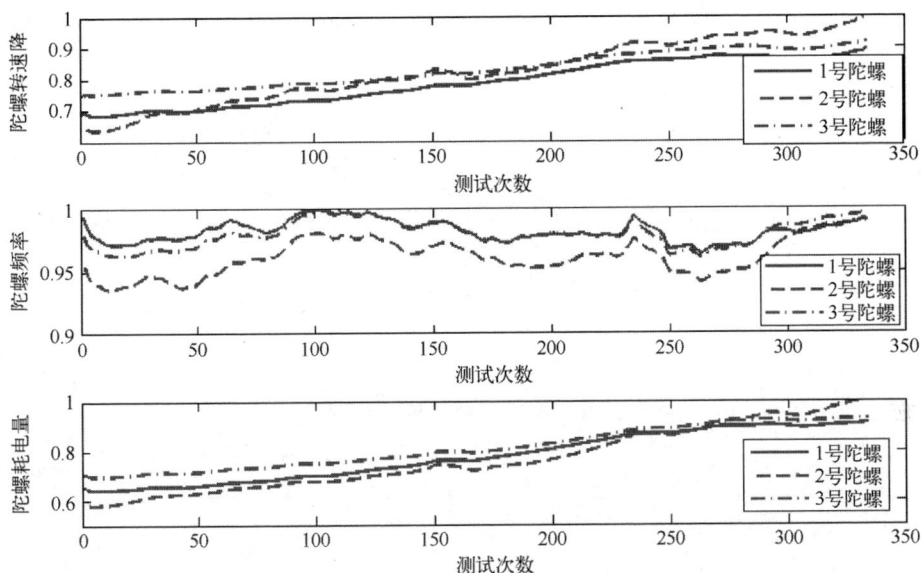

图 6-8　陀螺转速降、陀螺频率及陀螺耗电量随着测试次数增加的变化趋势

由图 6-8 可以看出，随着测试次数的增加，陀螺转速降逐渐增大，陀螺频率有一定的波动，但没有明显的变化趋势。陀螺耗电量随着测试次数的增加也在逐渐增大，和陀螺转速降的趋势基本一致，但是陀螺频率对陀螺耗电量有影响。前期 2 号陀螺的陀螺频率相对其他两个陀螺频率偏低，因此耗电量也偏低。

6.3.2　数值量模糊化处理

以陀螺频率 p^w 和陀螺转速降 $p^{\Delta w}$ 为输入，即 $x=\{p^w,p^{\Delta w}\}$，对陀螺 M_G 的健康状态 $H(M_G)$ 进行评估。由前文可知，一个模块的健康状态实际上是由相关参数的偏移反映出来的，此例中陀螺的健康状态 $H(M_G)$ 则是通过陀螺频率的偏移 dp^w 和转速降的偏移 $dp^{\Delta w}$ 反映出来的。为了使用专家知识，需要对参数偏移进行模糊化处理，处理的依据是专家定义的模糊数据类型。

对于陀螺频率的偏移，定义一个语义参考值集合，即

$$R(w)=\{偏小，正常，偏大\} \tag{6.33}$$

对于转速降的偏移，定义一个语义参考值集合，即

$$R(\Delta w) = \{正常，偏大，非常大\} \qquad (6.34)$$

专家对陀螺频率的偏移 dp^w 和转速降的偏移 $dp^{\Delta w}$ 定义的模糊数据类型，转换成模糊逻辑后，如图 6-9 所示。其中，$a_{\Delta w} = 0.83 C_{\Delta w}$，$b_{\Delta w} = 0.92 C_{\Delta w}$，$c_{\Delta w} = 1.0 C_{\Delta w}$，$C_{\Delta w}$ 为变换比例，$\psi_1 = \{a_w, b_w, c_w, a_{\Delta w}, b_{\Delta w}, c_{\Delta w}\}$ 均由专家根据经验给出，是可调整的参数。

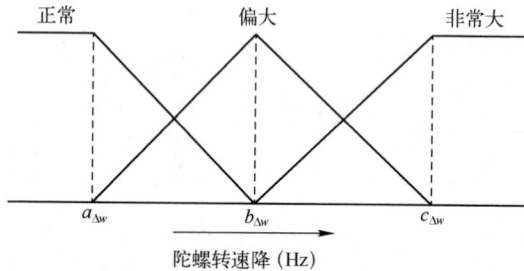

图 6-9 陀螺频率隶属函数

6.3.3 健康状态评分

对于陀螺的健康状态 $H(M_G)$，定义一个语义参考值集合，即

$$R(H) = \{健康，一般，恶劣，失效\} \qquad (6.35)$$

对象置信规则推理的结论是为健康状态每个参考值分配一个置信度，例如

$$\hat{H}(M_G) = \{(健康, 0.6)，（一般, 0.3)，（恶劣, 0.1)，（失效, 0.0)\} \qquad (6.36)$$

为了对评估结论的好坏进行评价，引入效用度 $u(D_j)$，将置信度结果转换成评分，为每种健康状态分配一个分数，即

$$\{u(健康) = 100，u(一般) = 66.6，u(恶劣) = 33.3，u(失效) = 0\} \qquad (6.37)$$

因此，健康状态评估结果转换成综合评分为

$$\hat{y}(M_G) = 100 \times 0.6 + 66.6 \times 0.3 + 33.3 \times 0.1 + 0.0 \times 0.0 = 83.31 \qquad (6.38)$$

对于陀螺耗电量 p^I，由专家设定一个健康阈值 $v_h = 0.65 C_I$ 和一个失效阈值 $v_f = 0.95 C_I$，其中 C_I 为比例系数。根据陀螺耗电量计算陀螺的健康状态评分为

$$y(M_G) = \begin{cases} 100, & p^I < v_h \\ \dfrac{v_f - p^I}{v_f - v_h} \times 100, & v_h < p^I < v_f \\ 0, & p^I > v_f \end{cases} \qquad (6.39)$$

式（6.39）表示当耗电量小于健康阈值时，陀螺的健康状态评分为 100；当耗电量大于失效阈值时，陀螺的健康状态评分为 0；当耗电量在健康域值和失效阈值之间时，陀螺的健康状态评分与耗电量呈反比例关系。

将陀螺耗电量转化为健康状态评分，如图 6-10 所示。

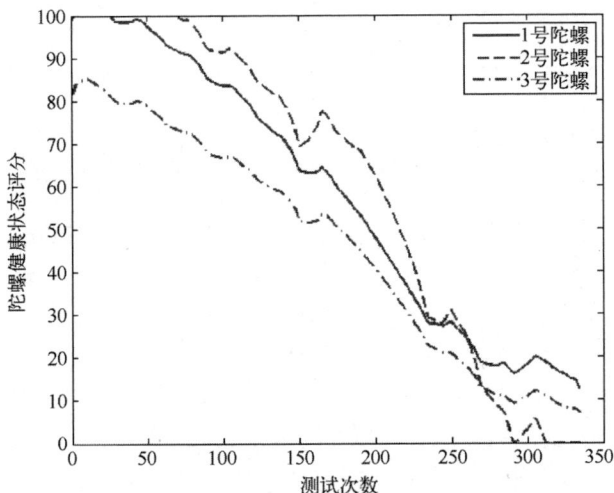

图 6-10　陀螺健康状态评分随测试次数变化的变化

由图 6-10 可以看出，健康状态评分真实地反映了陀螺的健康状态，因此，它将作为衡量知识推理输出好坏的标准。换言之，知识推理输出的健康状态评分应当尽量接近陀螺耗电量转换得到的健康状态评分。

6.3.4　置信规则推理

数值被模糊化处理后，专家可根据自身的经验知识，利用自然语言构建规则库。但是对象置信规则库与普通规则库不一样，专家除了给出规则的结论外，还需要给出结论中每种结果的置信度。一个规则库的规则数目是由规则前件的属性数目及每个属性的参考值个数决定的。例如，在本例中，规则前件有陀螺频率和陀螺转速降两个属性，每个属性都定义了 3 个基于自然语言的参考值。通过组合，就有 $3 \times 3 = 9$ 条规则。专家根据经验知识给这 9 条规则分配结果置信度 $\psi_2 = \{\beta_{jk}, k = 1, \cdots, 9, i = 1, \cdots, 4\}$，$k$ 为规则编号，i 为第 i 个结果。在推理过程中会生成置信矩阵，置信矩阵展示规则的所有置信度。为简化描述，下面仅给出置信矩阵，不给出完整的对象置信规则。

表 6-1 为专家给定的 9 条规则结论部分分配的置信度。第一条规则表示：

如果陀螺转速降是正常的,陀螺频率偏小,那么陀螺的健康状态是{(健康,1.0),(一般,0.0),(恶劣,0.0),(失效,0.0)}。

表 6-1　专家给定的置信规则参数

规则编号	陀螺转速降偏移	陀螺频率偏移	结论（健康状态）			
			健康	一般	恶劣	失效
1	正常	偏小	1.0	0.0	0.0	0.0
2	正常	正常	1.0	0.0	0.0	0.0
3	正常	偏大	0.7	0.2	0.1	0.0
4	偏大	偏小	0.3	0.4	0.3	0.0
5	偏大	正常	0.2	0.4	0.2	0.1
6	偏大	偏大	0.0	0.2	0.4	0.4
7	非常大	偏小	0.0	0.1	0.1	0.8
8	非常大	正常	0.0	0.0	0.0	1.0
9	非常大	偏大	0.0	0.0	0.0	1.0

将模糊化处理后的陀螺转速降偏移与陀螺频率偏移作为规则库的输入,通过 ER 算法可推理出最后的结论。以 3 号陀螺为例,如图 6-11 所示为 3 号陀螺的实际健康状态的评分和专家知识推理输出的评分。

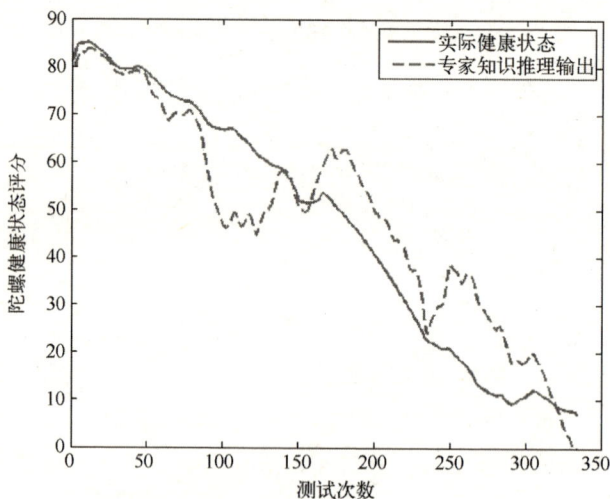

图 6-11　3 号陀螺的实际健康状态的评分和专家知识推理输出的评分

由图 6-11 可以看出,通过专家知识推理输出的健康状态评分基本真实反映了健康状态评分的变化趋势。但是,由于专家知识的不准确性,推理输出的结果和实际健康状态的评分之间还存在着较大的误差。因此,需要借助历史数据对专家知识进行调整,使推理输出更加精确。

6.3.5　知识训练

$\psi = \{\psi_1, \psi_2\}$ 均由专家根据经验给出，可以通过知识训练的方法进行调整，使推理输出更加精确。对于本例，为了对知识进行训练，将以 1 号陀螺、2 号陀螺的陀螺转速降、陀螺频率及健康状态评分等数据作为训练数据集。此外，为验证知识训练的效果，以 3 号陀螺的陀螺转速降、陀螺频率及健康状态评分等数据作为验证数据集。为阐述所提基于 MCMC 的知识训练方法的优越性，同时采用基于 MMSE 的知识训练方法、基于神经网络的健康状态评估方法进行对比。其中，对于 MCMC 采样，设置转移概率服从高斯分布，且 $\psi_{i+1} \sim N(\psi_i, 0.01)$，观测概率服从高斯分布，且 $p(y_i | \psi, x_i) \sim N(y_i^*, 6E-4)$，采样粒子数 $N = 10000$；BP 神经网络参数设置为：2 个隐含层，第 1 个隐含层包含 9 个节点，使用 "logsig" 激活函数；第 2 个隐含层只有 1 个节点，使用 "purelin" 激活函数；训练步长设置为 0.05；训练误差目标为 0.01；最大迭代次数设置为 500。

6.3.6　结果分析

采用基于 MCMC 的方法对知识进行训练后，调整后的模糊逻辑参数如表 6-2 所示。

表 6-2　采用 MCMC 方法调整后的模糊逻辑参数

a_w	b_w	c_w	$a_{\Delta w}$	$b_{\Delta w}$	$c_{\Delta w}$
$0.52C_w$	$0.79C_w$	$1.0C_w$	$0.80C_{\Delta w}$	$0.92C_{\Delta w}$	$1.0C_{\Delta w}$

采用 MCMC 方法调整后的置信规则参数如表 6-3 所示。

表 6-3　采用 MCMC 方法调整后的置信规则参数

规则编号	陀螺转速降偏移	陀螺频率偏移	结论（健康状态）			
			健康	一般	恶劣	失效
1	正常	偏小	1.0	0.0	0.0	0.0
2	正常	正常	1.0	0.0	0.0	0.0
3	正常	偏大	0.773 0	0.131 8	0.095 1	0.0
4	偏大	偏小	0.340 8	0.207 5	0.191 0	0.260 8
5	偏大	正常	0.151 0	0.665 6	0.115 2	0.068 2
6	偏大	偏大	0.337 0	0.036 3	0.068 4	0.558 3
7	非常大	偏小	0.0	0.139 9	0.139 9	0.720 2
8	非常大	正常	0.0	0.0	0.0	1.0
9	非常大	偏大	0.0	0.0	0.0	1.0

采用不同方法得到 3 号陀螺的健康状态评分和输出累积绝对误差分别如图 6-12 和图 6-13 所示。

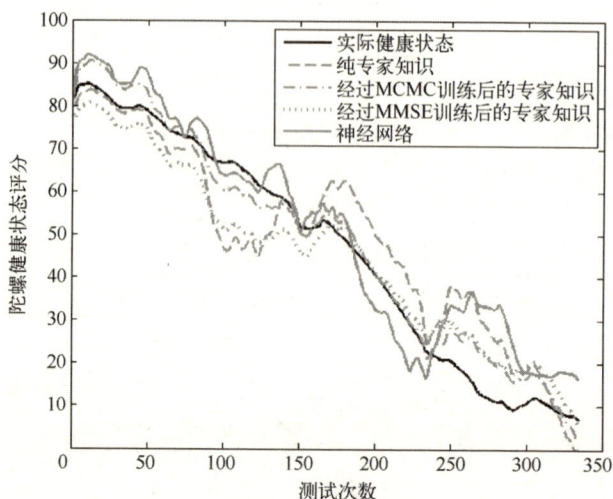

图 6-12　采用不同方法得到的 3 号陀螺的健康状态评分

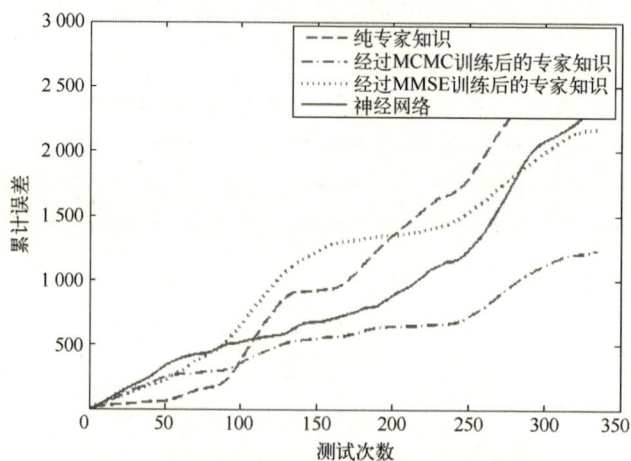

图 6-13　采用不同方法输出累积绝对误差

由图 6-12 和图 6-13 可以看出，经过训练后的专家知识，相比纯专家知识，推理结果与真实的健康状态更加相近。由图 6-13 可以看出，经过 MCMC 训练后的专家知识的累积误差要比经过 MMSE 训练后的专家知识的累积误差小很多，可见经过 MCMC 训练后的专家知识输出的结果更加准确。此外，神经网络的累积误差尽管比纯专家知识的误差小，但比经过 MMSE 训练后的专家知识的累积误差要大。

　　为了更加直观地看出陀螺健康状态评分与陀螺转速降、陀螺频率之间的关系三维图，可参见图 6-14。由图 6-14 可以看出，经过 MCMC 训练后的专家知识明显要比其他方法的输出更加准确。

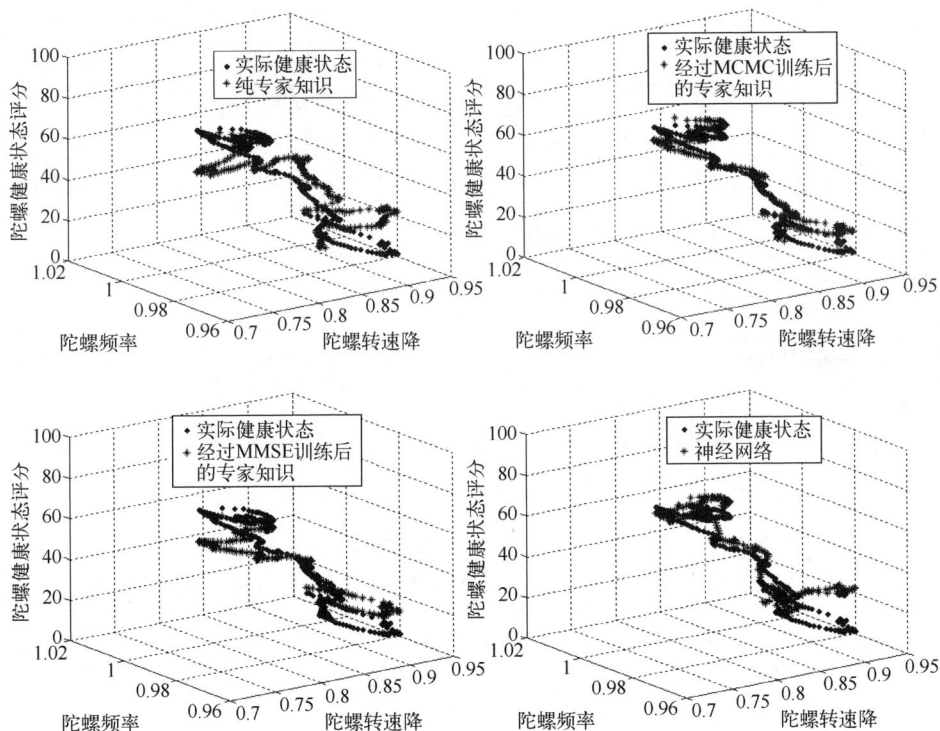

图 6-14　陀螺健康状态评分与陀螺转速降、陀螺频率之间的关系三维图

　　为了分析不同方法的过拟合问题，由上述不同方法产生的训练误差和测试误差及两者之间的差值如表 6-4 所示。误差使用 MSE 表征，因为 1 号陀螺、2 号陀螺的数据为训练数据集，3 号陀螺的数据为测试数据集，因此，训练误差是指以 1 号陀螺、2 号陀螺的数据为基准计算的 MSE，预测误差则是以 3 号陀螺为基准计算的均方误差。过拟合的程度是可以通过训练误差和测试误差之间的差值来衡量，当训练误差很小，但是测试误差很大时，则说明过拟合很严重。

表 6-4　不同方法产生的训练误差和测试误差及两者之间的差值

	纯专家知识	经过 MCMC 训练后的专家知识	经过 MMSE 训练后的专家知识	神经网络
训练误差	—	18.265 3	10.254 5	6.398 7
预测误差	100.025 9	20.582 4	56.955 7	76.501 3
误差差值	—	2.317 1	46.701 2	70.102 6

由表 6-4 中可以看出，神经网络明显发生严重的过拟合问题，训练误差仅为 6.398 7，而测试误差却达到 76.501 3，误差差值达到 70.102 6。除此之外还可以看到，经过 MMSE 训练后的专家知识同样发生较严重的过拟合问题。而经过 MCMC 训练后的专家知识，输出的训练误差是 18.265 3，测试误差是 20.582 4，误差差值仅为 2.317 1。因此，基于 MCMC 的专家知识训练方法可以较好地解决知识训练的过拟合问题。

6.4　本章小结

本章提出了一种基于置信规则推理与知识训练的装备健康状态评估方法，通过对置信规则的表达和推理等环节，实现对装备健康状态评估中不确定性表达和推理，并提出了一种基于 MCMC 的知识训练方法，避免产生过拟合问题，最后以×型机载导弹陀螺健康状态评估为实例，验证了所提方法的有效性。

第 7 章

装备大修质量综合量化决策

· · · · · · · ·

维修质量是指装备经过维护和修理后恢复到规定技术状态的程度，是衡量装备维修工作好坏的重要标准。根据我国制定的国家军用标准《武器装备维修质量评定要求和方法》可知，装备维修质量评价是按照规定的标准和要求，对装备的维修质量进行评定和管理的技术活动。装备维修质量评价适用于中继级和基地级维修质量评价，其中基地级维修质量评价又称大修质量评价。

装备大修质量是直接影响和制约部队实战化训练，装备安全性、可靠性、任务成功性和作战性能发挥的关键因素，当前越来越多的社会建制力量进入装备大修行业，而不同承修单位的修理工艺、设备和管理水平的差异会导致大修质量参差不齐。长期以来，由于缺乏科学的评价手段和方法，以及对全寿命周期数据的综合共享与利用，大修工厂和部队对"大修质量好不好、变化趋势怎么样"等问题无法解决，一定程度上导致对大修价值认识的模糊性、大修任务统筹的粗放性、大修模式决策的经验性。

本章以军用飞机历年大修质量为研究对象，针对军用飞机大修质量综合评价指标体系构建和综合量化决策方法等问题开展研究，能够为推进军用飞机维修质量特别是大修质量的科学评价与决策工作提供方法支撑，为推动军用飞机大修质量稳步提升提供决策依据。

7.1 装备大修质量综合评价指标体系构建

7.1.1 综合评价指标体系构建原则

评价指标体系作为一个有机整体，体系内的各项评价指标之间具有一定的联系，为了更加全面、综合、客观、真实地反映军用飞机大修质量，应在注重评价指标体系普遍适用性的基础上，按照以下基本原则构建军用飞机大修质量综合评价指标体系。

1. 适用性原则

评价指标是针对军用飞机大修质量提出的，能直接反映军用飞机大修质量特点，选取的评价指标应针对使用和维修人员的需求，能直观反映军用飞机大修质量优劣的指标。

2. 全面性原则

影响军用飞机大修质量的因素众多且存在特定关联关系，要对这些复杂因素进行概括并总结提取出最具有代表性的影响因素，尽可能地直接反映军用飞机的大修质量好坏。

3. 可靠性原则

在军用飞机大修质量综合评价指标体系中，对定量指标尽可能采用定量计算，不能定量计算的指标则对其进行定性描述，必须保证评价体系中的指标真实可靠，才能确保得到最优的综合量化决策结果。

4. 独立性原则

选取军用飞机大修质量综合评价指标时要对指标进行平衡与综合，各个评价指标之间必须是相对独立的，能够反映一个方面或多个方面的影响，各个评价指标之间如果出现重叠或覆盖现象则会直接影响军用飞机大修质量综合量化决策结果。

5. 科学性与可操作性相结合原则

评价指标要客观真实地反映军用飞机大修质量综合量化决策的本质特征，

每个评价指标指向清晰，概念清楚，不能相互干扰，否则无法正常开展相关决策工作。在选取指标时，不仅要考虑军用飞机大修实际情况，还要遵循国内外通用指标规范方法和数据处理标准。

7.1.2　综合评价指标体系构建

根据军用飞机大修质量综合评价指标体系构建原则，建立包括目标层、准则层和指标层的多层级的军用飞机大修质量综合评价指标体系，如表 7-1 所示。

表 7-1　军用飞机大修质量综合评价指标体系

目标层	准则层	指标层
军用飞机大修质量 A	大修过程质量 B_1	一次交检合格率 C_1
		更换备件完好率 C_2
		质量缺陷返工率 C_3
	大修可靠性 B_2	责任事故征候千时率 C_4
		较大故障千时率 C_5
		结构裂纹千时率 C_6
		故障率 C_7
	修后总体性能与配套性 B_3	主要性能指标恢复率 C_8
		工具、附件配套齐全率 C_9
		备品、备件配套齐全率 C_{10}
		维修资料齐全率 C_{11}

准则层包括大修过程质量、大修可靠性和修后总体性能与配套性 3 项评价指标；指标层包括 11 项评价指标：一次交检合格率，更换备件完好率，质量缺陷返工率；责任事故征候千时率，较大故障千时率，结构裂纹千时率，故障率；主要性能指标恢复率，工具、附件配套齐全率，备品、备件配套齐全率，维修资料齐全率。

7.1.3　综合评价指标解析

1.　大修过程质量评价指标解析

一次交检合格率：效益型指标。一次交检合格是指在修理线上进行全部的或特定的项目检查，按检查作业要求正常操作时，第一遍检查结果合格，即未经处理或修理就能一次检查合格，又称一次检查合格。一次交检合格率是指第

一次交验合格总数占第一次交验总数的比率。其计算公式为

$$一次交检合格率=\frac{第一次交验总数-第一次交验不合格数}{第一次交验总数}\times100\%$$

更换备件完好率：效益型指标。更换备件完好率是指装备在维修过程中更换零部件的质量情况对装备维修质量的影响。更换备件完好率按照如表 7-2 所示的等级划分进行计算。

表 7-2　更换备件完好率等级划分

取值范围	更换备件完好率
0.91～1.00	正品率≥80%，替代品率+翻修品率≤20%
0.81～0.90	50%≤正品率≤80%，20%≤替代品率+翻修品率≤50%
0.70～0.80	正品率≤50%，替代品率+翻修品率≥50%

质量缺陷返工率：成本型指标。质量缺陷返工率是指在一定时期或保修期内或规定的维修间隔期内，因维修质量缺陷而返修的装备占维修装备总数的比率。其计算公式为

$$质量缺陷返工率=\sum\frac{每次翻修装备（分系统）数\times返修修正系数}{维修装备（分系统）总数}$$

其中，当该项装备（分系统）第一次返修时，返修修正系数为 1；当该项装备（分系统）第二次返修时，返修修正系数为 0.1；当该项装备（分系统）第三次返修时，返修修正系数为 0.2；当该项装备（分系统）第四次返修时，返修修正系数为 0.3。

2. 大修可靠性评价指标解析

责任事故征候千时率：成本型指标。责任事故征候千时率是指在规定的使用和维修保障条件下，一个机型在一个年度内，由于修理工厂大修问题导致飞行事故征候的次数与修后在用年度飞行时间的比率。其计算公式为

$$责任事故征候千时率=\frac{某机型年度责任事故征候数}{修后在用年度飞行总时间}\times1\,000‰$$

较大故障千时率：成本型指标。较大故障千时率是指在规定的使用和维修保障条件下，一个机型在一定年度内，较大故障数与修后在用飞行时间的比率。其计算公式为

$$较大故障千时率=\frac{某机型年度较大故障数}{修后在用年度飞行总时间}\times1\,000‰$$

结构裂纹千时率：成本型指标。结构裂纹千时率是指在规定的使用和维修保障条件下，一个机型在一定年度内，结构裂纹数与修后在用飞行时间的比率。其计算公式为

$$结构裂纹千时率 = \frac{某机型年度结构裂纹数}{修后在用年度飞行总时间} \times 1\,000‰$$

故障率：成本型指标。故障率是指在规定的使用和维修保障条件下，一个机型在一定年度内，故障数与修后在用飞行时间的比率。其计算公式为

$$故障率 = \frac{某机型年度故障数}{修后在用年度飞行总时间} \times 100\%$$

3. 修后总体性能与配套性评价指标解析

主要性能指标恢复率：效益型指标。主要性能指标恢复率是指在大修结束后主要性能指标的测量值相对于理论值恢复情况的度量。由于主要性能指标的多样性，可以取各指标主要性能恢复程度的平均值，其计算公式为

$$主要性能指标恢复率 = \sum \frac{每项主要性能指标恢复程度}{主要性能指标数} \times 100\%$$

以系统发射机功率恢复程度为例，计算公式为

系统发射机功率恢复程度 =

$$0.5 \times \frac{系统发射机功率合格出厂检测值 - 系统发射机功率合格指标要求值}{系统发射机功率新品出厂值 - 系统发射机功率合格指标要求值} +$$

$$0.5 \times \frac{系统发射机功率合格出厂检测值 - 系统发射机功率修前检测值}{系统发射机功率新品出厂值 - 系统发射机功率修前检测值}$$

工具、附件配套齐全率：效益型指标。工具、附件配套齐全率是指在大修结束后部队实际接收的工具、附件数与标准规定应配总数的比率，主要衡量大修活动后所配备的工具、附件的配套完好程度。其计算公式为

$$工具、附件配套齐全率 = \frac{实际接收工具总数 + 实际接收附件总数}{规定应配工具总数 + 规定应配附件总数} \times 100\%$$

备品、备件配套齐全率：效益型指标。备品、备件配套齐全率是指在大修结束后部队实际接收的备品、备件数与标准规定应配总数的比率，主要衡量大修活动后所配备的备品、备件的配套完好程度。其计算公式为

$$备品、备件配套齐全率 = \frac{实际接收备品总数 + 实际接收备件总数}{规定应配备品总数 + 规定应配备件总数} \times 100\%$$

维修资料齐全率：效益型指标。维修资料齐全率是指在大修结束后部队实

际接收的维修资料总数与标准规定应配总数的比率，主要衡量与大修活动有关的资料齐全程度。其计算公式为

$$维修资料齐全率=\frac{实际接收维修资料总数}{规定应配维修资料总数}\times100\%$$

7.2 基于组合赋权 VIKOR 的装备大修质量综合量化决策

7.2.1 基于 AHP 和熵权法的组合赋权方法

对军用飞机大修质量进行综合量化决策时，确定评价指标的相对重要性程度，即评价指标权重，是一个关键问题，每个评价指标权重对综合评价结果的准确性起着决定性的影响。确定评价指标权重的方法按照计算权重时原始评价数据的来源不同，可以分为主观赋权法和客观赋权法。

为了兼顾评价者的主观意愿和评价结果的客观数据依据，也为了科学、合理地确定军用飞机大修质量综合评价指标权重，从而全面、综合地分析×型军用飞机大修工厂历年大修质量发展变化趋势，采用基于 AHP（Analytic Hierarchy Process，层次分析法）和熵权法的组合赋权法对评价指标进行赋权，使评价指标赋权达到主观与客观的统一。

1. 基于 AHP 的主观权重确定

AHP 是 20 世纪 70 年代美国著名运筹学家 Satty 提出的一种系统分析方法，其基本原理是依据问题的本质和最终要达到的总目标，将问题分解为不同的组成因素，再按照因素之间的相互关联关系和隶属度关系，将因素按不同层次聚集组合，形成一个多层次的分析结构模型，从而把研究的目标问题看作最低层次相对最高层次的相对优劣次序的排序。在优劣排序过程中，通过引入标度法将专家主观判断的结果量化为两两判断矩阵的形式，并通过计算最大特征值和相应的特征向量，计算某一层次相对于上一层次中某一个因素的相对重要性来确定权重。

采用 AHP 进行主观赋权的具体步骤如下。

Step1　构建层次结构模型。

以目标、准则、指标 3 个层次结构模型为例，从上到下依次为目标层、准

则层、指标层。依据所构建的军用飞机大修质量综合评价体系，第一层是目标层，即军用飞机大修质量；第二层为准则层，分为大修过程质量、大修可靠性、修后总体性能与配套性；第三层是指标层，即最终确定的 11 个评价指标。

Step2　构建准则层判断矩阵。

假设准则层包含有 $B_1, B_2, \cdots, B_m$ 个因素，在确定准则层各影响因素的权重时，构建判断矩阵 A，即

$$A = \begin{bmatrix} b_{11} & b_{12} & \cdots & b_{1m} \\ b_{21} & b_{22} & \cdots & b_{2m} \\ \vdots & \vdots & b_{ij} & \vdots \\ b_{m1} & b_{m2} & \cdots & b_{mm} \end{bmatrix} \tag{7.1}$$

判断矩阵 A 的数值 b_{ij} 代表两个元素之间相对重要性程度，这里采用 1～9 标度法，如表 7-3 所示。

表 7-3　判断矩阵标度

赋　值	含　义
1	因素 i 与因素 j 同等重要
3	因素 i 比因素 j 稍微重要
5	因素 i 比因素 j 明显重要
7	因素 i 比因素 j 强烈重要
9	因素 i 比因素 j 极端重要
2、4、6、8	介于 1、3、5、7、9
1/3	因素 i 比因素 j 稍微不重要
1/5	因素 i 比因素 j 明显不重要
1/7	因素 i 比因素 j 强烈不重要
1/9	因素 i 比因素 j 极端不重要
1/2、1/4、1/6、1/8	介于 1、1/3、1/5、1/7、1/9

然而，由于受专家知识水平和个人偏好影响，完全精确地判断出相对重要程度的取值是不可能的。因此，必须通过判断矩阵的相容性和误差分析，保证判断结果的可信度和准确性，需要进行一致性检验。

Step3　准则单排序和一致性检验。

对所构建的准则层判断矩阵进行运算，得到矩阵的最大特征值及与其相对应的特征向量，再经过归一化处理得到准则层因素对于目标层因素相对重要程度的排序权值，完成准则单排序。

准则单排序步骤如下。

（1）将判断矩阵的每行相乘，即

$$A_i = \prod_{j=1}^{m} b_{ij} \tag{7.2}$$

（2）求 A_i 的 m 次方根，即

$$\overline{w}_i = \sqrt[m]{A_i} \tag{7.3}$$

（3）对向量 $\overline{w} = [\overline{w}_1, \cdots, \overline{w}_i, \cdots, \overline{w}_m]^{\mathrm{T}}$ 做归一化处理，即

$$\overline{w}_i^1 = \frac{\overline{w}_i}{\sum\limits_{i=1}^{m} \overline{w}_i} \tag{7.4}$$

（4）得到准则单排序权重向量 $\overline{w}' = [\overline{w}_1^1, \cdots, \overline{w}_i^1, \cdots, \overline{w}_m^1]^{\mathrm{T}}$。

（5）根据 $A \cdot \overline{w}' = \lambda_{\max} \cdot \overline{w}'$ 得到判断矩阵最大特征值 $\lambda_{\max}$，即

$$\lambda_{\max} = \sum_{i=1}^{m} \frac{(A \cdot \overline{w}')_i}{m\overline{w}_i^1} \tag{7.5}$$

（6）计算一致性指标，即

$$\mathrm{CI} = \frac{\lambda_{\max} - m}{m - 1} \tag{7.6}$$

（7）计算随机一致性比例，即

$$\mathrm{CR} = \frac{\mathrm{CI}}{\mathrm{RI}} \tag{7.7}$$

式中：RI 为平均随机一致性指标，其数值如表 7-4 所示。

表 7-4　不同矩阵阶数 m 所对应的 RI 值

m	1	2	3	4	5	6	7	8	9
RI	0	0	0.58	0.9	1.12	1.24	1.32	1.41	1.45

如果 $\mathrm{CR} < 0.1$，则判断矩阵 A 满足一致性检验要求，特征向量即准则单排序权值向量；如果不满足条件，则需要对准则层判断矩阵进行改进，直到最终满足一致性检验标准。

Step4　指标总排序。

准则单排序只计算了准则层因素相对目标层的一致性系数和重要性指标，还需要计算指标层因素相对目标层的相对权重，即指标总排序。

假设准则层 B_i 后的指标层包含 n 个因素 $C_1, C_2, \cdots, C_n$，通过同样的方法构建

指标层判断矩阵

$$\boldsymbol{B} = \begin{bmatrix} c_{11} & c_{12} & \cdots & c_{1n} \\ c_{21} & c_{22} & \cdots & c_{2n} \\ \vdots & \vdots & c_{ij} & \vdots \\ c_{n1} & c_{n2} & \cdots & c_{nn} \end{bmatrix} \qquad (7.8)$$

采用同样的方法对所构建的指标层判断矩阵进行运算，得到矩阵的最大特征值及与其相对应的特征向量，再经过归一化处理得到指标层因素对于准则层 B_i 因素相对重要程度的排序权值，完成指标单排序。

进行一致性检验后，可以得到指标单排序权重向量 $\boldsymbol{w}_{ij} = [\omega_{i1}, \cdots, \omega_{ij}, \cdots, \omega_{in}]$，则准则层 B_i 后的指标层 C 的总排序权重向量为

$$\boldsymbol{w}^1 = [w_1^1, \cdots, w_i^1, \cdots, w_n^1], \quad \boldsymbol{w}_i^1 = \sum_{j=1}^{n} \overline{w}_i^1 w_{ij} \qquad (7.9)$$

2. 基于熵权法的客观权重确定

熵的概念最早出现在物理学的热力学中，由德国著名物理学家 Boltgman 和 Clausius 在 1864 发表的《热之唯动说》一文中提出。到 20 世纪 40 年代，美国数学家 Shannon 提出了"信息熵"的概念。随着"信息熵"这一概念的提出，熵不仅运用在物理学中，还在金融经济、科学研究等方面发挥着重要作用。熵权法是一种利用熵相关理论确定客观权重的重要方法，在信息论中，熵权法是用于度量信息量的，反映信息的无序化程度，可以表示信息量的大小。在进行综合量化决策的过程中，指标的信息熵越小，该指标提供的信息量就越大，在整个综合量化决策过程中的作用就越大，指标所对应的权重就应该越高。

熵权法进行客观赋权的具体步骤如下。

Step1　构建评价矩阵。

假设 $C = \{C_1, C_2, \cdots, C_m\}$ 是由 m 个指标组成的评价指标集合，$Y = \{Y_1, Y_2, \cdots, Y_n\}$ 是由 n 个对象组成的评价对象集合，通过收集 n 个评价对象的 m 个评价指标数据，可以得到原始评价矩阵

$$\boldsymbol{X} = \begin{bmatrix} x_{11} & x_{12} & \cdots & x_{1n} \\ x_{21} & x_{22} & \cdots & x_{2n} \\ \vdots & \vdots & x_{ij} & \vdots \\ x_{m1} & x_{m2} & \cdots & x_{mn} \end{bmatrix} \qquad (7.10)$$

Step2 对原始评价数据进行标准化处理。

因选取的指标具有不同的数量级和量纲，所以各指标之间无法进行相互比较，为了使指标之间能进行比较，就需要消除指标的量纲。有些指标越大越好，即效益型指标；有些指标越小越好，即成本型指标，对这些指标分别进行标准化处理。

当指标为效益型指标时

$$r_{ij} = \frac{x_{ij} - \min\{x_{ij}\}}{\max\{x_{ij}\} - \min\{x_{ij}\}} \tag{7.11}$$

当指标为成本型指标时

$$r_{ij} = \frac{\max\{x_{ij}\} - x_{ij}}{\max\{x_{ij}\} - \min\{x_{ij}\}} \tag{7.12}$$

经归一化处理后，得到标准评价矩阵

$$\boldsymbol{R} = \begin{bmatrix} r_{11} & r_{12} & \cdots & r_{1n} \\ r_{21} & r_{22} & \cdots & r_{2n} \\ \vdots & \vdots & r_{ij} & \vdots \\ r_{m1} & r_{m2} & \cdots & r_{mn} \end{bmatrix} \tag{7.13}$$

Step3 评价数据的平移和归一化处理。

为防止标准化处理的评价数据出现零值导致求解熵值无意义，首先对评价数据进行加 1 平移处理，然后计算第 j 个评价对象在第 i 个评价指标下的评价数据 z_{ij} 在该评价指标中的占有率，即

$$p_{ij} = \frac{z_{ij}}{\sum\limits_{j=1}^{n} z_{ij}}, \quad z_{ij} = r_{ij} + 1 \tag{7.14}$$

Step4 计算第 i 个评价指标的熵值和差异系数。

在 j 个评价对象，i 个评价指标的综合量化决策问题中，第 i 个评价指标的熵值 h_i 定义为

$$h_i = -\frac{1}{\ln n} \sum_{j=1}^{n} (p_{ij} \ln p_{ij}), \quad i = 1, 2, \cdots, m \tag{7.15}$$

由于熵值 $h_i \in [0,1]$，熵值 h_i 越小，对综合量化决策的效果越好，所以评价指标的变异系数可以表示熵值 h_i 与 1 之间的差值，即

$$g_i = 1 - h_i, \quad i = 1, 2, \cdots, m \tag{7.16}$$

Step5　运用熵值和变异系数确定指标权重。

评价指标的权重代表评价指标在整个评价指标体系中的重要程度，即评价效用值在所有评价指标中的占有率，在确定熵值和变异系数的基础熵时，第 i 个评价指标的客观权重为

$$w_i^2 = \frac{g_i}{\displaystyle\sum_{i=1}^{m} g_i}, \quad i = 1, 2, \cdots, m \tag{7.17}$$

从式（7.17）中可以看出，熵权和熵值具有负相关性，如果评价指标针对不同评价对象的评价数据差异越大，表明该评价指标所反映的信息无序度越高，其熵值越小，而变异系数和熵权则越大。

3. 基于 AHP 和熵权法的组合权重确定

无论是用 AHP 确定主观权重还是用熵权法确定客观权重，在某些方面都存在着一定的缺陷。用 AHP 确定主观权重依据的是决策者的主观经验，得到的决策结果虽然有较强的合理性，但容易被决策者的主观经验、个人喜好、思维方式所影响；用熵权法确定客观权重可以充分利用评价指标的实际统计数据，体现了各评价指标的客观重要度，得到的决策结果具有较强的数学理论依据和客观性，但是不能反映决策者对不同因素的看法和重视程度，忽略了决策过程中评价指标本身的重要程度。组合赋权法就是把这两种方法进行综合集成，使最终的评价指标权重既能反映主观经验判断与决策偏好，又能反映评价指标客观数据差异，得到的组合权重可以使决策结果更加科学、合理，更能有效反映军用飞机大修质量的实际情况。

现阶段主观赋权法 w^1 和客观赋权法 w^2 的组合模式，主要有加法组合赋权法和乘法组合赋权法两类。

加法组合赋权法强调两种赋权方法的偏好，两种方法在遵循相关规定的前提下确定好偏好系数，得到的偏好系数可以作为评价指标权重。但是在这种模式下的组合赋权法也存在弊端，弊端是在使用它的时候存在较大的限制性，限制性是因为这种模式并没有明确主观权重与客观权重的集成方式造成的。加法组合赋权法的计算公式为

$$w_i = \sum_{j=1}^{2} \lambda_j w_i^j \tag{7.18}$$

式中：λ_j 为偏好系数，满足 $\displaystyle\sum_{j=1}^{2} \lambda_j = 1$，$0 < \lambda_j < 1$。

乘法组合赋权法的原理是利用各项赋权结果并且检验这些结果之间的相关一致性来保证赋权方式合理性的，在独立赋权方式跟组合权重的贴近度计算与比较的基础上得到组合权重。乘法组合赋权法的计算公式为

$$w_i = \frac{w_i^1 w_i^2}{\sum_{i=1}^{m} w_i^1 w_i^2} \tag{7.19}$$

7.2.2 基于 VIKOR 的综合量化决策

VIKOR（Vlsekriterijumska Optimizacija I Komprois-no Resenie，多准则妥协解排序）是由 Opricovic 和 Tzeng 在 1998 年提出的，是一种折中的多目标决策方法。VIKOR 的基本思想是先界定正理想解和负理想解，然后评价对象与理想解的距离，对评价对象进行排序。VIKOR 的最大特点就是通过最大化的"群体效益"和最小化的"个体损失"得到最终被决策者接受的妥协解。因此，VIKOR 是一种解决多目标决策问题的最优化妥协解法。

假设 $C = \{C_1, C_2, \cdots, C_m\}$ 是由 m 个指标组成的评价指标集合，$Y = \{Y_1, Y_2, \cdots, Y_n\}$ 是由 n 个对象组成的评价对象集合，r_{ij} 表示第 j 个评价对象的第 i 个评价指标的标准化评价值，VIKOR 是基于如下形式的 L_p-metric 发展而来的聚合函数

$$L_p = \left\{ \sum_{i=1}^{m} [w_i(r_i^* - r_{ij})/(r_i^* - r_i^-)]^p \right\}^{1/p} \tag{7.20}$$

式中：p 为聚合函数的距离参数，取值范围为 $1 \leqslant p \leqslant \infty$，一般 p 常取 1；测度 L_p 表示评价指标到理想解的距离；i 为评价指标编号，$i = 1, 2, \cdots, m$；m 表示评价指标数；j 为评价对象；$j = 1, 2, \cdots, n$；n 表示评价对象数；w_i 为评价指标的权重。

VIKOR 的具体步骤如下。

Step1 计算正理想解 r_i^* 和负理想解 r_i^-。

当 C_i 为效益型指标时，正理想解 r_i^* 和负理想解 r_i^- 分别为

$$r_i^* = \max_j r_{ij}, \quad r_i^- = \min_j r_{ij} \tag{7.21}$$

当 C_i 为成本型指标时，正理想解 r_i^* 和负理想解 r_i^- 分别为

$$r_i^* = \min_j r_{ij}, \quad r_i^- = \max_j r_{ij} \tag{7.22}$$

Step2 计算评价对象的最大群体效益值 S_j、最小个体遗憾值 R_j 和折中值 Q_j。

$$S_j = \sum_{i=1}^{m} w_i(r_i^* - r_{ij})/(r_i^* - r_i^-) \qquad (7.23)$$

$$R_j = \max_i [w_i(r_i^* - r_{ij})/(r_i^* - r_i^-)] \qquad (7.24)$$

$$Q_j = \mu(S_j - S^*)/(S^- - S^*) + (1-\mu)(R_j - R^*)/(R^- - R^*) \qquad (7.25)$$

式中：$S^* = \min_j S_j$；$S^- = \max_j S_j$；$R^* = \min_j R_j$；$R^- = \max_j R_j$；$\mu \in [0,1]$ 为折中系数。

Step3　根据最大群体效益值 S_j、最小个体遗憾值 R_j 和折中值 Q_j 对评价对象进行升序排序，数值越小表示评价对象越优。

Step4　选择折中评价对象。

假设按照折中值 Q_j 升序的排列结果为 $Y^{(1)}, Y^{(2)}, \cdots, Y^{(j)}, \cdots, Y^{(n)}$。如果 $Y^{(1)}$ 为最优评价对象且同时满足以下两个条件，则 $Y^{(1)}$ 为折中评价对象。

（1）$Q(Y^{(2)}) - Q(Y^{(1)}) \geqslant 1/(n-1)$。

（2）在依据最大群体效益值 S_j 和最小个体遗憾值 R_j 进行排序时，$Y^{(1)}$ 至少有一个排列为最小值。

如果上述条件不能同时满足，则可以依据以下情况分别得到妥协评价对象。

（1）如果不满足条件（2），则评价对象 $Y^{(1)}$ 和 $Y^{(2)}$ 均是折中评价对象。

（2）如果不满足条件（1），则折中方案为 $Y^{(1)}, Y^{(2)}, \cdots, Y^{(J)}$，其中 $Y^{(J)}$ 满足

$$Q(Y^{(J)}) - Q(Y^{(1)}) < 1/(n-1) \qquad (7.26)$$

7.3　装备大修质量综合量化决策实证研究

7.3.1　实证数据的收集与处理

为了进一步聚焦备战打仗，精准分析装备修理工厂大修价值贡献与质量水平，精准支撑修理模式改革与部队使用保障，建立基于数据分析的大修质量"监测—评价—改进—提升"的闭环管理过程，推动装备大修质量稳步提升，选取×型军用飞机开展大修质量试点综合量化决策研究。通过收集（$Y_1, Y_2, \cdots, Y_5$）5年内的×型军用飞机使用信息、故障信息、通报信息及故障检测和出厂检测数据，依据评价指标体系收集分析数据，获得×型军用飞机大修质量综合量化决

策评价指标原始数据。由于量纲、数量级的不同会对大修质量综合量化决策结果造成影响，因此采用式（7.11）、式（7.12）对原始数据进行无量纲化处理，结果如表 7-5 所示。

表 7-5　×型军用飞机大修质量综合量化决策评价指标数据处理结果

	Y_1	Y_2	Y_3	Y_4	Y_5
C_1	0.000 0	0.600 0	1.000 0	0.400 0	0.600 0
C_2	0.000 0	0.727 3	1.000 0	0.545 5	0.818 2
C_3	0.200 0	0.800 0	1.000 0	0.600 0	0.000 0
C_4	0.000 0	1.000 0	0.588 2	1.000 0	0.470 6
C_5	0.944 4	0.055 6	0.333 3	1.000 0	0.000 0
C_6	1.000 0	0.038 5	0.192 3	0.384 6	0.000 0
C_7	0.500 0	1.000 0	0.833 3	0.500 0	0.000 0
C_8	0.666 7	0.000 0	0.518 5	0.963 0	1.000 0
C_9	0.736 8	0.631 6	1.000 0	0.000 0	0.789 5
C_{10}	0.000 0	1.000 0	0.238 1	0.952 4	0.761 9
C_{11}	0.750 0	1.000 0	0.350 0	0.150 0	0.000 0

7.3.2　指标权重确定

通过 AHP 建立的判断矩阵来求出各个指标的主观权重，判断矩阵建立依据的是某一层中各个因素对于上一层中对应因素的影响程度两两相比较的结果，而对于影响程度的大小通过征询部队、院所专家以收集对重要性的排序意见，再将每份意见所对应的结果取平均值，得到目标层与准则层指标判断矩阵 A，以及准则层指标与所属指标层指标判断矩阵 B_1、B_2、B_3。

$$A = \begin{bmatrix} 1 & 2 & 1 \\ 1/2 & 1 & 1/4 \\ 1 & 4 & 1 \end{bmatrix}, \quad B_1 = \begin{bmatrix} 1 & 1/3 & 1/6 \\ 1/2 & 1 & 1/4 \\ 1 & 4 & 1 \end{bmatrix},$$

$$B_2 = \begin{bmatrix} 1 & 1 & 1/4 & 1/9 \\ 1 & 1 & 1/4 & 1/9 \\ 4 & 4 & 1 & 1/9 \\ 9 & 9 & 9 & 1 \end{bmatrix}, \quad B_3 = \begin{bmatrix} 1 & 1/2 & 1 & 4 \\ 2 & 1 & 4 & 3 \\ 1 & 1/4 & 1 & 3 \\ 1/4 & 1/3 & 1/3 & 1 \end{bmatrix} \quad (7.27)$$

计算专家给出了判断矩阵的最大特征值 λ_{max}、一致性指标 CI 和随机一致性比例 CR，得到一致性检验结果如表 7-6 所示。

表 7-6　一致性检验结果

	A	B_1	B_2	B_3
$\lambda_{\max}$	3.053 6	3.018 3	4.246 3	4.220 0
CI	0.029 9	0.010 2	0.083 0	0.074 2
CR	0.051 6	0.017 6	0.092 3	0.082 4

由表 7-6 可知，随机一致性比例均满足 CR < 0.1，因此，判断矩阵 A、B_1、B_2 和 B_3 具有可接受的一致性，都通过一致性检验。

由此采用 AHP 计算式（7.2）～式（7.9），可得到评价指标体系的主观权重 w_i^1，如表 7-7 所示。

表 7-7　AHP 确定的指标体系主观权重 w_i^1

目标层	一级指标	准则层权重	二级指标	指标层权重	主观权重
军用飞机大修质量 A	大修过程质量 B_1	0.376 4	C_1	0.095 3	0.035 9
			C_2	0.249 9	0.094 0
			C_3	0.654 8	0.246 5
	大修可靠性 B_2	0.149 4	C_4	0.057 0	0.008 5
			C_5	0.057 0	0.008 5
			C_6	0.161 1	0.024 1
			C_7	0.725 0	0.108 3
	修后总体性能与配套性 B_3	0.474 2	C_8	0.250 8	0.118 9
			C_9	0.466 8	0.221 4
			C_{10}	0.196 3	0.093 1
			C_{11}	0.086 1	0.040 8

对收集整理的原始数据进行标准化处理后，根据熵权法计算步骤与计算公式（7.14）～式（7.17），计算各个评价指标的熵值 e_i、变异系数 g_i 和客观权重 w_i^2，如表 7-8 所示。

表 7-8　熵权法确定的评价指标

评价指标	熵值 e_i	变异系数 g_i	客观权重 w_i^2
C_1	0.985 4	0.014 6	0.072 4
C_2	0.985 0	0.015 0	0.074 3
C_3	0.981 0	0.019 0	0.094 1
C_4	0.982 4	0.017 6	0.086 8
C_5	0.973 6	0.026 4	0.130 3
C_6	0.978 0	0.022 0	0.108 4
C_7	0.984 4	0.015 6	0.077 3
C_8	0.983 5	0.016 5	0.081 7
C_9	0.985 4	0.014 6	0.072 1
C_{10}	0.979 3	0.020 7	0.102 2
C_{11}	0.979 6	0.020 4	0.100 6

根据确定组合权重的两类方法，考虑到乘法组合赋权法无须专家进行新一轮的评估打分，因此从实际情况和操作方便性出发，选择乘法组合赋权法来确定组合权重。将 AHP 确定的主观权重 w_i^1 与熵权法确定的客观权重 w_i^2 代入式（7.19）得到组合权重值 w_i，如表 7-9 所示。

表 7-9　基于 AHP 和熵权法确定的指标体系组合权重值 w_i

指标层	主观权重	客观权重	组合权重
C_1	0.035 9	0.072 4	0.030 6
C_2	0.094 0	0.074 3	0.082 3
C_3	0.246 5	0.094 1	0.273 2
C_4	0.008 5	0.086 8	0.008 7
C_5	0.008 5	0.130 3	0.013 1
C_6	0.024 1	0.108 4	0.030 8
C_7	0.108 3	0.077 3	0.098 6
C_8	0.118 9	0.081 7	0.114 4
C_9	0.221 4	0.072 1	0.188 0
C_{10}	0.093 1	0.102 2	0.112 1
C_{11}	0.040 8	0.100 6	0.048 4

7.3.3　综合量化决策

根据式（7.21）、式（7.22）计算评价指标正理想解 r_i^* 和负理想解 r_i^-，如表 7-10 所示。

表 7-10　评价指标正理想解 r_i^* 和负理想解 r_i^-

评价指标	正理想解 r_i^*	负理想解 r_i^-
C_1	1.000 0	0.000 0
C_2	1.000 0	0.000 0
C_3	0.000 0	1.000 0
C_4	0.000 0	1.000 0
C_5	0.000 0	1.000 0
C_6	0.000 0	1.000 0
C_7	0.000 0	1.000 0
C_8	1.000 0	0.000 0
C_9	1.000 0	0.000 0
C_{10}	1.000 0	0.000 0
C_{11}	1.000 0	0.000 0

根据式（7.23）、式（7.24），计算评价对象最大群体效益值 S_j 和最小个体遗憾值 R_j，如表 7-11 所示。

表 7-11 评价对象最大群体效益值 S_j 和最小个体遗憾值 R_j

	Y_1	Y_2	Y_3	Y_4	Y_5
最大群体效益值 S_j	0.471 4	0.546 0	0.542 6	0.541 2	0.145 9
最小个体遗憾值 R_j	0.112 1	0.218 5	0.273 2	0.188 0	0.048 4

根据式（7.25），取折中系数 $\mu = 0.5$，计算折中值 Q_j，如表 7-12 所示。

表 7-12 评价对象折中值（$\mu=0.5$）

	Y_1	Y_2	Y_3	Y_4	Y_5
折中值 Q_j	0.548 8	0.878 5	0.995 7	0.804 5	0.000 0

根据最大群体效益值 S_j、最小个体遗憾值 R_j 和折中值 Q_j 进行升序排列，分别得到评价对象的 3 个排序，如表 7-13 所示。

表 7-13 评价对象最大群体效益值 S_j、最小个体遗憾值 R_j 和折中值排序 Q_j

	1	2	3	4	5
最大群体效益值 S_j	Y_5	Y_1	Y_4	Y_3	Y_2
最小个体遗憾值 R_j	Y_5	Y_1	Y_4	Y_2	Y_3
折中值 Q_j	Y_5	Y_1	Y_4	Y_2	Y_3

由表 7-11 和表 7-12 可以看出，Y_5 满足 $Q(Y_1) - Q(Y_5) = 0.548\,8 \geqslant 1/(5-1) = 0.25$，且依据最大群体效益值 S_j 和最小个体遗憾值 R_j 排序时，Y_5 仍然为最小值。因此，$\mu = 0.5$ 时，Y_5 为折中评价对象。

7.3.4 敏感性分析

在×型军用飞机大修质量综合量化决策中，专家可能有不同的决策态度，进而采取不同的折中系数，即 μ 可取 [0,1] 的任何值。当 $\mu < 0.5$ 时，决策专家倾向于按最小化个体遗憾机制进行决策；当 $\mu = 0.5$ 时，决策专家按协商共识机制进行决策；当 $\mu > 0.5$ 时，决策专家倾向于按最大化群体效益机制进行决策。折中系数 μ 对×型军用飞机大修质量综合量化决策排序结果的影响如表 7-14 所示。

表 7-14　折中系数 μ 对×型军用飞机大修质量综合量化决策排序结果的影响

μ	$Q(Y_1)$	$Q(Y_2)$	$Q(Y_3)$	$Q(Y_4)$	$Q(Y_5)$	评价对象排序结果	折中评价对象
0.0	0.283 4	0.757 0	1.000 0	0.621 0	0.000 0	$Y_5 \succ Y_1 \succ Y_4 \succ Y_2 \succ Y_3$	Y_5
0.1	0.336 5	0.781 3	0.999 1	0.657 7	0.000 0	$Y_5 \succ Y_1 \succ Y_4 \succ Y_2 \succ Y_3$	Y_5
0.2	0.389 6	0.805 6	0.998 3	0.694 4	0.000 0	$Y_5 \succ Y_1 \succ Y_4 \succ Y_2 \succ Y_3$	Y_5
0.3	0.442 6	0.829 9	0.997 4	0.731 1	0.000 0	$Y_5 \succ Y_1 \succ Y_4 \succ Y_2 \succ Y_3$	Y_5
0.4	0.495 7	0.854 2	0.996 6	0.767 8	0.000 0	$Y_5 \succ Y_1 \succ Y_4 \succ Y_2 \succ Y_3$	Y_5
0.5	0.548 8	0.878 5	0.995 7	0.804 5	0.000 0	$Y_5 \succ Y_1 \succ Y_4 \succ Y_2 \succ Y_3$	Y_5
0.6	0.601 9	0.902 8	0.994 8	0.841 2	0.000 0	$Y_5 \succ Y_1 \succ Y_4 \succ Y_2 \succ Y_3$	Y_5
0.7	0.655 0	0.927 1	0.994 0	0.877 9	0.000 0	$Y_5 \succ Y_1 \succ Y_4 \succ Y_2 \succ Y_3$	Y_5
0.8	0.708 1	0.951 4	0.993 1	0.914 5	0.000 0	$Y_5 \succ Y_1 \succ Y_4 \succ Y_2 \succ Y_3$	Y_5
0.9	0.761 1	0.975 7	0.992 3	0.951 2	0.000 0	$Y_5 \succ Y_1 \succ Y_4 \succ Y_2 \succ Y_3$	Y_5
1.0	0.814 2	1.000 0	0.991 4	0.987 9	0.000 0	$Y_5 \succ Y_1 \succ Y_4 \succ Y_3 \succ Y_2$	Y_5

　　折中系数 μ 对×型军用飞机大修质量综合量化决策结果影响雷达图如图 7-1 所示。

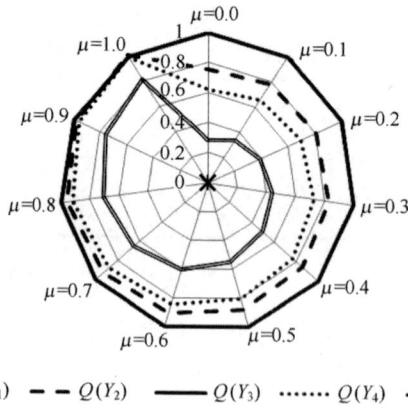

图 7-1　折中系数 μ 对×型军用飞机大修质量综合量化决策结果影响雷达图

　　由表 7-14 和图 7-1 可以看出，针对不同的折中系数 μ，根据专家主观偏好的不同机制进行决策，可得到不同的评价对象排序结果。当 μ 取值为 $\{0.0,0.1,0.2,0.3,0.4,0.5,0.6,0.7,0.8,0.9\}$ 时，得到评价对象排序结果为 $Y_5 \succ Y_1 \succ Y_4 \succ Y_2 \succ Y_3$，折中评价对象为 Y_5；当 μ 取值为 $\{1.0\}$ 时，得到评价对象排序结果为 $Y_5 \succ Y_1 \succ Y_4 \succ Y_3 \succ Y_2$，折中评价对象为 Y_5。因此，采用 VIKOR 能够根据专家主观偏好得到不同的评价对象排序结果，提高了综合量化决策的灵活性和可用性。

7.3.5　稳定性分析

在×型军用飞机大修质量综合量化决策中，评价指标赋权方法是影响最终评价对象排序结果的一个关键因素。为了衡量提出的基于 AHP 和熵权法组合赋权的 VIKOR 综合量化决策方法（CW-VIKOR）的稳定性，与基于 AHP 的 VIKOR 综合量化决策方法（AHP-VIKOR）和基于熵权法的 VIKOR 综合量化决策方法（E-VIKOR）在不同折中系数情况下进行比较，评价对象排序结果如表 7-15～表 7-17 所示。

表 7-15　CW-VIKOR、AHP-VIKOR 和 E-VIKOR 三种方法对比分析（$\mu=0.0$）

评价对象	CW-VIKOR		AHP-VIKOR		E-VIKOR	
	Q_j	排序结果	Q_j	排序结果	Q_j	排序结果
Y_1	0.283 4	2	0.237 1	2	0.833 8	4
Y_2	0.757 0	4	0.753 4	3	0.000 0	1
Y_3	1.000 0	5	1.000 0	5	0.167 8	2
Y_4	0.621 0	3	0.874 4	4	1.000 0	5
Y_5	0.000 0	1	0.000 0	1	0.318 2	3

表 7-16　CW-VIKOR、AHP-VIKOR 和 E-VIKOR 三种方法对比分析（$\mu=0.5$）

评价对象	CW-VIKOR		AHP-VIKOR		E-VIKOR	
	Q_j	排序结果	Q_j	排序结果	Q_j	排序结果
Y_1	0.548 8	2	0.508 4	2	0.916 9	4
Y_2	0.878 5	4	0.874 7	3	0.239 4	2
Y_3	0.995 7	5	0.935 0	4	0.385 8	3
Y_4	0.804 5	3	0.937 2	5	0.983 6	5
Y_5	0.000 0	1	0.000 0	1	0.159 1	1

表 7-17　CW-VIKOR、AHP-VIKOR 和 E-VIKOR 3 种方法对比分析（$\mu=1.0$）

评价对象	CW-VIKOR		AHP-VIKOR		E-VIKOR	
	Q_j	排序结果	Q_j	排序结果	Q_j	排序结果
Y_1	0.814 2	2	0.779 8	2	1.000 0	5
Y_2	1.000 0	5	0.996 0	4	0.478 8	2
Y_3	0.991 4	4	0.870 1	3	0.603 8	3
Y_4	0.987 9	3	1.000 0	5	0.967 3	4
Y_5	0.000 0	1	0.000 0	1	0.000 0	1

由表 7-15～表 7-17 可以看出，当折中系数 $\mu=0$ 时，CW-VIKOR 方法得到的排序结果为 $Y_5 \succ Y_1 \succ Y_4 \succ Y_2 \succ Y_3$，折中评价对象为 Y_5；AHP-VIKOR 方法得到的排序结果为 $Y_5 \succ Y_1 \succ Y_2 \succ Y_4 \succ Y_3$，折中评价对象为 Y_5、Y_1；E-VIKOR 方法得到的排序结果为 $Y_2 \succ Y_3 \succ Y_5 \succ Y_1 \succ Y_4$，折中评价对象为 Y_2、Y_3。当折中系数 $\mu=0.5$ 时，CW-VIKOR 方法得到的排序结果为 $Y_5 \succ Y_1 \succ Y_4 \succ Y_2 \succ Y_3$，折中评价对象为 Y_5；AHP-VIKOR 方法得到的排序结果为 $Y_5 \succ Y_1 \succ Y_2 \succ Y_3 \succ Y_4$，折中评价对象为 Y_5；E-VIKOR 方法得到的排序结果为 $Y_5 \succ Y_2 \succ Y_3 \succ Y_1 \succ Y_4$，折中评价对象为 Y_5、Y_2、Y_3。当折中系数 $\mu=1.0$ 时，CW-VIKOR 方法得到的排序结果为 $Y_5 \succ Y_1 \succ Y_4 \succ Y_3 \succ Y_2$，折中评价对象为 Y_5；AHP-VIKOR 方法得到的排序结果为 $Y_5 \succ Y_1 \succ Y_3 \succ Y_2 \succ Y_4$，折中评价对象为 Y_5；E-VIKOR 方法得到的排序结果为 $Y_5 \succ Y_2 \succ Y_3 \succ Y_4 \succ Y_1$，折中评价对象为 Y_5。针对不同的折中系数，CW-VIKOR 方法得到相同的折中评价对象，稳定性较高；AHP-VIKOR 方法得到的折中评价对象有变化，稳定性稍差；E-VIKOR 方法得到的折中评价对象均不一致，稳定性最差。

此外，在×型军用飞机大修质量综合评价中，排序方法是影响最终评价对象排序结果的另一个关键因素。为了衡量提出的基于 AHP 和熵权法组合赋权的 VIKOR 综合评价方法（CW-VIKOR）的稳定性，与基于 AHP 和熵权法组合赋权的 TOPSIS 综合评价方法（CW-TOPSIS）进行比较，评价对象排序结果如表 7-18 所示。

表 7-18　CW-VIKOR 方法和 CW-TOPSIS 方法对比分析

评价对象	CW-VIKOR ($\mu=0.0$)		CW-VIKOR ($\mu=0.5$)		CW-VIKOR ($\mu=1.0$)		CW-TOPSIS	
	Q_j	排序结果	Q_j	排序结果	Q_j	排序结果	贴近度	排序结果
Y_1	0.283 4	2	0.548 8	2	0.814 2	2	0.611 8	2
Y_2	0.757 0	4	0.878 5	4	1.000 0	5	0.410 6	5
Y_3	1.000 0	5	0.995 7	5	0.991 4	4	0.419 7	4
Y_4	0.621 0	3	0.804 5	3	0.987 9	3	0.432 5	3
Y_5	0.000 0	1	0.000 0	1	0.000 0	1	0.837 4	1

由表 7-18 可以看出，当折中系数 $\mu=0$ 时，CW-VIKOR 方法得到的排序结果为 $Y_5 \succ Y_1 \succ Y_4 \succ Y_2 \succ Y_3$，折中评价对象为 Y_5；当折中系数 $\mu=0.5$ 时，CW-VIKOR 方法得到的排序结果为 $Y_5 \succ Y_1 \succ Y_4 \succ Y_2 \succ Y_3$，折中评价对象为 Y_5；

当折中系数 $\mu = 1.0$ 时，CW-VIKOR 方法得到的排序结果为 $Y_5 \succ Y_1 \succ Y_4 \succ Y_3 \succ Y_2$，折中评价对象为 Y_5。CW-TOPSIS 方法得到的排序结果为 $Y_5 \succ Y_1 \succ Y_4 \succ Y_3 \succ Y_2$，最优评价对象为 Y_5。针对不同的折中系数，虽然 CW-VIKOR 方法和 CW-TOPSIS 方法得到的评价对象排序结果存在一定的差异，但得到的最优评价对象均为 Y_5，这也验证了 CW-VIKOR 方法的有效性和稳定性。

7.4　本章小结

本章针对装备大修质量综合量化决策问题，从大修质量过程评价和修后评价两个维度，建立了×型军用飞机大修质量综合评价指标体系层次模型，采用 AHP 和熵权法，从主客观两个维度综合确定组合权重，进而结合同时考虑最大化"群体效益"和最小化"个体损失"的 VIKOR，提出了军用飞机大修质量综合量化决策的组合赋权 VIKOR 方法。通过×型军用飞机大修质量综合量化决策实例，并结合敏感性和稳定性分析，表明综合评价指标体系和量化决策方法具有稳定性和有效性。

第 8 章

装备保障资源供应商选优决策

装备征用动员是指对用于保障军事行动的军民通用装备物资等进行征集和调用的一系列活动。从近几场局部战争来看，装备征用动员在战争中发挥了十分重要的作用。在马尔维纳斯群岛战争、伊拉克战争中，军队紧急征用动员几十家军工企业和民用企业在较短的时间内研制、试验和生产大量的武器装备，及时补充部队，满足了作战需求。

新时期装备征用动员在军地一体化深度发展的背景和新时期国防动员的要求下，已成为装备动员工作的一项重要内容。高新技术下的现代战争及突发的非战争军事行动，对装备保障资源的需求越来越呈现出需求不确定性大、响应时效迅速、质量标准要求高等特点，仅靠军工企业的应急生产远远不足以满足需求，必须对社会上已有的军用和军民通用保障资源开展装备征用动员。因此，选择客观、高效的装备保障资源供应商选优评价指标体系和选优决策方法是实现装备征用动员的核心要务，对降低装备保障资源征用风险、提高装备综合保障时效具有重要意义。

8.1 装备保障资源供应商选优决策的实现途径

装备保障资源的征用在装备征用动员中的作用越来越重要，而实现装备征用动员的主要途径就是对装备保障资源供应商进行合理选择，从而降低装备保障资源征用成本，提高装备保障资源综合保障的时效性。供应商选优问题属于科学决策问题，通过运用决策方法对装备保障资源供应商进行选优主要有以下两种模式。

8.1.1　快速选优决策模式

装备征用动员要注重其时间成本和费用成本的综合效益，在一些紧急情况下，由于时效性要求高，需要在较短时间内确定装备征用动员对象，即在短时间内合理选择装备保障资源供应商，这种模式称为快速选优决策模式。

8.1.2　综合选优决策模式

在多样化军事任务越来越重的背景下，装备征用动员的常态化已经成为装备征用动员的重要特征，这就要求在平时就应不断地对可能会征用的装备保障资源供应商做好选优工作，以应对不时之需。这种情况下的选优决策工作应当全面地考虑供应商的各项指标，确保决策工作真实反映供应商的真实实力，这种模式称为综合选优决策模式。

8.2　装备保障资源供应商快速选优决策

8.2.1　选优评价指标体系

美国学者 Dickson 首先开始了供应商选优评价指标体系的研究，通过对 170 名代理商和管理人员的统计调查，总结出 23 项供应商选优评价指标，分别为质量、交货期、历史业绩、保证条款、装备与能力、价格、技术能力、财务状况、遵循报价程序、交流系统、声誉与地位、交易迫切性、组织管理、运作控制、维修服务、态度、形象、包装能力、劳资关系记录、地理位置、既往业务量、培训帮助、互惠安排，并依据重要性差异对 23 项指标进行重要性排序。此后，Weber 等对国外学者发表的 74 篇关于供应商选优评价指标体系的文献，采用统计分析方法，对 Dickson 总结的 23 项选优评价指标按引用频率进行重要性排序，结果如表 8-1 所示，结果表明价格、质量、交货期始终占据供应商选优决策的重要位置，而装备与能力、地理位置和组织管理等指标相对 Dickson 的重要性排序有所上升。

表 8-1　对 Dickson 总结的 23 项选优评价指标按引用频率进行重要性排序

序号	评价指标	文献数	占比（%）	序号	评价指标	文献数	占比（%）
1	价格	61	80	13	运作控制	3	4
2	交货期	44	58	14	包装能力	3	4
3	质量	40	53	15	遵循报价程序	2	3
4	装备与能力	23	30	16	交流系统	2	3
5	地理位置	16	21	17	形象	2	3
6	技术能力	15	20	18	劳资关系记录	2	3
7	组织管理	10	13	19	培训帮助	2	3
8	声誉与地位	8	11	20	互惠安排	2	3
9	历史业绩	7	9	21	交易迫切性	1	1
10	财务状况	7	9	22	既往业务量	1	1
11	维修服务	7	9	23	保证条款	0	0
12	态度	6	8				

随着我军军事订货与采购制度改革不断推进，借鉴现代企业以供应链管理为重心的经营策略，体现"大后勤"理念的适应多变和多样性保障需求的军事供应链应运而生，其中装备保障资源供应商选优决策是军事供应链管理中的一项重要内容。装备征用动员背景下，装备保障资源需求的不确定性、时效性和特殊性对装备保障资源供应商的选优决策与现代企业领域内的供应商选优决策具有较大差异。因此，在装备征用动员背景下，装备保障资源供应商选优评价指标体系必须考虑如下原则。

1. 供应商应具有良好的绩效

对企业绩效的评价是对供应商选优的一项重要内容，在军事供应链管理环境下，装备保障资源供应商的供货质量、柔性、交货期直接关系到军事供应链管理目标能否实现。

2. 供应商应具有确保军事供应链战略联盟稳定持久的组织战略

军队与供应商之间的战略联盟是军事供应链中最为重要的一种联盟关系。供应商必须理解和信守军事供应链管理战略，不断提升国防意识和以诚信为尺度的道德水平，确保企业发展战略与军队发展战略的一致性。

3. 供应商应具有良好的成长和发展潜力

企业只有具备良好的成长和发展潜力，才能不断地研发新装备，并对旧装备进行技术升级。

4. 供应商应实现与军队用户的有效协同

供应商要有良好的服务保障能力。由于装备征用动员的突发性，供应商应具有合理的需求反应能力和售后支援能力。

5. 供应商应确保供应的稳定性和安全性

为避免军事供应链在战时或类战时情况下的断链，必须考察企业的核心技术外购比率及原材料和零配件的可替代程度。

根据以上原则，建立装备征用动员背景下基于军事供应链的装备保障资源供应商选优评价准则体系，如表 8-2 所示。

表 8-2 基于军事供应链的装备保障资源供应商选优评价指标体系

评价指标	类型	说　明
军检合格率	定性	动员周期内，军检合格的装备保障资源数量占装备保障资源总数量的比率
交货准时率	定量	动员周期内，供应商在时间、地点、数量方面均无误的交货次数与总交货次数的比率
生产柔性	定量	供应商在动员周期内能够生产装备保障资源的数量范围
供应商信誉	定性	装备保障资源供应商诚实守信的声誉
发展战略兼容性	定性	供应商制定的发展战略与军队发展战略的一致性程度
技术开发能力	定性	新装备保障资源设计和制造升级能力
需求反应能力	定性	供应商对装备保障资源需求数量和时间变化的适应能力
售后支援能力	定性	售后服务能力和安全保障能力
核心技术外购比率	定量	供应商由国外购买的核心技术占其核心技术的比率
原材料和零配件的可替代程度	定性	上级供应商的供应能力与供应商自身的最大原材料和零配件需求量对比程度

8.2.2　决策问题描述

装备保障资源供应商快速选优决策采用基于直觉模糊熵和 VIKOR 的多准则群决策方法。因此，基于直觉模糊熵和 VIKOR 的多准则群决策问题描述为：

$S = \{S_1, \cdots, S_i, \cdots, S_m\}$ 是由 m 个通过资格审查的供应商组成的备选供应商集合，$C = \{C_1, \cdots, C_j, \cdots, C_n\}$ 是由 n 个准则组成的评价准则集合，$D = \{D_1, \cdots, D_k, \cdots, D_p\}$ 是由来自 p 个部门的决策者组成的决策者集合。决策者分别对各备选供应商进行客观数据收集和主观经验判断，λ^k 为决策者 D_k 的权重，w_j^k 为决策者 D_k 对评价准则 C_j 的权重，r_{ij}^k 为决策者 D_k 对备选供应商 S_i 在评价准则 C_j 下的评价值，则决策者 D_k 给出的决策矩阵为

$$\boldsymbol{R}^k = (r_{ij}^k)_{m \times n} = \begin{bmatrix} r_{11}^k & r_{12}^k & \cdots & r_{1n}^k \\ r_{21}^k & r_{22}^k & \cdots & r_{2n}^k \\ \vdots & \vdots & \ddots & \vdots \\ r_{m1}^k & r_{m2}^k & \cdots & r_{mn}^k \end{bmatrix} \tag{8.1}$$

8.2.3 直觉模糊多准则群决策

1. 规范化评价信息

在装备保障资源供应商选优决策中，由于来自不同部门的决策者信息掌握的不对称性和装备征用动员的高时效性，可能无法得到精确的评价信息，此时，往往采用区间数、直觉模糊数、语言变量等描述评价信息的不确定性。不同评价准则的评价信息类型如表 8-3 所示，表中 B 代表效益型，C 代表成本型。

表 8-3　不同评价准则的评价信息类型

评价准则	信息类型	分　类
军检合格率	语言变量	B
交货准时率	区间数	B
生产柔性	区间数	B
供应商信誉	语言变量	B
发展战略兼容性	语言变量	B
技术开发能力	直觉模糊数	B
需求反应能力	直觉模糊数	B
售后支援能力	语言变量	B
核心技术外购比率	区间数	C
原材料和零配件的可替代程度	语言变量	B

因此，在供应商选优决策分析中必须有效综合决策者异质评价信息（区间数、直觉模糊数、语言变量），以进行备选供应商的排序选优。直觉模糊集从隶属度、非隶属度和犹豫度三方面描述模糊和不确定信息，能够更好地刻画决策者异质评价信息的不确定性。

定义 8.1　设 X 为给定论域，则称

$$A = \left\{ \langle x, \mu_A(x), \nu_A(x) \rangle \middle| x \in X \right\} \tag{8.2}$$

为直觉模糊集 $\mathrm{IFS}(X)$。其中：$\mu_A(x): X \to [0,1]$、$\nu_A(x): X \to [0,1]$ 分别表示 X 中元素 x 属于 A 的隶属度和非隶属度，且满足条件 $0 \leqslant \mu_A(x) + \nu_A(x) \leqslant 1, x \in X$。此外，称 $\pi_A(x) = 1 - \mu_A(x) - \nu_A(x)$ 为 X 属于 A 的犹豫度。为方便起见，将直觉模糊数简记为 $(\mu_A(x), \nu_A(x))$。直觉模糊集 A 的补集可表示为 A^C，即 $A^C = \left\{ \langle x, \nu_A(x), \mu_A(x) \rangle \middle| x \in X \right\}$。

区间数表征决策过程定量数据的不确定性，对于决策矩阵中的区间数评价信息 $r_{ij}^k = [r_{ij}^{kL}, r_{ij}^{kU}] (j = 2, 3, 9)$，首先采用比重变换法进行归一化处理，使归一化后的评价信息取值范围均在 $[0,1]$ 区间内，以消除量纲的影响；然后根据区间数与直觉模糊数的转化关系，将经归一化处理后的评价信息转化为直觉模糊数形式。

当 $r_{ij}^k (j = 1, 2, 3) \in \mathrm{B}$，则有

$$\tilde{r}_{ij}^k = \left(\frac{r_{ij}^{kL}}{\sum\limits_{i=1}^{m} r_{ij}^{kU}}, 1 - \frac{r_{ij}^{kU}}{\sum\limits_{i=1}^{m} r_{ij}^{kL}} \right) \tag{8.3}$$

当 $r_{ij}^k (j = 10) \in \mathrm{C}$，则有

$$\tilde{r}_{ij}^k = \left(\frac{1/r_{ij}^{kU}}{\sum\limits_{i=1}^{m} 1/r_{ij}^{kL}}, 1 - \frac{1/r_{ij}^{kL}}{\sum\limits_{i=1}^{m} 1/r_{ij}^{kU}} \right) \tag{8.4}$$

不同粒度语言信息是指在群决策中决策者依据由不同语言短语数目表示的语言评价集给出的偏好信息。通常，将定性的语言评价信息转化为三角模糊数或直觉模糊数，对于决策矩阵中的语言变量评价信息 $r_{ij}^k (j = 1, 4, 5, 8, 10)$，采用由 9 个语言评价粒度的语言短语评价集 $S = [s_1 = \mathrm{EP/EL}, s_2 = \mathrm{VP/VL}, s_3 = P/L, s_4 = \mathrm{MP/ML}, s_5 = F/M, s_6 = \mathrm{MG/MH}, s_7 = G/H, s_8 = \mathrm{VG/VH}, s_9 = \mathrm{EG/EH}]$ 来描述语言变量评价信息，则其对应的直觉模糊数如表 8-4 所示。

表 8-4　语言变量与直觉模糊数对应关系

语言变量	标记	直觉模糊数
极差/极低	EP/EL	(0.05,0.95)
非常差/非常低	VP/VL	(0.15,0.80)
差/低	*P/L*	(0.25,0.65)
偏差/偏低	MP/ML	(0.35,0.55)
一般/中等	*F/M*	(0.50,0.40)
偏好/偏高	MG/MH	(0.65,0.25)
好/高	*G/H*	(0.75,0.15)
非常好/非常高	VG/VH	(0.85,0.10)
极好/极高	EG/EH	(0.95,0.05)

通过对各决策者评价信息进行规范化处理，即对区间数和语言评价信息统一转化成直觉模糊数形式，得到决策者 D_k 的直觉模糊决策矩阵为

$$\tilde{\boldsymbol{R}}^k = (\tilde{r}_{ij}^k)_{m \times n} = \begin{bmatrix} \tilde{r}_{11}^k & \tilde{r}_{12}^k & \cdots & \tilde{r}_{1n}^k \\ \tilde{r}_{21}^k & \tilde{r}_{22}^k & \cdots & \tilde{r}_{2n}^k \\ \vdots & \vdots & \ddots & \vdots \\ \tilde{r}_{m1}^k & \tilde{r}_{m2}^k & \cdots & \tilde{r}_{mn}^k \end{bmatrix} \quad （8.5）$$

式中：$\tilde{r}_{ij}^k = (\mu_{ij}^k, \nu_{ij}^k)$ 为直觉模糊数。

2. 准则权重确定

直觉模糊熵用来描述直觉模糊集的模糊和不确定程度，直觉模糊熵刻画直觉模糊集的模糊程度，评价准则的直觉模糊熵越大，说明该准则提供的判断信息的模糊程度越大，应赋予较小权重；反之，则赋予较大权重。而直觉模糊熵的模糊程度需要同时考虑不确定程度和未知程度，其中隶属度与非隶属度的偏差反映了不确定程度，犹豫度反映了未知程度。由此，根据熵权法的基本原理，并采用基于不确定和未知度的直觉模糊熵确定准则权重。

仅考虑隶属度和非隶属度两方面信息的直觉模糊熵，在隶属度和非隶属度偏差相等的情况下无法有效区分。为了避免上述问题，采用考虑隶属度、非隶属度和犹豫度三方面信息的直觉模糊熵，即

$$E(B) = \frac{1}{m} \sum_{i=1}^{m} \cos \frac{(\mu_B(x_i) - \nu_B(x_i))(1 - \pi_B(x_i))}{2} \pi \quad （8.6）$$

式中：$B = \left\{ \langle x_i, \mu_B(x_i), \nu_B(x_i) \rangle \middle| x_i \in X, i = 1, 2, \cdots, n \right\}$ 为直觉模糊集。

从式（8.6）可以看出，$E(B)$ 不但包含了隶属度与非隶属度的偏差 $\mu_B(x_i) - \nu_B(x_i)$，而且包含了犹豫度 $\pi_B(x_i)$ 的信息。

根据式（8.6），令 $E(\tilde{r}_{ij}^k) = \cos\dfrac{(\mu_{ij}^k - \nu_{ij}^k)(1 - \pi_{ij}^k)}{2}\pi$，则由决策者 D_k 评价值所确定的评价准则 C_j 的直觉模糊熵为

$$E_j^k = \frac{1}{m}\sum_{i=1}^{m} E(\tilde{r}_{ij}^k) = \frac{1}{m}\sum_{i=1}^{m}\cos\frac{(\mu_{ij}^k - \nu_{ij}^k)(1 - \pi_{ij}^k)}{2}\pi \qquad (8.7)$$

则由决策者 D_k 评价值所确定的准则权重为

$$w_j^k = \frac{1 - E_j^k}{n - \displaystyle\sum_{j=1}^{n} E_j^k} \qquad (8.8)$$

利用准则权重协调系数对 $w_j^k(j = 1, 2, \cdots, n)$ 进行集结，确定最终的综合准则权重为

$$w_j^* = \sum_{k=1}^{p}\alpha_k w_j^k \qquad (8.9)$$

式中：$0 < \alpha_k < 1$，$\displaystyle\sum_{k=1}^{p}\alpha_k = 1$，$\alpha_k$ 为准则权重协调系数；w_j^* 为综合准则权重。

准则权重协调系数根据准则权重与权重取值区间中点的相似度进行设定，准则权重与权重取值区间中点的相似度为

$$S(w^k, \overline{w}) = 1 - \max_{j=1,2,\cdots,n}\left|w_j^k - \overline{w}_j\right| \qquad (8.10)$$

式中：$\overline{w}_j = \left(\min_{k=1,2,\cdots,p} w_j^k + \max_{k=1,2,\cdots,p} w_j^k\right)\Big/2$。

则准则权重协调系数为

$$\alpha_k = S(w^k, \overline{w})\Big/\sum_{k=1}^{p} S(w^k, \overline{w}) \qquad (8.11)$$

3. 决策者权重确定

决策者权重取决于决策者提供的判断信息的可靠性和确定性程度。决策者提供的判断信息越模糊，表明判断信息越不确定，说明决策者对决策对象的了解程度相对较少，则赋予较小权重；反之，则赋予较大权重。决策矩阵的直觉模糊熵反映了决策者提供的判断信息的模糊性和不确定性。由此，根据熵权法

的基本原理，由决策矩阵直觉模糊熵确定决策者权重 λ_1^k 为

$$\lambda_1^k = \frac{1-H^k}{K-\sum\limits_{k=1}^{K} H^k} \qquad (8.12)$$

式中：$H^k = \sum\limits_{j=1}^{n} w_j^k E_j^k$ 为加权直觉模糊熵，表示决策者 D_k 给出的决策信息的模糊程度。

由决策矩阵之间的距离测度确定决策者权重 λ_2^k 为

$$\lambda_2^k = \frac{1-D^k}{K-\sum\limits_{k=1}^{K} D^k} \qquad (8.13)$$

式中：$D^k = \frac{1}{mnp}\sum\limits_{l=1}^{p}\sum\limits_{i=1}^{m}\sum\limits_{j=1}^{n} d(\tilde{r}_{ij}^k, \tilde{r}_{ij}^l)$ 为决策矩阵 $\tilde{\boldsymbol{R}}^k$ 和 $\tilde{\boldsymbol{R}}^l$ 之间的距离测度；$d(\tilde{r}_{ij}^k, \tilde{r}_{ij}^l)$ 为直觉模糊数 $\tilde{r}_{ij}^k$ 和 $\tilde{r}_{ij}^l$ 的欧氏距离。

利用决策者权重协调系数对 λ_1^k 和 λ_2^k 进行集结，确定最终的决策者权重为

$$\lambda_k^* = \beta\lambda_1^k + (1-\beta)\lambda_2^k \qquad (8.14)$$

式中：$0 < \beta < 1$ 为决策者权重协调系数；λ_k^* 为决策者综合权重。

4. 决策步骤

直觉模糊多准则群决策步骤如下。

Step1　构建具有多种异质评价信息的决策矩阵，利用规范化方法对区间数进行归一化处理，并将归一化后的区间数和语言变量统一转化为直觉模糊数，获得规范化直觉模糊决策矩阵。

Step2　利用准则权重确定方法，计算不同决策者准则权重和综合准则权重。

Step3　利用决策者权重确定方法，基于决策矩阵直觉模糊熵和距离测度计算决策者综合权重。

Step4　利用直觉模糊加权平均算子对备选供应商 S_i 在准则 C_j 下的评价信息进行集结，将决策者决策矩阵聚合为决策群体决策矩阵。

$$\begin{aligned} f_{ij} &= \lambda_1^* \tilde{r}_{ij}^1 \oplus \lambda_2^* \tilde{r}_{ij}^2 \oplus \cdots \oplus \lambda_k^* \tilde{r}_{ij}^k \oplus \cdots \oplus \lambda_K^* \tilde{r}_{ij}^p \\ &= \left(1 - \prod_{k=1}^{p}(1-\mu_{ij}^k)^{\lambda_k^*}, \prod_{k=1}^{p}(v_{ij}^k)^{\lambda_k^*}\right) \end{aligned} \qquad (8.15)$$

Step5　根据决策者决策矩阵，确定供应商备选方案正理想解和负理想解。

$$f_j^* = \begin{cases} \max\limits_i f_{ij}, C_j \in \mathrm{B} \\ \min\limits_i f_{ij}, C_j \in \mathrm{C} \end{cases} \tag{8.16}$$

$$f_j^- = \begin{cases} \min\limits_i f_{ij}, C_j \in \mathrm{B} \\ \max\limits_i f_{ij}, C_j \in \mathrm{C} \end{cases} \tag{8.17}$$

Step6　将 VIKOR 扩展到直觉模糊语言环境，计算备选供应商方案的最大群体效益值 $S(S_i)$、最小个体遗憾值 $R(S_i)$ 和折中值 $Q(S_i)$。

$$S(S_i) = \sum_{j=1}^n w_j^* \frac{\mathrm{d}(f_j^* - f_{ij})}{\mathrm{d}(f_j^* - f_j^-)} \tag{8.18}$$

$$R(S_i) = \max_j \left\{ w_j^* \frac{\mathrm{d}(f_j^* - f_{ij})}{\mathrm{d}(f_j^* - f_j^-)} \right\} \tag{8.19}$$

$$Q(S_i) = \mu \frac{S(S_i) - S^*}{S^- - S^*} + (1-\mu) \frac{R(S_i) - R^*}{R^- - R^*} \tag{8.20}$$

式中：$\mu \in [0,1]$ 为折中系数；$S^* = \min\limits_i\{S(S_i)\}$；$S^- = \max\limits_i\{S(S_i)\}$；$R^* = \min\limits_i\{R(S_i)\}$；$R^- = \max\limits_i\{R(S_i)\}$。

Step7　根据排序值对备选供应商进行折中排序，并确定最优方案。

8.3　装备保障资源供应商综合选优决策

8.3.1　选优评价指标体系

与快速选优模式不同，在综合性选优模式下，决策部门应全面地考虑装备保障资源供应商的各种指标特征和可能对选优产生影响的因素，以确保所建立的评价指标体系合理、全面和完善，从而力求选择最具实力的供应商，以提高征用动员效益，实现精确动员。

同时，随着各种先进制造模式的应用、制造资源快速高效的集成和经济环境的变化，使供应商选优决策的评价准则不断完善。在数据库 ProQuest、

WebofScience、ScienceDirect 中以 supplier selection 为关键字，搜索 2000 年以来的文献，通过阅读整理，选取供应商评价准则完整、论述详细、整合效果好的文献作为供应商评价准则的统计分析基础，并综合考虑综合性选优模式。通过广泛调研、征询专家意见，建立包括供应商绩效、生产经营管理能力、创新发展能力、供应稳定性安全性、兼容性的 5 项一级指标；包括单价、合格率、交货准确率、时间柔性、数量柔性、产量、固定资产投资增长率、固定资产投资收益率、成本控制水平、质量控制水平、库存控制水平、新技术创新投入比率、科研费用率、新型装备开发成功率、核心技术外购比率、零配件可替代程度、供应商性质、发展战略兼容性、企业文化兼容性、信息平台兼容性的 20 项二级指标，从而构建出结构合理、体系完善的装备保障资源供应商综合性选优的评价指标体系，如表 8-5 所示。

表 8-5　装备保障资源供应商综合性选优评价指标体系

一级指标	二级指标	类　型	
供应商绩效 A	单价 A_1	成本型	定量
	合格率 A_2	效益型	定量
	交货准确率 A_3	效益型	定量
	时间柔性 A_4	效益型	定量
	数量柔性 A_5	效益型	定量
生产经营管理能力 B	产量 B_1	效益型	定量
	固定资产投资增长率 B_2	效益型	定量
	固定资产投资收益率 B_3	效益型	定量
	成本控制水平 B_4	效益型	定量
	质量控制水平 B_5	效益型	定量
	库存控制水平 B_6	效益型	定量
创新发展能力 C	新技术创新投入比率 C_1	效益型	定量
	科研费用率 C_2	效益型	定量
	新型装备开发成功率 C_3	效益型	定量
供应稳定性安全性 D	核心技术外购比率 D_1	成本型	定量
	零配件可替代程度 D_2	效益型	定量
	供应商性质 D_3	效益型	定性
兼容性 E	发展战略兼容性 E_1	效益型	定性
	企业文化兼容性 E_2	效益型	定性
	信息平台兼容性 E_3	效益型	定性

8.3.2　指标信息收集

评价指标信息收集分析是开展供应商综合选优决策的重要基础，信息是否真实、全面，直接影响到装备保障资源供应商选优决策的准确性、有效性。根据综合选优决策模式下供应商选优评价指标体系，从供应商绩效、生产经营管理能力、创新发展能力、供应稳定性安全性、兼容性 5 个方面来开展信息收集分析工作。相应的信息表如表 8-6～表 8-23 所示。

表 8-6　单价和合格率信息表

名称	型号	单价	征用次数	每批次征用量	每批次征用合格量	备注

表 8-7　交货准确率信息表

名称	型号	交货地点	交货数量	交货总次数	准确交货次数	备注

表 8-8　时间柔性信息表

名称	型号	正常交货时间	最早交货时间	最迟交货时间	备注

表 8-9　数量柔性和产量信息表

名称	型号	平均年产量	平均最小产量	平均最大产量	备注

表 8-10　固定资产投资增长率信息表

年度	年末固定资产值	年初固定资产原值	备注

表 8-11　固定资产投资收益率信息表

年度	平均销售价格	新增生产能力	总销量	年初新增固定资产值	备注

表 8-12　成本控制水平信息表

年度	进行成本控制投入的成本	节约的成本	备注

表 8-13 质量控制水平信息表

年度	年初指定控制倍数	质量控制投入费用	控制管理措施额外收益	备注

表 8-14 库存控制水平信息表

年度	年初库存金额	年末库存金额	出库总金额	备注

表 8-15 新技术创新投入比率信息表

年度	新技术创新投入	销售总收入	备注

表 8-16 科研费用率信息表

年度	科研资金投入	销售总收入	备注

表 8-17 新型装备开发成功率信息表

年度	新型装备研发总数	新型装备研发成功数	备注

表 8-18 核心技术外购比率信息表

核心技术数量	外购核心技术数量	自研核心技术数量	备注

表 8-19 零配件可替代程度信息表

零配件名称	零配件上级供应商最大供应数量	零配件最大需求数量	备注

表 8-20 供应商性质信息表

供应商名称	国有企业	集体所有制企业	联营企业	私营企业	三资企业	备注

表 8-21　发展战略兼容性信息表

供应商名称	发展战略一致	发展战略有出入	发展战略差别较大	备注

表 8-22　企业文化兼容性信息表

供应商名称	文化相似	文化有出入	文化迥异	备注

表 8-23　信息平台兼容性信息表

供应商名称	兼容性较好	兼容性一般	兼容性差	备注

8.3.3　指标信息预处理

对于供应商性质、发展战略兼容性、企业文化兼容性和信息平台兼容性等定性指标，采用 1～5 标度类型进行定量化处理，如表 8-24～表 8-27 所示。

表 8-24　供应商性质定量化处理

供应商性质分类	在装备征用动员的级别	量化处理
国有企业	优	5
集体所有制企业、联营企业、私营企业	良	3
三资企业	差	1

表 8-25　发展战略兼容性定量化处理

发展战略兼容性情况	在装备征用动员的级别	量化处理
制订详细的长期发展规划，与军队发展战略一致	优	5
与军队发展战略有出入，但影响不大	良	3
未制定发展战略，或者发展战略与军队发展战略差别较大	差	1

表 8-26　企业文化兼容性定量化处理

企业文化兼容性情况	在装备征用动员的级别	量化处理
与军队文化非常相似，合作非常愉快	优	5
有一定差别，但是冲突不多，合作可能性较大	良	3
与军队文化存在迥异的差异，冲突不断	差	1

表 8-27 信息平台兼容性定量化处理

信息平台兼容性情况	在装备征用动员的级别	量化处理
系统数据格式、利用方式等兼容性非常好	优	5
系统存在一些差别，但是改进费用和所用时间较小	良	3
系统难以兼容，需要投入大量的时间和金钱	差	1

8.3.4 基于组合赋权和改进 TOPSIS 的选优决策

1. 基于灰色群组聚类和熵权法的组合权重确定

灰色群组聚类可以将多个专家的决策意见用灰色关联矩阵对专家进行分类，然后根据判断矩阵的归一化排序向量构成标准矩阵；可以运用熵权原理进行类内赋权，通过两两之间的灰色关联度，将意见相近的专家聚为同一类，在类别间获得较大的权重。在同一类的专家中，逻辑清晰、评价合理、不确定性程度小的专家在类内获得较大的权重。

基于灰色群组聚类的主观权重确定步骤如下。

Step1 确定判断矩阵。

假设装备保障资源供应商选优评价指标体系由 m 个评价指标构成，则第 k 位专家对 m 个评价指标的判断矩阵 $\boldsymbol{Z}^k$ 为

$$\boldsymbol{Z}^k = \begin{bmatrix} a_{11}^k & a_{12}^k & \cdots & a_{1m}^k \\ a_{21}^k & a_{22}^k & \cdots & a_{2m}^k \\ \vdots & \vdots & \ddots & \vdots \\ a_{m1}^k & a_{m2}^k & \cdots & a_{mm}^k \end{bmatrix} \tag{8.21}$$

式中：a_{ij}^k 是 a_i^k 对 a_j^k 的相对重要程度，可采用 1～9 标度类型进行确定。

Step2 进行一致性检验。

由于受专家知识水平和主观偏好的影响，需要进行一致性检验判断矩阵的相容性，以保证判断结果的可信度和准确性。

计算一致性指标 CI 和随机一致性比例 CR 为

$$\mathrm{CI} = \frac{\lambda_{\max} - m}{m - 1}, \mathrm{CR} = \frac{\mathrm{CI}}{\mathrm{RI}} \tag{8.22}$$

式中：m 为判断矩阵 $\boldsymbol{A}^k$ 的阶数；$\lambda_{\max}$ 为判断矩阵 $\boldsymbol{A}^k$ 的最大特征值；RI 为平均随机一致性指标。

当 CR<0.1 时，认为判断矩阵具有可接受的一致性；否则，就认为判断矩阵的一致性不符合标准，评分专家需要重新打分，直到一致性检验通过为止。

Step3　构建专家群排序矩阵。

一致性检验通过后，对专家判断矩阵进行归一化处理，得到评价对象的排序向量 $\boldsymbol{U}^k = (u_1^k, u_2^k, \cdots, u_m^k)^{\mathrm{T}}$ 为

$$u_i^k = \frac{w_i^k}{\sum\limits_{i=1}^{m} w_i^k}, \quad k = 1, 2, \cdots, K \tag{8.23}$$

$$w_i^k = \left(\prod_{j=1}^{n} a_{ij}^k \right)^{\frac{1}{m}} \tag{8.24}$$

由判断矩阵归一化处理后得到的排序向量，构建专家群排序矩阵 $\boldsymbol{R}$ 为

$$\boldsymbol{R} = [U^1, U^2, \cdots, U^K] = \begin{bmatrix} u_1^1 & u_1^2 & \cdots & u_1^K \\ u_2^1 & u_2^2 & \cdots & u_2^K \\ \vdots & \vdots & \ddots & \vdots \\ u_m^1 & u_m^2 & \cdots & u_m^K \end{bmatrix} \tag{8.25}$$

Step4　构建专家群灰色关联度矩阵。

对于专家 i、j 的排序向量 $\boldsymbol{U}^i$ 与 $\boldsymbol{U}^j$，用灰色理论中的灰色关联度 e_{ij} 度量专家给出的判断信息之间的相似程度为

$$e_{ij} = \frac{1 + |s_i| + |s_j|}{1 + |s_i| + |s_j| + |s_i - s_j|} \tag{8.26}$$

式中：

$$|s_i| = \left| \sum_{k=2}^{n-1} u_k^i + \frac{1}{2} u_m^i \right| \tag{8.27}$$

$$|s_i - s_j| = \left| \sum_{k=2}^{n-1} (u_k^i - u_k^j) + \frac{1}{2} (u_m^i - u_m^j) \right| \tag{8.28}$$

则专家群灰色关联度矩阵为

$$\boldsymbol{E} = \begin{bmatrix} e_{11} & e_{12} & \cdots & e_{1K} \\ & e_{22} & \cdots & e_{2K} \\ & & \ddots & \vdots \\ & & & e_{KK} \end{bmatrix} \tag{8.29}$$

根据专家群组大小，选定聚类阈值 $\Gamma \in [0,1]$，当阈值 Γ 越接近 1 时，则专家群组的分类就越细。当选定 $e_{ij} \geqslant \Gamma(i \neq j)$ 时，可认为 U^i、U^j 具有同类判断特质，即认为专家 i、j 可聚为同一类。

Step5 计算类间权重和类内权重。

若 K 个专家被分为 T 类，且专家 k 所在类 t 中包含 $\varphi_t(\varphi_t \leqslant K)$ 个，则专家 k 所在类 t 的类间权重 λ_t 为

$$\lambda_t = \frac{\varphi_t^2}{\sum_{t=1}^{T} \varphi_t^2} \tag{8.30}$$

根据排序向量可知所蕴含的信息熵可表示为

$$H(k) = -\frac{1}{\ln m} \sum_{i=1}^{m} u_i^k \ln u_i^k \tag{8.31}$$

信息熵越小，逻辑越合理，应赋予更大权重，则专家 k 的类内权重 α_k 为

$$\alpha_{tk} = \frac{1 - H(k)}{\sum_{k=1}^{m} [1 - H(k)]} \tag{8.32}$$

Step6 计算专家权重和指标权重。

专家权重 η_k 为

$$\eta_k = \lambda_t \cdot \alpha_{tk} \tag{8.33}$$

由专家权重 η_k 可求得指标权重为

$$W = \begin{bmatrix} w_1 \\ w_2 \\ \vdots \\ w_m \end{bmatrix} = \begin{bmatrix} u_1^1 & u_1^2 & \cdots & u_1^K \\ u_2^1 & u_2^2 & \cdots & u_2^K \\ \vdots & \vdots & \ddots & \vdots \\ u_m^1 & u_m^2 & \cdots & u_m^K \end{bmatrix} \cdot \begin{bmatrix} \eta_1 \\ \eta_2 \\ \vdots \\ \eta_K \end{bmatrix} \tag{8.34}$$

熵权法是一种根据指标数据包含的信息量的大小反映指标权重的方法。在信息论中，熵是对不确定性的一种度量。熵越大，越混乱，则已知的信息越少，即系统的某项指标的变异程度越小；熵越小，越集中，则已知的信息越多，即系统的某项指标的变异程度越大。根据熵的特性，利用熵值判断评价选优指标的离散程度，从而确定选优评价指标权重。

基于熵权法的客观权重确定步骤如下。

Step1　计算熵值。

选优评价指标包含的信息量大小确定选优评价指标权重的比重，熵值越小，表示指标提供的信息量越大，所对应的权重也就越大；反之亦然。

设 $x_{ij}=(i=1,2,\cdots,m;j=1,2,\cdots,n)$ 为第 j 个供应商的第 i 个指标的观测数据，根据熵值计算公式，可得到第 i 个评价指标的熵值为

$$e_i=-\frac{1}{\ln n}\sum_{j=1}^{n}f_{ij}\ln(f_{ij})\tag{8.35}$$

式中：$e_i>0$；$f_{ij}=(x_{ij}+1)/\sum_{j=1}^{n}(x_{ij}+1)$ 为第 i 个指标下第 j 个供应商的特征比重，

$\sum_{j=1}^{n}(x_{ij}+1)$ 为第 i 个指标平移后的所有观测数据之和。

Step2　计算变异系数。

计算第 i 个指标变异系数 g_i 为

$$g_i=1-e_i\tag{8.36}$$

式中：e_i 为第 i 个指标的熵值。

Step3　计算指标权重。

计算第 i 个指标权重为

$$w_i=\frac{g_i}{\sum_{i=1}^{m}g_i}\tag{8.37}$$

灰色群组聚类法计算主观权重，依据的是决策者的主观经验知识；熵权法计算客观权重，依据的是评价指标数据所包含的原始信息。将主观权重和客观权重进行综合得到组合权重，可使选优决策结果更加科学合理。组合赋权流程如图 8-1 所示。

目前，将主观权重和客观权重进行组合赋权的方法，主要有乘法组合赋权法和加法组合赋权法。乘法组合赋权法的实质是主观权重和客观权重乘积的比值，组合时存在大的权重更大、小的权重更小的"倍增效应"，适合选优评价指标权重较为均匀的情况；加法组合赋权法强调主观权重和客观权重的偏好，在遵循一定的规则条件下确定主客观权重偏好系数，代表主客观权重在组合赋权中所做的贡献大小。

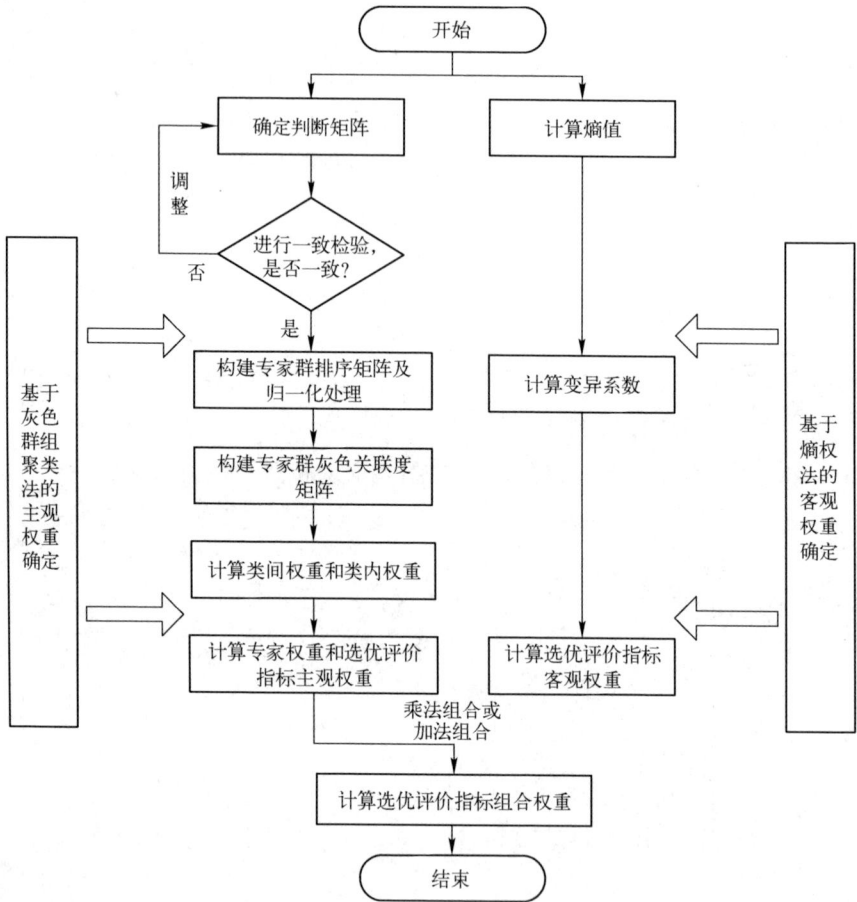

图 8-1 组合赋权流程

假设 p_i 为灰色群组聚类法确定的第 i 个选优评价指标的主观权重，q_i 为熵权法确定的第 i 个评价指标的客观权重，w_i 为主观权重和客观权重组合赋权后第 i 个评价指标权重，采用加法组合赋权法的计算公式为

$$w_i = \theta p_i + (1-\theta)q_i \qquad (8.38)$$

式中：$\theta \in [0,1]$ 为权偏好系数，表示主观权重和客观权重在组合赋权时所占的比例大小。θ 值越大，表明在确定主观权重时专家的经验知识越可靠；θ 值越小，表明收集的原始评价指标数据越客观。

与乘法组合赋权法相比，加法组合赋权法对于选优评价指标权重均匀性的约束较小，但权偏好系数 θ 的确定至关重要。

一般采用差异系数法计算权偏好系数 θ ，计算公式为

$$\theta = \frac{m}{m-1}\left[\frac{2}{m}(P_1 + 2P_2 + \cdots + mP_m) - \frac{m+1}{m}\right] \tag{8.39}$$

式中：m 为指标个数；$P_1, P_2, \cdots, P_m$ 为主观权重各分量从小到大的重新排序。

2. 基于改进 TOPSIS 的选优决策方法

1981 年，Hwang 和 Yoon 首次提出逼近理想解排序法（Technique for Order Preference by Similarity to Ideal Solution，TOPSIS），又称优劣解距离法，是系统工程中有限方案多目标决策的一种常用方法。该方法通过对原始决策矩阵进行规范化处理，将得到的最优和最劣方案组合作为方案决策分析的正、负理想解，再通过计算每个备选方案与理想方案的接近程度对各个备选方案进行排序。

TOPSIS 法的主要步骤如下。

Step1　构建决策矩阵。

假设有 m 个评价指标，n 个备选方案，其评价指标数据用 x_{ij} 表示，则决策矩阵为

$$X = \begin{bmatrix} x_{11} & x_{12} & \cdots & x_{1n} \\ x_{21} & x_{22} & \cdots & x_{2n} \\ \vdots & \vdots & x_{ij} & \vdots \\ x_{m1} & x_{m2} & \cdots & x_{mn} \end{bmatrix} \tag{8.40}$$

Step2　决策矩阵规范化处理。

不同的选优评价指标数据具有不同的数量级和量纲，有些是越大越好的正向指标数据，有些是越小越好的负向指标数据。为了消除不同量纲的影响，需要对原始评价指标数据进行规范化处理，得到标准化决策矩阵 $Y = (y_{ij})_{n \times m}$。

若指标 x_i 为效益型指标，则规范化处理数据 y_{ij} 为

$$y_{ij} = \frac{x_{ij} - \min_i(x_{ij})}{\max_i(x_{ij}) - \min_i(x_{ij})} \tag{8.41}$$

若指标 x_i 为成本型指标，则规范化处理数据 y_{ij} 为

$$y_{ij} = \frac{\max_i(x_{ij}) - x_{ij}}{\max_i(x_{ij}) - \min_i(x_{ij})} \tag{8.42}$$

Step3　计算加权规范化决策矩阵。

由各指标权重 $w_i = (w_1, w_2, \cdots, w_m)$，计算加权规范化矩阵 $Z = (z_{ij})_{n \times m}$。

$$Z = (z_{ij})_{mn} = (w_i y_{ij})_{mn} = \begin{bmatrix} w_1 y_{11} & w_1 y_{12} & \cdots & w_1 y_{1n} \\ w_2 y_{21} & w_2 y_{22} & \cdots & w_2 y_{2n} \\ \vdots & \vdots & w_i y_{ij} & \vdots \\ w_m y_{m1} & w_m y_{m2} & \cdots & w_m y_{mn} \end{bmatrix} \tag{8.43}$$

Step4 确定正理想解和负理想解。

$$z_i^+ = \max_j(z_{ij}), \quad z_i^- = \min_j(z_{ij}), i \in B \tag{8.44}$$

$$z_i^+ = \min_j(z_{ij}), \quad z_i^- = \max_j(z_{ij}), i \in C \tag{8.45}$$

式中：B 为效益型指标；C 为成本型指标。

Step5 计算各备选方案与正理想解和负理想解的欧氏距离。

各备选方案与正理想解的欧氏距离为

$$d_i^+ = \sqrt{\sum_{i=1}^m (z_i^+ - z_{ij})^2}, i = 1, 2, \cdots, m \tag{8.46}$$

各备选方案与负理想解的欧氏距离为

$$d_i^- = \sqrt{\sum_{i=1}^n (z_i^- - z_{ij})^2}, i = 1, 2, \cdots, m \tag{8.47}$$

Step6 计算各备选方案与理想解的贴近度。各备选方案与理想解的贴近度为

$$T_i = \frac{d_i^-}{d_i^+ + d_i^-}, i = 1, 2, \cdots, m \tag{8.48}$$

Step7 对各备选方案进行排序。

根据贴近度 T_i 取值大小对各备选方案进行排序，贴近度 T_i 取值越大，方案越优，反之亦然。

传统 TOPSIS 法根据各备选方案分别与正理想解和负理想解的欧氏距离确定方案排序，然而在采用与理想解之间的欧氏距离进行排序时容易出现无法反映方案优劣程度的现象，即当备选方案与正理想解较近的同时，与负理想解同样较近。如图 8-2 所示，A 点为正理想解点，B 点为负理想解点，两个备选方案分别为 C 和 D，且 C 和 D 位于 AB 的同一条垂线上，传统 TOPSIS 法采用欧氏距离计算备选方案 C 和 D 的优劣程度时，备选方案 C 距离正理想解 A 点的距离小于备选方案 D，但同时备选方案 C 距离负理想解 B 点的距离同样小于方案 D。

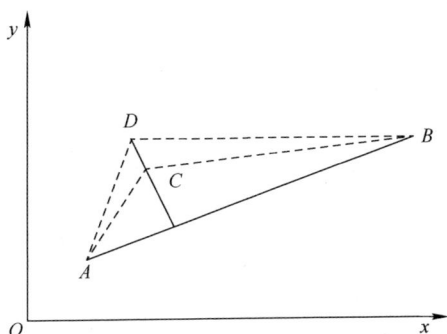

图 8-2 决策方案示意图

为了解决传统 TOPSIS 法存在的排序问题，采用相对贴近度对各备选方案进行排序。相对贴近度的计算公式为

$$\mathrm{IT}_i = \sqrt{[d_i^+ - \min(d_i^+)]^2 + [d_i^- - \max(d_i^-)]^2} \tag{8.49}$$

改进后的相对贴近度计算方法利用两个样本到理想参照点的距离作为最优参照标准，以较为直观的方式计算各备选方案到理想参照点的相对接近程度。

8.4 实例分析

8.4.1 装备保障资源供应商快速选优决策实例分析

为完成×军事任务所进行的装备征用动员中，对×型装备保障资源供应商进行选优的工作，先后经历资格预审、短期拜访、深度调研后，确定 4 个备选供应商，由来自装备论证、装备采购和装备使用 3 个部门的决策者组成决策群体对 4 个备选供应商进行选优决策。

3 位决策者给出的决策矩阵 $\boldsymbol{R}^k\,(k=1,2,3)$ 如表 8-28～表 8-30 所示。

表 8-28 决策者 D_1 给出的决策矩阵 $\boldsymbol{R}^1$

	C_1	C_2	C_3	C_4	C_5	C_6	C_7	C_8	C_9	C_{10}
A_1	MG	[96,97]	[9,11]	VG	G	(0.8,0.1)	(0.7,0.2)	F	[5,7]	VG
A_2	G	[94,96]	[10,12]	MG	VG	(0.6,0.2)	(0.8,0.1)	VG	[3,5]	G
A_3	G	[95,96]	[10,11]	F	VG	(0.6,0.1)	(0.6,0.2)	G	[4,6]	VG
A_4	VG	[96,98]	[11,13]	VG	MG	(0.5,0.3)	(0.5,0.4)	VG	[6,7]	F

表 8-29　决策者 D_2 给出的决策矩阵 $\boldsymbol{R}^2$

	C_1	C_2	C_3	C_4	C_5	C_6	C_7	C_8	C_9	C_{10}
A_1	G	[95,97]	[10,11]	G	F	(0.7,0.2)	(0.6,0.3)	VG	[6,8]	G
A_2	MG	[95,96]	[11,13]	VG	G	(0.6,0.3)	(0.7,0.2)	G	[6,7]	F
A_3	MG	[93,95]	[10,12]	VG	VG	(0.5,0.3)	(0.7,0.2)	MG	[5,6]	MG
A_4	VG	[94,96]	[9,11]	MG	F	(0.6,0.3)	(0.6,0.3)	G	[7,8]	G

表 8-30　决策者 D_3 给出的决策矩阵 $\boldsymbol{R}^3$

	C_1	C_2	C_3	C_4	C_5	C_6	C_7	C_8	C_9	C_{10}
A_1	VG	[96,97]	[9,11]	MG	F	(0.6,0.2)	(0.6,0.2)	MG	[6,8]	VG
A_2	G	[95,97]	[10,11]	G	VG	(0.5,0.4)	(0.6,0.2)	VG	[5,7]	G
A_3	MG	[95,96]	[9,10]	G	G	(0.6,0.3)	(0.7,0.1)	G	[6,7]	VG
A_4	G	[94,95]	[8,10]	VG	G	(0.7,0.3)	(0.8,0.1)	MG	[6,8]	MG

利用直觉模糊多准则群决策方法对备选供应商进行选优排序，具体步骤如下。

Step1　利用式（8.3）和式（8.4）对表 8-28～表 8-30 中的区间数型评价信息进行规范化处理，利用表 8-4 对表 8-28～表 8-30 中的语言变量型评价信息转化为直觉模糊数型评价信息，得到规范化后的直觉模糊决策矩阵 $\tilde{\boldsymbol{R}}^k$ $(k=1,2,3)$，如表 8-31～表 8-33 所示。

表 8-31　规范化后的直觉模糊决策矩阵 $\tilde{\boldsymbol{R}}^1$

	C_1	C_2	C_3	C_4	C_5	C_6	C_7	C_8	C_9	C_{10}
S_1	(0.650 0, 0.250 0)	(0.248 1, 0.745 4)	(0.214 3, 0.694 4)	(0.850 0, 0.100 0)	(0.750 0, 0.150 0)	(0.800 0, 0.100 0)	(0.700 0, 0.200 0)	(0.500 0, 0.400 0)	(0.200 0, 0.611 1)	(0.850 0, 0.100 0)
S_2	(0.750 0, 0.150 0)	(0.242 9, 0.748 0)	(0.238 1, 0.694 4)	(0.650 0, 0.250 0)	(0.850 0, 0.100 0)	(0.600 0, 0.200 0)	(0.800 0, 0.100 0)	(0.850 0, 0.100 0)	(0.120 0, 0.722 2)	(0.750 0, 0.150 0)
S_3	(0.750 0, 0.150 0)	(0.245 5, 0.748 0)	(0.214 3, 0.722 2)	(0.500 0, 0.400 0)	(0.850 0, 0.100 0)	(0.600 0, 0.100 0)	(0.600 0, 0.200 0)	(0.750 0, 0.150 0)	(0.160 0, 0.666 7)	(0.850 0, 0.100 0)
S_4	(0.850 0, 0.100 0)	(0.248 1, 0.742 8)	(0.190 5, 0.722 2)	(0.850 0, 0.100 0)	(0.650 0, 0.250 0)	(0.500 0, 0.300 0)	(0.500 0, 0.400 0)	(0.850 0, 0.100 0)	(0.240 0, 0.611 1)	(0.500 0, 0.400 0)

表 8-32　规范化后的直觉模糊决策矩阵 $\tilde{\boldsymbol{R}}^2$

	C_1	C_2	C_3	C_4	C_5	C_6	C_7	C_8	C_9	C_{10}
S_1	(0.750 0, 0.150 0)	(0.247 4, 0.742 7)	(0.212 8, 0.725 0)	(0.750 0, 0.150 0)	(0.500 0, 0.400 0)	(0.700 0, 0.200 0)	(0.600 0, 0.300 0)	(0.850 0, 0.100 0)	(0.184 9, 0.702 1)	(0.750 0, 0.150 0)
S_2	(0.650 0, 0.250 0)	(0.247 4, 0.745 4)	(0.234 0, 0.675 0)	(0.850 0, 0.100 0)	(0.750 0, 0.150 0)	(0.600 0, 0.300 0)	(0.700 0, 0.200 0)	(0.750 0, 0.150 0)	(0.211 3, 0.702 1)	(0.500 0, 0.400 0)
S_3	(0.650 0, 0.250 0)	(0.242 2, 0.748 0)	(0.212 8, 0.700 0)	(0.850 0, 0.100 0)	(0.850 0, 0.100 0)	(0.500 0, 0.300 0)	(0.700 0, 0.200 0)	(0.650 0, 0.250 0)	(0.246 5, 0.642 6)	(0.650 0, 0.250 0)
S_4	(0.850 0, 0.100 0)	(0.244 8, 0.745 4)	(0.191 5, 0.725 0)	(0.650 0, 0.250 0)	(0.500 0, 0.400 0)	(0.600 0, 0.300 0)	(0.600 0, 0.300 0)	(0.750 0, 0.150 0)	(0.184 9, 0.744 7)	(0.750 0, 0.150 0)

表 8-33　规范化后的直觉模糊决策矩阵 $\tilde{R}^3$

	C_1	C_2	C_3	C_4	C_5	C_6	C_7	C_8	C_9	C_{10}
S_1	(0.850 0, 0.100 0)	(0.249 4, 0.744 7)	(0.212 8, 0.725 0)	(0.650 0, 0.250 0)	(0.500 0, 0.400 0)	(0.600 0, 0.200 0)	(0.600 0, 0.200 0)	(0.650 0, 0.250 0)	(0.178 6, 0.688 9)	(0.850 0, 0.100 0)
S_2	(0.750 0, 0.150 0)	(0.246 8, 0.744 7)	(0.234 0, 0.675 0)	(0.750 0, 0.150 0)	(0.850 0, 0.100 0)	(0.500 0, 0.400 0)	(0.600 0, 0.200 0)	(0.850 0, 0.100 0)	(0.204 1, 0.626 7)	(0.750 0, 0.150 0)
S_3	(0.650 0, 0.250 0)	(0.246 8, 0.747 4)	(0.212 8 0.700 0)	(0.750 0, 0.150 0)	(0.75 00, 0.150 0)	(0.600 0, 0.300 0)	(0.700 0, 0.100 0)	(0.750 0, 0.150 0)	(0.204 1, 0.688 9)	(0.850 0, 0.100 0)
S_4	(0.750 0, 0.150 0)	(0.244 2, 0.750 0)	(0.191 5, 0.725 0)	(0.850 0, 0.100 0)	(0.750 0, 0.150 0)	(0.700 0, 0.300 0)	(0.800 0, 0.100 0)	(0.650 0, 0.250 0)	(0.178 6, 0.688 9)	(0.650 0, 0.250 0)

Step2　基于准则权重确定方法，计算不同决策者准则权重和权重协调系数分别为

$$\omega^1 = [0.118\ 9\quad 0.098\ 3\quad 0.083\ 8\quad 0.110\ 1\quad 0.138\ 1$$
$$0.064\ 2\quad 0.070\ 2\quad 0.125\ 7\quad 0.065\ 1\quad 0.125\ 7]$$

$$\omega^2 = [0.118\ 5\quad 0.112\ 4\quad 0.095\ 5\quad 0.158\ 4\quad 0.090\ 1$$
$$0.049\ 4\quad 0.064\ 1\quad 0.136\ 4\quad 0.092\ 9\quad 0.082\ 3]$$

$$\omega^3 = [0.124\ 0\quad 0.102\ 7\quad 0.086\ 9\quad 0.124\ 0\quad 0.111\ 1$$
$$0.036\ 7\quad 0.086\ 1\quad 0.107\ 8\quad 0.074\ 2\quad 0.146\ 4]$$

$$\alpha_1 = 0.335\ 2, \alpha_2 = 0.332\ 4, \alpha_3 = 0.332\ 4$$

则由式（8.9）可得准则综合权重为

$$\omega^* = [0.120\ 5\quad 0.104\ 5\quad 0.088\ 7\quad 0.130\ 8\quad 0.113\ 2$$
$$0.050\ 1\quad 0.073\ 5\quad 0.123\ 3\quad 0.077\ 4\quad 0.118\ 2]$$

Step3　基于决策者准则权重确定方法，计算由决策矩阵直觉模糊熵确定的决策者权重 λ_1^k 和由决策矩阵之间的距离测度确定的决策者权重 λ_2^k 分别为

$$\lambda_1^1 = 0.348\ 8,\quad \lambda_1^2 = 0.311\ 7,\quad \lambda_1^3 = 0.339\ 5$$

$$\lambda_2^1 = 0.332\ 0,\quad \lambda_2^2 = 0.333\ 2,\quad \lambda_2^3 = 0.334\ 8$$

令决策者权重协调系数 $\beta = 0.5$，则由式（8.14）可得决策者综合权重为

$$\lambda_1^* = 0.340\ 4,\quad \lambda_2^* = 0.322\ 5,\quad \lambda_3^* = 0.337\ 1$$

Step4　利用直觉模糊加权平均算子将决策者决策矩阵聚合为决策群体决策矩阵，如表 8-34 所示。

表 8-34   决策群体决策矩阵 **F**

	C_1	C_2	C_3	C_4	C_5	C_6	C_7	C_8	C_9	C_{10}
S_1	(0.764 0, 0.155 7)	(0.248 3, 0.744 3)	(0.213 3, 0.714 4)	(0.764 7, 0.155 2)	(0.605 1, 0.286 5)	(0.712 1, 0.158 0)	(0.637 3, 0.227 9)	(0.699 3 0.218 3)	(0.188 0, 0.665 4)	(0.823 1 0.114 0)
S_2	(0.721 3, 0.176 9)	(0.245 7, 0.746 0)	(0.235 4, 0.681 5)	(0.762 2, 0.156 6)	(0.823 1, 0.114 0)	(0.568 8, 0.287 9)	(0.712 1, 0.158 0)	(0.823 1, 0.114 0)	(0.178 8, 0.682 2)	(0.687 4, 0.094 7)
S_3	(0.687 9 0.210 1)	(0.244 9, 0.747 8)	(0.213 3, 0.707 5)	(0.731 5, 0.183 8)	(0.821 8, 0.114 6)	(0.600 0, 0.206 4)	(0.669 1, 0.158 3)	(0.721 3, 0.176 9)	(0.203 5, 0.666 1)	(0.802 9, 0.134 4)
S_4	(0.821 8, 0.114 6)	(0.245 7, 0.746 1)	(0.191 2, 0.724 0)	(0.802 9, 0.134 4)	(0.649 4, 0.244 9)	(0.608 3, 0.300 0)	(0.658 4, 0.228 5)	(0.764 7, 0.155 2)	(0.202 0, 0.678 2)	(0.645 5, 0.248 8)

Step5   根据决策者决策矩阵 **F**，确定供应商备选方案正理想解和负理想解分别为

$$f^* = (0.821\,8, 0.114\,6), (0.248\,3, 0.744\,3),$$
$$(0.235\,4, 0.681\,5), (0.802\,9, 0.134\,4),$$
$$(0.823\,1, 0.114\,0), (0.712\,1, 0.158\,0),$$
$$(0.712\,1, 0.158\,0), (0.823\,1, 0.114\,0),$$
$$(0.178\,8, 0.682\,2), (0.823\,1, 0.114\,0)$$

$$f^- = (0.687\,9, 0.210\,1), (0.244\,9, 0.747\,8),$$
$$(0.191\,2, 0.724\,0), (0.731\,5, 0.183\,8),$$
$$(0.605\,1, 0.286\,5), (0.568\,8, 0.287\,9),$$
$$(0.658\,4, 0.228\,5), (0.699\,3, 0.218\,3),$$
$$(0.203\,5, 0.666\,1), (0.645\,5, 0.248\,8)$$

Step6   根据欧氏距离测度，结合式（8.18）～式（8.20），令 $\mu = 0.5$，计算供应商备选方案的群体效用值 $S(S_i)$、个体遗憾值 $R(S_i)$ 和折中值 $Q(S_i)$ 分别为

$$S(S_1) = 0.552\,1,\ \ S(S_2) = 0.389\,9,\ \ S(S_3) = 0.678\,6,\ \ S(S_4) = 0.617\,4$$

$$R(S_1) = 0.123\,3,\ \ R(S_2) = 0.107\,7,\ \ R(S_3) = 0.130\,7,\ \ R(S_4) = 0.118\,2$$

$$Q(S_1) = 0.62,\ \ Q(S_2) = 0,\ \ Q(S_3) = 1,\ \ Q(S_4) = 0.621\,8$$

Step7   根据 $S(S_i)$、$R(S_i)$ 和 $Q(S_i)$ 的值进行升序排列，分别得到供应商备选方案排序结果，如表 8-35 所示。

表 8-35   供应商备选方案排序结果

	1	2	3	4
$S(S_i)$	S_2	S_1	S_4	S_3
$R(S_i)$	S_2	S_4	S_1	S_3
$Q(S_i)$	S_2	S_1	S_4	S_3

由表 8-35 可以看出，供应商备选方案 S_2 满足 $Q(S_1)-Q(S_2)=0.62\geqslant 1/3$，且 S_2 在依据 $S(S_i)$ 和 $R(S_i)$ 排序时均是最小值。因此，$\mu=0.5$ 时，供应商备选方案 S_2 为折中方案。

针对不同的折中系数，当 $\mu<0.5$ 时，决策专家倾向于按最小化个体遗憾机制进行决策；当 $\mu=0.5$ 时，决策专家倾向于按协商共识机制进行决策；$\mu>0.5$ 时，决策专家倾向于按最大化群体效用机制进行决策。折中系数 μ 对供应商备选方案选优决策排序结果的影响如表 8-36 所示。

表 8-36　折中系数 μ 对供应商备选方案选优决策排序结果的影响

μ	$Q(S_1)$	$Q(S_2)$	$Q(S_3)$	$Q(S_4)$	备选方案排序结果	折中方案
0.0	0.678 4	0	1	0.455 8	$S_2 \succ S_4 \succ S_1 \succ S_3$	S_2
0.1	0.666 7	0	1	0.489 0	$S_2 \succ S_4 \succ S_1 \succ S_3$	S_2
0.2	0.655	0	1	0.522 2	$S_2 \succ S_4 \succ S_1 \succ S_3$	S_2
0.3	0.643 4	0	1	0.555 4	$S_2 \succ S_4 \succ S_1 \succ S_3$	S_2
0.4	0.631 7	0	1	0.588 6	$S_2 \succ S_4 \succ S_1 \succ S_3$	S_2
0.5	0.620 0	0	1	0.621 8	$S_2 \succ S_1 \succ S_4 \succ S_3$	S_2
0.6	0.608 3	0	1	0.655 0	$S_2 \succ S_1 \succ S_4 \succ S_3$	S_2
0.7	0.596 6	0	1	0.688 2	$S_2 \succ S_1 \succ S_4 \succ S_3$	S_2
0.8	0.584 9	0	1	0.721 4	$S_2 \succ S_1 \succ S_4 \succ S_3$	S_2
0.9	0.573 3	0	1	0.754 6	$S_2 \succ S_1 \succ S_4 \succ S_3$	S_2
1.0	0.561 6	0	1	0.787 8	$S_2 \succ S_1 \succ S_4 \succ S_3$	S_2

折中系数 μ 对装备保障资源供应商选优决策排序结果影响雷达图如图 8-3 所示。

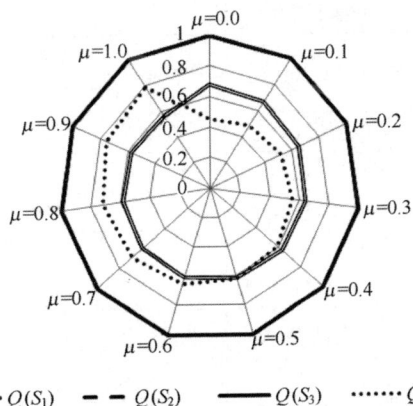

图 8-3　折中系数 μ 对装备保障资源供应商选优决策排序结果影响雷达图

由表 8-36 和图 8-3 可以看出，针对不同的折中系数 μ，根据决策者主观偏好的不同机制进行决策，得到不同的排序结果。当 $\mu < 0.5$ 时，得到的排序结果为 $S_2 \succ S_4 \succ S_1 \succ S_3$；当 $\mu \geqslant 0.5$ 时，得到的排序结果为 $S_2 \succ S_1 \succ S_4 \succ S_3$。因此，所提方法能够根据决策者主观偏好得到不同的排序结果，提高了决策的灵活性和可用性。此外，当 $\mu < 0.5$ 时，备选供应商备选方案 S_2 满足 $Q(S_4) - Q(S_2) \geqslant 1/3$；当 $\mu \geqslant 0.5$ 时，供应商备选方案 S_2 满足 $Q(S_1) - Q(S_2) \geqslant 1/3$，且供应商备选方案 S_2 在依据 $S(S_i)$ 和 $R(S_i)$ 排序时均是最小值。因此，供应商备选方案 S_2 在决策过程中是稳定的折中方案。

8.4.2 装备保障资源供应商综合选优决策实例分析

1. 指标信息收集与处理

为完成×军事任务所进行的装备征用动员中，对×型装备保障资源供应商进行选优决策，先后经历资格预审、短期拜访、深度调研，确定 S_1、S_2、S_3、S_4 共 4 个备选供应商，依据供应商选优评价指标体系和收集分析表格，获得各备选供应商选优评价指标数据，如表 8-37 所示。

表 8-37 备选供应商选优评价指标数据

一级指标	二级指标	S_1	S_2	S_3	S_4
供应商绩效	单价	550	530	490	510
	合格率	98	97	99	99
	交货准确率	99	98	96	99
	时间柔性	0.3	0.22	0.15	0.2
	数量柔性	21	35	30	20
生产经营管理能力	产量	5 500	6 000	3 000	5 000
	固定资产投资增长率	6	7	9	5
	固定资产投资收益率	80	60	90	75
	成本控制水平	80	90	50	60
	质量控制水平	70	50	90	60
	库存控制水平	80	60	70	70
创新发展能力	新技术创新投入比率	15	20	10	25
	科研费用率	10	12	8	5
	新型装备开发成功率	95	70	80	90

续表

一级指标	二级指标	S_1	S_2	S_3	S_4
供应稳定性安全性	核心技术外购比率	20	15	30	5
	零配件可替代程度	80	90	95	100
	供应商性质	5	5	3	5
兼容性	发展战略兼容性	3	5	1	5
	企业文化兼容性	3	5	1	3
	信息平台兼容性	5	1	3	3

装备保障资源供应商选优评价指标由于量纲、数量级的不同，会对选优决策造成影响。因此，应对原始数据进行无量纲化处理，结果如表 8-38 所示。

表 8-38　供应商选优评价指标数据处理结果

一级指标	二级指标	S_1	S_2	S_3	S_4
供应商绩效	单价	0.000 0	0.333 3	1.000 0	0.666 7
	合格率	0.500 0	0.000 0	1.000 0	1.000 0
	交货准确率	1.000 0	0.666 7	0.000 0	1.000 0
	时间柔性	1.000 0	0.466 7	0.000 0	0.333 3
	数量柔性	0.066 7	1.000 0	0.666 7	0.000 0
生产经营管理能力	产量	0.833 3	1.000 0	0.000 0	0.666 7
	固定资产投资增长率	0.250 0	0.500 0	1.000 0	0.000 0
	固定资产投资收益率	0.666 7	0.000 0	1.000 0	0.500 0
	成本控制水平	0.750 0	1.000 0	0.000 0	0.250 0
	质量控制水平	0.500 0	1.000 0	0.000 0	0.250 0
	库存控制水平	1.000 0	0.000 0	0.500 0	0.500 0
创新发展能力	新技术创新投入比例	0.333 3	0.666 7	0.000 0	1.000 0
	科研费用率	0.714 3	1.000 0	0.428 6	0.000 0
	新型装备开发成功率	1.000 0	0.000 0	0.400 0	0.800 0
供应稳定性安全性	核心技术外购比例	0.400 0	0.600 0	0.000 0	1.000 0
	零配件可替代程度	0.000 0	0.500 0	0.750 0	1.000 0
	供应商性质	1.000 0	1.000 0	0.000 0	1.000 0
兼容性	发展战略兼容性	0.500 0	1.000 0	0.000 0	1.000 0
	企业文化兼容性	0.500 0	1.000 0	0.000 0	0.500 0
	信息平台兼容性	1.000 0	0.000 0	0.500 0	0.500 0

2. 组合权重确定

按照基于灰色群组聚类的主观权重确定步骤如下。

Step1 确定判断矩阵。

根据装备保障资源供应商选优决策要求，邀请 6 位相关领域专家组成专家决策群，按照构建的评价指标体系，采用 AHP 法的 9 标度原则，对装备保障资源供应商选优评价指标体系中的供应商绩效、生产经营管理能力、创新发展能力、供应稳定性安全性、兼容性 5 个一级指标权重进行评价，各专家判断矩阵为

$$
\boldsymbol{Z}^1 = \begin{bmatrix} 1 & 6 & 4 & 7 & 5 \\ 1/6 & 1 & 1/4 & 1/2 & 1/3 \\ 1/4 & 4 & 1 & 5 & 3 \\ 1/7 & 2 & 1/5 & 1 & 1/4 \\ 1/5 & 3 & 1/3 & 4 & 1 \end{bmatrix}, \quad
\boldsymbol{Z}^2 = \begin{bmatrix} 1 & 5 & 4 & 3 & 4 \\ 1/5 & 1 & 1/2 & 3 & 2 \\ 1/4 & 2 & 1 & 5 & 3 \\ 1/3 & 1/3 & 1/5 & 1 & 1/2 \\ 1/4 & 1/2 & 1/3 & 2 & 1 \end{bmatrix},
$$

$$
\boldsymbol{Z}^3 = \begin{bmatrix} 1 & 6 & 1/3 & 1/2 & 2 \\ 1/6 & 1 & 1/5 & 1/4 & 1/3 \\ 3 & 5 & 1 & 3 & 4 \\ 2 & 4 & 1/3 & 1 & 5 \\ 1/2 & 3 & 1/4 & 1/5 & 1 \end{bmatrix}, \quad
\boldsymbol{Z}^4 = \begin{bmatrix} 1 & 1/5 & 3 & 4 & 1/4 \\ 5 & 1 & 6 & 5 & 2 \\ 1/3 & 1/6 & 1 & 3 & 1/5 \\ 1/4 & 1/5 & 1/3 & 1 & 1/6 \\ 4 & 1/2 & 5 & 6 & 1 \end{bmatrix},
$$

$$
\boldsymbol{Z}^5 = \begin{bmatrix} 1 & 3 & 2 & 1/2 & 3 \\ 1/3 & 1 & 3 & 1/5 & 1/2 \\ 1/2 & 1/3 & 1 & 1/7 & 1/4 \\ 2 & 5 & 7 & 1 & 5 \\ 1/3 & 2 & 4 & 1/5 & 1 \end{bmatrix}, \quad
\boldsymbol{Z}^6 = \begin{bmatrix} 1 & 1/5 & 3 & 1/6 & 1/4 \\ 5 & 1 & 4 & 1/5 & 1/2 \\ 1/3 & 1/4 & 1 & 1/6 & 1/5 \\ 6 & 5 & 6 & 1 & 3 \\ 4 & 2 & 5 & 1/3 & 1 \end{bmatrix}
$$

Step2 进行一致性检验。

计算 6 名专家给出的判断矩阵的最大特征值 λ_{max}、一致性指标 CI 和随机一致性比例 CR，得到一致性检验结果如表 8-39 所示。

表 8-39　一致性检验结果

	$\boldsymbol{Z}^1$	$\boldsymbol{Z}^2$	$\boldsymbol{Z}^3$	$\boldsymbol{Z}^4$	$\boldsymbol{Z}^5$	$\boldsymbol{Z}^6$
λ_{max}	5.356 9	5.402 1	5.350 6	5.364 4	5.356 6	5.397 3
CI	0.089 2	0.100 5	0.087 7	0.091 1	0.089 2	0.099 3
CR	0.079 7	0.089 8	0.078 3	0.081 3	0.079 6	0.088 7

由表 8-39 结果可知，随机一致性比例均满足 CR < 0.1。因此，专家判断矩阵具有可接受的一致性，通过一致性检验。

Step3　构建专家群排序矩阵。

由式（8.23）～式（8.25）可得专家群排序向量所构成的排序矩阵 $\boldsymbol{R}$ 为

$$\boldsymbol{R} = \begin{bmatrix} 0.525\,4 & 0.467\,1 & 0.175\,2 & 0.126\,9 & 0.233\,3 & 0.067\,0 \\ 0.050\,6 & 0.140\,9 & 0.047\,0 & 0.439\,8 & 0.094\,9 & 0.161\,0 \\ 0.234\,9 & 0.233\,6 & 0.430\,9 & 0.071\,2 & 0.054\,0 & 0.043\,2 \\ 0.058\,4 & 0.063\,5 & 0.256\,0 & 0.043\,3 & 0.485\,2 & 0.493\,4 \\ 0.130\,7 & 0.095\,0 & 0.090\,9 & 0.318\,8 & 0.132\,6 & 0.235\,3 \end{bmatrix}$$

Step4　构建专家群灰色关联度矩阵。

由式（8.26）～式（8.29）确定各专家之间的灰色关联度矩阵 $\boldsymbol{E}$ 为

$$\boldsymbol{E} = \begin{bmatrix} 1.000\,0 & 0.961\,3 & 0.855\,4 & 0.874\,6 & 0.878\,7 & 0.845\,6 \\ & 1.000\,0 & 0.885\,2 & 0.906\,0 & 0.910\,5 & 0.874\,6 \\ & & 1.000\,0 & 0.974\,3 & 0.054\,0 & 0.986\,3 \\ & & & 1.000\,0 & 0.994\,5 & 0.961\,4 \\ & & & & 1.000\,0 & 0.956\,3 \\ & & & & & 1.000\,0 \end{bmatrix}$$

Step5　计算类间权重和类内权重。

由专家群灰色关联度矩阵 $\boldsymbol{E}$ ，取聚类阈值 $\varGamma = 0.97$ 。此时，聚类结果为：专家 3、专家 4、专家 5、专家 6 聚为一类，而专家 1 和专家 2 各成一类，即 $\{(3,4,5,6),(1),(2)\}$ ，则根据式（8.30）计算类间权重为

$$\lambda_1 = \frac{16}{18}, \quad \lambda_1 = \frac{1}{18}, \quad \lambda_1 = \frac{1}{18}$$

对于第 1 类中的专家权重，根据式（8.32）计算类内权重为

$$\alpha_{13} = 0.265\,2, \quad \alpha_{14} = 0.237\,3, \quad \alpha_{15} = 0.255\,7, \quad \alpha_{16} = 0.241\,9$$

对于第 2、3 类中的专家，因其类中只有一个专家，则类内权重为

$$\alpha_{21} = \alpha_{32} = 1$$

Step6　计算专家权重和指标权重。

根据式（8.33）得到群组专家权重向量 η 为

$$\eta = (0.055\,6, 0.055\,6, 0.235\,7, 0.210\,9, 0.227\,3, 0.215\,0)$$

综合 6 位专家的总权重和排序向量，可得装备保障资源供应商选优评价指标体系的供应商绩效、生产经营管理能力、创新发展能力、供应稳定性安全性、兼容性 5 个一级指标的权重为

$$W = (0.190\,6, 0.170\,7, 0.164\,2, 0.292\,6, 0.181\,9)$$

二级指标权重可采用上述方法确定。为了简便起见，可采用 AHP 法软件 YAAHP 确定二级指标权重。

构造二级指标判断矩阵，各判断矩阵的最大特征根和权重向量如表 8-40～表 8-44 所示。

表 8-40 供应商绩效指标判断矩阵和权重向量

	A_1	A_2	A_3	A_4	A_5	w_i
A_1	1	4	1/3	6	1/4	0.160 6
A_2	1/4	1	1/6	1	1/6	0.051 7
A_3	3	6	1	7	2	0.422 5
A_4	1/6	1	1/7	1	1/5	0.048 0
A_5	4	6	1/2	5	1	0.317 2

表 8-41 生产经营管理能力指标判断矩阵和权重向量

	B_1	B_2	B_3	B_4	B_5	B_6	w_i
B_1	1	6	1/4	1/3	1/5	4	0.098 5
B_2	1/6	1	1/5	1/2	1/8	1	0.041 0
B_3	4	5	1	2	1/2	6	0.254 8
B_4	3	2	1/2	1	1/5	5	0.137 8
B_5	5	8	2	5	1	7	0.430 7
B_6	1/4	1	1/6	1/5	1/7	1	0.037 2

表 8-42 创新发展能力指标判断矩阵和权重向量

	C_1	C_2	C_3	w_i
C_1	1	1/5	2	0.172 1
C_2	5	1	6	0.725 8
C_3	1/2	1/6	1	0.102 1

表 8-43 供应稳定性安全性指标判断矩阵和权重向量

	D_1	D_2	D_3	w_i
D_1	1	1/2	5	0.342 0
D_2	2	1	6	0.576 9
D_3	1/5	1/6	1	0.081 1

表 8-44　兼容性指标判断矩阵和权重向量

	E_1	E_2	E_3	w_i
E_1	1	3	1/4	0.225 5
E_2	1/3	1	1/5	0.100 7
E_3	4	5	1	0.673 8

最后，各二级指标的权重乘以其对应的上一级指标的权重即可计算装备保障资源供应商选优评价指标主观权重，如表 8-45 所示。

表 8-45　供应商选优评价指标主观权重

一级指标	一级指标权重	二级指标	二级指标权重	主观权重
供应商绩效	0.190 6	单价	0.160 6	0.030 6
		合格率	0.051 7	0.009 9
		交货准确率	0.422 5	0.080 5
		时间柔性	0.048 0	0.009 1
		数量柔性	0.317 2	0.060 5
生产经营管理能力	0.170 7	产量	0.098 5	0.016 8
		固定资产投资增长率	0.041 0	0.007 0
		固定资产投资收益率	0.254 8	0.043 5
		成本控制水平	0.137 8	0.023 5
		质量控制水平	0.430 7	0.073 5
		库存控制水平	0.037 2	0.006 4
创新发展能力	0.164 2	新技术创新投入比率	0.172 1	0.028 3
		科研费用率	0.725 8	0.119 2
		新型装备开发成功率	0.102 1	0.016 7
供应稳定性安全性	0.292 6	核心技术外购比率	0.342 0	0.100 1
		零配件可替代程度	0.576 9	0.168 8
		供应商性质	0.081 1	0.023 7
兼容性	0.181 9	发展战略兼容性	0.225 5	0.041 0
		企业文化兼容性	0.100 7	0.018 3
		信息平台兼容性	0.673 8	0.122 6

结合供应商选优评价指标无量纲化处理的数据（见表 8-38），利用式（8.35）～式（8.37），可得装备保障资源供应商选优评价指标的熵值、变异系数和客观权重，如表 8-46 所示。

表 8-46　供应商选优评价指标客观权重

指标层	熵值	变异系数	客观权重
单价	0.933 0	0.067 0	0.050 5
合格率	0.934 5	0.065 5	0.049 4
交货准确率	0.936 7	0.063 3	0.047 8
时间柔性	0.932 1	0.067 9	0.051 2
数量柔性	0.924 3	0.075 7	0.057 2
产量	0.937 6	0.062 4	0.047 1
固定资产投资增长率	0.930 4	0.069 6	0.052 5
固定资产投资收益率	0.936 0	0.064 0	0.048 3
成本控制水平	0.930 6	0.069 4	0.052 3
质量控制水平	0.930 4	0.069 6	0.052 5
库存控制水平	0.934 9	0.065 1	0.049 1
新技术创新投入比率	0.933 0	0.067 0	0.050 5
科研费用率	0.934 9	0.065 1	0.049 1
新型装备开发成功率	0.934 1	0.065 9	0.049 7
核心技术外购比率	0.934 3	0.065 7	0.049 6
零配件可替代程度	0.936 0	0.064 0	0.048 3
供应商性质	0.937 5	0.062 5	0.047 2
发展战略兼容性	0.934 5	0.065 5	0.049 4
企业文化兼容性	0.934 9	0.065 1	0.049 1
信息平台兼容性	0.934 9	0.065 1	0.049 1

由供应商选优评价指标主观权重（见表 8-45）可知，采用灰色群组聚类法确定的主观权重差异较大。因此，采用加法组合赋权法，将确定的主客观权重结果，即表 8-45 和表 8-46 的数据代入式（8.38），可得到供应商选优评价指标组合权重，如表 8-47 所示。

表 8-47　供应商选优评价指标组合权重

一级指标	二级指标	主观权重	客观权重	组合权重
供应商绩效	单价	0.030 6	0.050 5	0.040 5
	合格率	0.009 9	0.049 4	0.029 6
	交货准确率	0.080 5	0.047 8	0.064 2
	时间柔性	0.009 1	0.051 2	0.030 1
	数量柔性	0.060 5	0.057 2	0.058 8

续表

一级指标	二级指标	主观权重	客观权重	组合权重
生产经营管理能力	产量	0.016 8	0.047 1	0.031 9
	固定资产投资增长率	0.007 0	0.052 5	0.029 7
	固定资产投资收益率	0.043 5	0.048 3	0.045 9
	成本控制水平	0.023 5	0.052 3	0.037 9
	质量控制水平	0.073 5	0.052 5	0.063 0
	库存控制水平	0.006 4	0.049 1	0.027 7
创新发展能力	新技术创新投入比率	0.028 3	0.050 5	0.039 4
	科研费用率	0.119 2	0.049 1	0.084 3
	新型装备开发成功率	0.016 7	0.049 7	0.033 1
供应稳定性安全性	核心技术外购比率	0.100 1	0.049 6	0.075 0
	零配件可替代程度	0.168 8	0.048 3	0.108 8
	供应商性质	0.023 7	0.047 2	0.035 4
兼容性	发展战略兼容性	0.041 0	0.049 4	0.045 2
	企业文化兼容性	0.018 3	0.049 1	0.033 6
	信息平台兼容性	0.122 6	0.049 1	0.086 0

3. 供应商选优决策排序

由供应商选优评价指标处理结果（见表 8-38）和组合权重（见表 8-47），可得到加权规范化决策矩阵，如表 8-48 所示。

表 8-48　加权规范化决策矩阵

一级指标	二级指标	S_1	S_2	S_3	S_4
供应商绩效	单价	0.000 0	0.013 5	0.040 5	0.027 0
	合格率	0.014 8	0.000 0	0.029 6	0.029 6
	交货准确率	0.064 2	0.042 8	0.000 0	0.064 2
	时间柔性	0.030 1	0.014 0	0.000 0	0.010 0
	数量柔性	0.003 9	0.058 8	0.039 2	0.000 0
生产经营管理能力	产量（件）	0.026 6	0.031 9	0.000 0	0.021 3
	固定资产投资增长率	0.007 4	0.014 8	0.029 7	0.000 0
	固定资产投资收益率	0.030 6	0.000 0	0.045 9	0.022 9
	成本控制水平	0.028 4	0.037 9	0.000 0	0.009 5
	质量控制水平	0.031 5	0.000 0	0.063 0	0.015 8
	库存控制水平	0.027 7	0.000 0	0.013 8	0.013 8

续表

一级指标	二级指标	S_1	S_2	S_3	S_4
创新发展能力	新技术创新投入比率	0.013 1	0.026 2	0.000 0	0.039 4
	科研费用率	0.060 2	0.084 3	0.036 1	0.000 0
	新型装备开发成功率	0.033 1	0.000 0	0.013 3	0.026 5
供应稳定性安全性	核心技术外购比率	0.030 0	0.045 0	0.000 0	0.075 0
	零配件可替代程度	0.000 0	0.054 4	0.081 6	0.108 8
	供应商性质	0.035 4	0.035 4	0.000 0	0.035 4
兼容性	发展战略兼容性	0.022 6	0.045 2	0.000 0	0.045 2
	企业文化兼容性	0.016 8	0.033 6	0.000 0	0.016 8
	信息平台兼容性	0.086 0	0.000 0	0.043 0	0.043 0

利用式（8.44）和式（8.45），计算备选供应商选优评价指标正理想解与负理想解，如表 8-49 所示。

表 8-49 正理想解和负理想解

选优评价指标	正理想解	负理想解
单价	0.000 0	0.040 5
合格率	0.029 6	0.000 0
交货准确率	0.064 2	0.000 0
时间柔性	0.030 1	0.000 0
数量柔性	0.058 8	0.000 0
产量	0.031 9	0.000 0
固定资产投资增长率	0.029 7	0.000 0
固定资产投资收益率	0.045 9	0.000 0
成本控制水平	0.037 9	0.000 0
质量控制水平	0.063 0	0.000 0
库存控制水平	0.027 7	0.000 0
新技术创新投入比率	0.039 4	0.000 0
科研费用率	0.084 3	0.000 0
新型装备开发成功率	0.033 1	0.000 0
核心技术外购比率	0.000 0	0.075 0
零配件可替代程度	0.108 8	0.000 0
供应商性质	0.035 4	0.000 0
发展战略兼容性	0.045 2	0.000 0
企业文化兼容性	0.033 6	0.000 0
信息平台兼容性	0.086 0	0.000 0

利用式（8.46）和式（8.47），计算供应商备选方案与正理想解的距离 d_i^+ 和负理想解的距离 d_i^-，如表 8-50 所示。

表 8-50 供应商备选方案与正理想解的距离 d_i^+ 和负理想解的距离 d_i^-

	S_1	S_2	S_3	S_4
与正理想解的距离 d_i^+	0.141 0	0.149 9	0.144 8	0.155 7
与负理想解的距离 d_i^-	0.165 9	0.158 0	0.158 6	0.162 2

利用改进后的相对贴近度（见式（8.49）），得到供应商备选方案与理想解的相对贴近度，如表 8-51 所示。

表 8-51 供应商备选方案与理想解的相对贴近度

	S_1	S_2	S_3	S_4
相对贴近度	0.000 0	0.012 0	0.008 2	0.015 2

在装备保障资源供应商选优决策中，排序方法是影响最终供应商备选方案排序结果的一个关键因素。为了衡量提出的基于灰色群组聚类和熵权法组合赋权的改进 TOPSIS 选优决策方法（CW-ITOPSIS）的稳定性，与基于灰色群组聚类和熵权法组合赋权的 TOPSIS 选优决策方法（CW-TOPSIS）进行比较，供应商备选方案排序结果如表 8-52 所示。

表 8-52 CW-ITOPSIS 方法和 CW-TOPSIS 方法对比后的供应商备选方案排序结果

供应商	CW-ITOPSIS 方法		CW-TOPSIS 方法	
	IT_i	排序结果	T_i	排序结果
S_1	0.000 0	1	0.554 9	1
S_2	0.012 0	3	0.528 5	4
S_3	0.008 2	2	0.530 6	3
S_4	0.015 2	4	0.542 4	2

由表 8-52 可以看出，针对不同的排序方法，CW-ITOPSIS 方法和 CW-TOPSIS 方法虽然得到的装备保障资源供应商备选方案排序结果有所不同，但是备选供应商 S_1 均为折中方案，这也验证了 CW-ITOPSIS 方法的有效性和稳定性。

在装备保障资源供应商选优决策中，专家可能有不同的决策态度，进而采取不同的权偏好系数，即 θ 可取 [0,1] 之间的任何值。当 $\theta \leqslant 0.5$ 时，决策专家倾向于按客观评价数据进行决策；当 $\theta \geqslant 0.5$ 时，决策专家倾向于按专家主观经验知识进行决策。权偏好系数 θ 对装备保障资源供应商备选方案排序结果的影响如表 8-53 所示。

表 8-53　权偏好系数 θ 对供应商备选方案选优决策排序结果的影响

θ	IT_1	IT_2	IT_3	IT_4	备选方案排序结果	折中方案
0.0	0.000 0	0.030 6	0.060 1	0.036 7	$S_1 \succ S_2 \succ S_4 \succ S_3$	S_1
0.1	0.000 0	0.026 7	0.050 3	0.033 1	$S_1 \succ S_2 \succ S_4 \succ S_3$	S_1
0.2	0.000 0	0.022 7	0.039 9	0.029 0	$S_1 \succ S_2 \succ S_4 \succ S_3$	S_1
0.3	0.000 0	0.018 7	0.029 1	0.024 5	$S_1 \succ S_2 \succ S_4 \succ S_3$	S_1
0.4	0.000 0	0.015 1	0.018 3	0.019 8	$S_1 \succ S_2 \succ S_3 \succ S_4$	S_1
0.5	0.000 0	0.012 0	0.008 4	0.015 3	$S_1 \succ S_3 \succ S_2 \succ S_4$	S_1
0.6	0.005 9	0.013 9	0.003 3	0.017 2	$S_3 \succ S_1 \succ S_2 \succ S_4$	S_3
0.7	0.016 1	0.021 4	0.003 2	0.023 4	$S_3 \succ S_1 \succ S_2 \succ S_4$	S_3
0.8	0.026 1	0.028 9	0.003 3	0.029 4	$S_3 \succ S_1 \succ S_2 \succ S_4$	S_3
0.9	0.035 7	0.036 2	0.003 6	0.035 0	$S_3 \succ S_4 \succ S_1 \succ S_2$	S_3
1.0	0.044 8	0.043 3	0.004 1	0.040 3	$S_3 \succ S_4 \succ S_2 \succ S_1$	S_3

权偏好系数 θ 对装备保障资源供应商选优决策排序结果影响雷达图如图 8-4 所示。

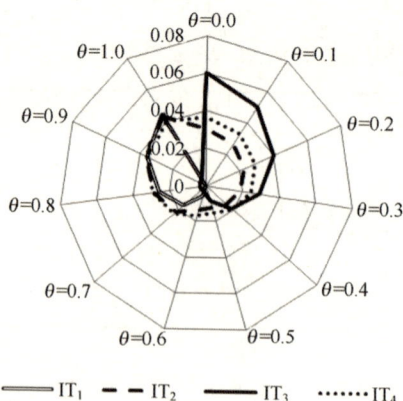

图 8-4　权偏好系数 θ 对装备保障资源供应商选优决策排序结果影响雷达图

由表 8-53 和图 8-4 可以看出，针对不同的权偏好系数 θ，根据专家主观偏好的不同机制进行决策，得到不同的装备保障资源供应商备选方案排序结果。当 θ 取值为 $\{0.0, 0.1, 0.2, 0.3\}$ 时，得到装备保障资源供应商备选方案排序结果为 $S_1 \succ S_2 \succ S_4 \succ S_3$，备选供应商 S_1 为折中方案；当 θ 取值为 $\{0.4\}$ 时，得到装备保障资源供应商备选方案排序结果为 $S_1 \succ S_2 \succ S_3 \succ S_4$，备选供应商 S_1 为折中方案；当 θ 取值为 $\{0.5\}$ 时，得到装备保障资源供应商备选方案排序结果为 $S_1 \succ S_3 \succ S_2 \succ S_4$，备选供应商 S_1 为折中方案；当 θ 取值为 $\{0.6, 0.7, 0.8\}$ 时，得到装备保障资源供应商备选方案排序结果为 $S_3 \succ S_1 \succ S_2 \succ S_4$，备选供应商 S_3 为折中方案；当 θ 取值为 $\{0.9\}$ 时，得到装备保障资源供应商备选方案排序结果为 $S_3 \succ S_4 \succ S_1 \succ S_2$，备选供应商 S_3 为折中方案；当 θ 取值为 $\{1.0\}$ 时，得到装备保障资源供应商备选方案排序结果为 $S_3 \succ S_4 \succ S_2 \succ S_1$，备选供应商 S_3 为折中方案。因此，采用组合赋权 ITOPSIS 方法能够根据专家主观偏好得到不同的备选方案排序结果，提高了装备保障资源供应商选优决策的灵活性和可用性。

8.5　本章小结

本章针对装备征用动员背景下保障资源需求不确定性大、响应时效性和质量要求高等特点，分别提出了装备保障资源供应商选优决策的两种实现途径：快速选优决策和综合选优决策，并分别构建了两种选优决策模式下的评价指标体系。针对备选供应商快速选优决策问题，提出了一种基于直觉模糊熵和 VIKOR 框架的群决策方法，针对备选供应商综合选优决策问题，提出了一种基于组合赋权和改进 TOPSIS 法的选优决策。通过装备保障资源供应商选优决策实例，并结合敏感性分析表明选优评价指标体系和选优决策方法的有效性和稳定性。

参 考 文 献

[1] 汪应洛. 系统工程（第五版）[M]. 北京：机械工业出版社，2016.

[2] 陈学楚，张诤敏，陈云翔，等. 装备系统工程（第二版）[M]. 北京：国防工业出版社，2005.

[3] 单志伟，等. 装备综合保障工程[M]. 北京：国防工业出版社，2007.

[4] 宋太亮. 装备保障性系统工程[M]. 北京：国防工业出版社，2008.

[5] 康锐. 可靠性维修性保障性工程基础[M]. 北京：国防工业出版社，2012.

[6] 郑东良. 装备保障概论[M]. 北京：北京航空航天大学出版社，2017.

[7] 周林，吴法文，唐晓兵，等. 装备保障指挥理论与方法[M]. 北京：国防工业出版社，2019.

[8] 徐航，陈春良. 装备精确保障概论[M]. 北京：国防工业出版社，2012.

[9] 凌海风，郑宇军，萧毅鸿. 装备保障智能优化决策方法与应用[M]. 北京：国防工业出版社，2015.

[10] 岳超源. 决策理论与方法[M]. 北京：科学出版社，2003.

[11] 徐泽水. 直觉模糊信息集成理论及应用[M]. 北京：科学出版社，2008.

[12] 师娇，刘宸宁，冷德新，等. 面向未来作战的装备智能化保障模式研究[J]. 兵器装备工程学报，2020，41（6）：136-139.

[13] 刘增良. 关于智能系统工程科学技术体系的思考[J]. 智能系统学报，2009，4（1）：12-15.

[14] 张守玉，张炜. 战术层次装备保障指挥控制组织优化[J]. 装备学院学报，2016，27（1）：36-42.

[15] Levchuk G M，Levchuk Y N，Luo J，et al. A library of optimization algorithms for organizational design[C]. Proceedings of the 2000 International Command and Control Research and Technology Symposium，Monterey：NPS，2000：1-40.

[16] Levchuk G M，Levchuk Y N，Luo J，et al. Normative design of organization：Mission planning[J]. IEEE Transactions on Systems，Man and Cybernetics，Part A：Systems and Humans，2002，32（3）：346-359.

[17] 阳东升，张维明，刘忠，等. 战役任务计划的数学描述与求解算法研究[J]. 系统工程理论与实践，2006，26（1）：26-34.

[18] 张杰勇，姚佩阳，周翔翔，等. 基于 DLS 和 GA 的作战任务-平台资源匹配方法[J]. 系统工程与电子技术，2012，34（5）：947-954.

[19] 郁磊，史峰，王辉，等. MATLAB 智能算法 30 个案例分析（第二版）[M]. 北京：北京航空航天大学出版社，2015.

[20] 万路军，姚佩阳，周翔翔，等. 多编组协同任务分配及 DLS-QGA 算法求解[J]. 控制

与决策，2014，29（9）：1562-1568.

[21] 彭鹏菲，于钱，李启元. 基于优先排序与粒子群优化的装备保障任务规划方法[J]. 兵工学报，2016，37（6）：1082-1088.

[22] 傅文渊，凌朝东. 自适应折叠混沌优化[J]. 西安交通大学学报，2013，47（2）：33-38.

[23] Mirjalili S，Mirjalili S M，Yang X S. Binary bat algorithm[J]. Neural Computing & Applications，2014，25（3-4）：663-681.

[24] Yang X S，He S X. Bat algorithm literature review and applications[J]. International Journal of Bio-Inspired Computation，2013，5（3）：141-149.

[25] 陈俊风，吴铁军. 群体智能算法搜索策略的性质及对停滞现象的影响[J]. 系统工程理论与实践，2013，33（6）：1587-1595.

[26] Mirjalili S，Lewis A. S-shaped versus V-shaped transfer functions for binary particle swear optimization[J]. Swarm and Evolutionary Computation，2013，9：1-14.

[27] 匡芳君，金忠，徐蔚鸿，等. Tent 混沌人工蜂群与粒子群混合算法[J]. 控制与决策，2015，30（5）：839-847.

[28] 彭宇，刘大同，彭喜元. 故障预测与健康管理技术综述[J]. 电子测量与仪器学报，2010，24（1）：1-9.

[29] 彭宇，刘大同. 数据驱动故障预测和健康管理综述[J]. 仪器仪表学报，2014，35（3）：481-495.

[30] 曾声奎，PECHT M G，吴际. 故障预测与健康管理（PHM）技术的现状与发展[J]. 航空学报，2005，26（5）：610-616.

[31] 李向前. 复杂装备故障预测与健康管理关键技术研究[D]. 北京：北京理工大学，2014.

[32] 李红卫，杨东升，孙一兰，等. 智能故障诊断技术研究综述与展望[J]. 计算机工程与设计，2013，34（2）：632-637.

[33] 李瑞莹，康锐. 基于 ARMA 模型的故障率预测方法研究[J]. 系统工程与电子技术，2008，30（8）：1588-1591.

[34] 常琦. 基于知识的结构健康管理系统关键技术研究[D]. 南京：南京航空航天大学，2011.

[35] 周林，赵杰，冯广飞. 装备故障预测与健康管理技术[M]. 北京：国防工业出版社，2015.

[36] 司小胜，胡昌华，周东华. 带测量误差的非线性退化过程建模与剩余寿命估计[J]. 自动化学报，2013，39（5）：530-541.

[37] 刘志浩，高钦和，牛海龙，等. 基于驱动端电流检测的电磁阀故障诊断研究[J]. 兵工学报，2014，35（7）：1083-1090.

[38] 官赛萍，靳小龙，贾岩涛，等. 面向知识图谱的知识推理研究进展[J]. 软件学报，2018，29（10）：2966-2994.

[39] 周志杰，陈玉旺，胡昌华，等. 证据推理、置信规则库与复杂系统建模[M]. 北京：科学出版社，2017.

[40] Hossain M S，Rahaman S, Mustafa R，et al. A belief rule-based expert system to assess suspicion of acute coronary syndrome(acs) under uncertainty[J]. Soft Computing，2017（6）：1-16.

[41] Zhang B C，Hu G Y，Zhou Z J，et al. Network intrusion detection based on directed acyclic graph and belief rule base[J]. Etri Journal，2017，39（4）：592–604.

[42] Yin X，Zhang B，Zhou Z，et al. A new health estimation model for cnc machine tool based on infinite irrelevance and belief rule base[J]. Microelectronics Reliability，2018，84：187–196.

[43] 孔祥祯，王永攀，杨江平. 装备维修质量评价研究综述[J]. 装备制造技术，2016（9）：66-69，81.

[44] 齐飞. 武器装备维修质量评估方法研究[D]. 长沙：国防科学技术大学，2003.

[45] 刘欣，徐桂琼，杨平乐. 基于组合赋权 VIKOR 方法的网络节点重要性评价[J]. 计算机应用研究，2019，36（8）：2368-2371.

[46] Sakthivel G，Saravanakumar D，Muthuramalingam T. Application of failure mode and effect analysis in manufacturing industry-an integrated approach with FAHP-fuzzy TOPSIS and FAHP-fuzzy VIKOR[J]. International Journal of Productivity and Quality Management，2018，24（3）：398-423.

[47] Faranak F，Amirabbas K R，Hosein T. Mineral potential mapping via TOPSIS with hybrid AHP-Shannon entropy weighting of evidence：a case study for porphyry-cu, farmahin area，markazi province, Iran[J]. Natural Resources Research，2017，24（6）：553-570.

[48] 温斌. 精确式装备动员优化研究[D]. 北京：装备学院，2011.

[49] 袁宇，关涛，闫相斌，等. 基于混合 VIKOR 方法的供应商选择决策模型[J]. 控制与决策，2014，29（3）：551-560.

[50] 孙晋炜. 基于供应链的供应商选择方法研究[D]. 北京：北京邮电大学，2011.

[51] 蔡忠义，陈云翔，徐吉辉，等. 基于熵权的群组灰色聚类决策法[J]. 电光与控制，2012，19（3）：44-46.

[52] 李海林，姜俊. 基于二元语义一致性的军品供应商绩效模糊评价方法[J]. 系统工程理论与实践，2012，32（2）：373-379.

[53] 徐选华，蔡晨光，王佩，等. 面向具有多部门多指标特征的复杂大群体应急决策方法[J]. 控制与决策，2016，31（2）：225-232.

[54] 刘政敏，刘培德，刘位龙. 基于 Pythagorean 不确定语言的扩展 VIKOR 多属性群决策方法[J]. 控制与决策，2017，32（12）：2145-2152.

[55] 王正位. 基于组合赋权的水利工程工期风险灰色综合评价[D]. 大连：大连理工大学，2019.

[56] Gul M，Celik E，Aydin N，et al. A state of the art literature review of VIKOR and its fuzzy extensions on applications[J]. Applied Soft Computing，2016，46：60-89.